权威·前沿·原创

皮书系列为
"十二五""十三五""十四五"时期国家重点出版物出版专项规划项目

BLUE BOOK

智 库 成 果 出 版 与 传 播 平 台

北京基层治理蓝皮书
BLUE BOOK OF BEIJING GRASSROOTS GOVERNANCE

北京接诉即办改革发展报告
（2022~2023）

ANNUAL REPORT ON BEIJING'S IMMEDIATE ACTION ON REQUEST
REFORM AND DEVELOPMENT (2022-2023)

北京市政务服务管理局
主　编／沈彬华　张　强
副主编／迟行刚　胡雪峰　汪　亮

社会科学文献出版社
SOCIAL SCIENCES ACADEMIC PRESS (CHINA)

图书在版编目（CIP）数据

北京接诉即办改革发展报告．2022~2023／沈彬华，
张强主编．-- 北京：社会科学文献出版社，2023.6
（北京基层治理蓝皮书）
ISBN 978-7-5228-1794-1

Ⅰ．①北…　Ⅱ．①沈…②张…　Ⅲ．①地方政府-行
政管理-研究报告-北京-2022-2023　Ⅳ．①D625.1

中国国家版本馆 CIP 数据核字（2023）第 085954 号

北京基层治理蓝皮书
北京接诉即办改革发展报告（2022~2023）

主　　编／沈彬华　张　强
副 主 编／迟行刚　胡雪峰　汪　亮

出 版 人／王利民
责任编辑／仇　扬　王小艳
责任印制／王京美

出　　版／社会科学文献出版社·当代世界出版分社（010）59367004
　　　　　地址：北京市北三环中路甲 29 号院华龙大厦　邮编：100029
　　　　　网址：www.ssap.com.cn
发　　行／社会科学文献出版社（010）59367028
印　　装／三河市东方印刷有限公司

规　　格／开本：787mm×1092mm　1/16
　　　　　印张：19.5　字数：291 千字
版　　次／2023 年 6 月第 1 版　2023 年 6 月第 1 次印刷
书　　号／ISBN 978-7-5228-1794-1
定　　价／168.00 元

读者服务电话：4008918866

《北京接诉即办改革发展报告（2022~2023）》
编委会

主要编撰者简介

沈彬华 现任北京市人民政府副秘书长，北京市政务服务管理局党组书记、局长。研究方向：执政党建设理论与实践、基层社会治理、京津冀协同发展。

张 强 现任北京市经开区工委书记。曾任北京市人民政府副秘书长，北京市政务服务管理局党组书记、局长。研究方向：执政党建设理论与实践、基层社会治理。

摘　要

　　《北京接诉即办改革发展报告（2022~2023）》是由北京市政务服务管理局联合北京市相关政府部门、高校、科研机构、智库和企业的专家撰写的关于北京超大城市治理创新的年度系列报告。

　　本书分为总报告、改革创新篇、典型案例篇和大事记四部分，综合运用大数据分析、定量分析、定性分析和可视化技术，对以接诉即办改革为主要抓手的北京超大城市治理创新进行全面的梳理和总结，深化对超大城市治理北京模式的研究。

　　2022年，北京市紧紧抓住贯彻实施《北京市接诉即办工作条例》的关键时机，全面深化接诉即办改革，健全接诉即办工作机制，推动接诉即办实现数字化、智能化转型。

　　2022年，北京市12345市民服务热线市民反映量持续上升，全年受理量7592.4万件，其中网络渠道受理4202.2万件。直接解答咨询6708.9万件，其余则通过派单方式，交由各区、市属机构、国有企业、街乡镇等单位办理。总体来看，全年群众诉求解决率、满意率稳中有升，各单位承办情况良好。

　　2022年，市民诉求呈现瞬间冲击、巨量增长和持续高位的特点，北京市接诉即办改革迎来"新型大考"。接诉即办改革持续优化体制机制，作为北京超大城市治理的底层逻辑和基本保障，为城市现代化治理实践提供了"中国方案"和"首都样板"。

　　北京市接诉即办改革坚持以人民为中心的政治立场，通过一条热线精准把握群众诉求从而解决群众的急难愁盼问题，揭示了当下中国市域治理和政治发展道路的显著特点。

北京接诉即办改革是一次"法治化改革"，实现了在法治轨道中开展改革、在改革过程中推进法治的辩证统一。诉求办理环节是基层治理纳入法治轨道的重要体现，是中国式现代化超大城市治理北京方案的主要创新之处。

北京市政务热线数智化转型已采取拓展"网上12345"、提升热线系统智能化运营水平、运用大数据辅助科学决策和精准施策等措施，实现了全面感知民意、强化协同治理和辅助决策施政，未来面临着全面接诉、全程支撑、全链提升和全量分析的发展前景。

目 录 ⌐⌐

I 总报告

B.1 坚持以人民为中心的城市治理现代化创新和发展路径

　　——接诉即办改革：中国之治的首都样板

………………… 中国社会科学院政治学研究所课题组 / 001

　　一 以人民为中心，坚定推进党建引领的接诉即办改革 …… / 002

　　二 以人民为中心，科学完善制度体系的接诉即办改革 …… / 005

　　三 以人民为中心，持续提升治理绩效的接诉即办改革 …… / 009

　　四 始终与人民在一起，共建共创美好生活 ……………… / 014

II 改革创新篇

B.2 市民诉求驱动首善之治

　　——2022年北京市接诉即办改革评估报告

………………………… 清华大学数据治理研究中心 / 018

B.3 全过程人民民主视野下的接诉即办改革

……………………… 祝灵君　郑　寰　陶周颖 / 036

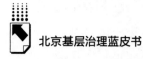
B.4 基于复杂适应系统理论的"未诉先办"民主实践路径研究

………………………………………… 王健人　张泽林 / 048

B.5 接诉即办的基本法理与地方性立法评估

………… 王敬波　宁　晶　李　锋　陈东华　马　超　张泽宇 / 063

B.6 诉求办理中的若干法律问题研究

………………………… 王　磊　苏晖阳　林玉萍　任德锟 / 078

B.7 从党政任务驱动到市民诉求驱动的治理逻辑转换

——以北京市接诉即办改革为例………… 陈　锋　王泽林 / 094

B.8 接诉即办的治理功能………………………………… 李文钊 / 104

B.9 坚持党建引领　探索超大城市有效治理路径

——党建引领北京基层治理的路径研究

………………… 王大广　尤文虎　杨翔宇　曹天一 / 118

B.10 接诉即办数智化转型的北京实践与发展路径

………………… 孟天广　常多粉　严　宇　李珍珍 / 129

B.11 数字化视角看"接诉即办"：数据驱动的城市社会

治理创新 ……………… 孟庆国　张　楠　吴金鹏 / 142

B.12 接诉即办工作体系的改革方向和完善举措

………………………… 王文举　孙　杰　周　丽　解进强

郭　茜　韩　嵩　杨柳依依　李大卫 / 154

B.13 发挥接诉即办案例作用，推动基层社会治理共同体构建

………………………………………… 鄢爱红　孔祥利 / 165

B.14 共建共治共享社会治理多元参与的体系构建

——以北京市"未诉先办"改革为例 ………… 陈　磊 / 176

B.15 城市人民法庭参与基层社会治理的策略与逻辑

——基于"花乡经验"的个案研究 ………… 陈寒非 / 189

B.16 北京接诉即办改革与超大城市治理 ………… 袁振龙 / 205

Ⅲ　典型案例篇

B. 17　北京接诉即办改革治理模式案例 ……………………………… / 217

B. 18　北京接诉即办改革治理场景案例 ……………………………… / 229

B. 19　北京接诉即办改革治理机制案例 ……………………………… / 245

B. 20　北京接诉即办改革基层治理案例 ……………………………… / 261

附　录　2022年北京接诉即办改革大事记 ……………………………… / 273

Abstract ………………………………………………………………… / 277

Contents ………………………………………………………………… / 279

┌─────────────────────────┐
│ 皮书数据库阅读**使用指南** │
└─────────────────────────┘

总 报 告

General Report

B.1

坚持以人民为中心的城市治理
现代化创新和发展路径

——接诉即办改革：中国之治的首都样板

中国社会科学院政治学研究所课题组*

摘 要： 以习近平总书记的重要指示精神为指引，北京推动接诉即办改

---

* 课题组负责人：张树华，中国社会科学院政治学研究所所长，研究员，博士生导师，研究方向：中国政治、比较政治。课题组成员：韩旭，中国社会科学院政治学研究所政治制度研究室主任，副研究员，博士，研究方向：中外政治制度和政府理论等；郑建君，中国社会科学院政治学研究所国家治理研究室副主任，副研究员，博士，研究方向：政治心理与行为、公共部门组织行为学；陈承新，中国社会科学院政治学研究所当代中国政治研究室副主任，副研究员，博士，研究方向：社会治理、民主政治；王阳亮，中国社会科学院政治学研究所副研究员，博士，研究方向：公共服务理论与实践、社会组织管理；周少来，中国社会科学院政治学研究所副研究员，博士，研究方向：中外政治学说史、中国政治制度；唐磊，中国社会科学院政治学研究所科研处负责人，研究员，博士，研究方向为海外中国学、国家形象及软实力、比较政治研究；王红艳，中国社会科学院政治学研究所副研究员，博士，研究方向为国家治理现代化、民主理论与实践等；陈明，中国社会科学院政治学研究所副研究员，博士，研究方向为乡村治理、土地制度等；涂锋，中国社会科学院政治学研究所助理研究员，博士，研究方向为公共政策、地方治理等；付宇程，中国社会科学院政治学研究所副研究员，博士，研究方向为公众参与、基层政治；李熠，中国社会科学院政治学研究所助理研究员，博士，研究方向为国家社会关系与基层治理、民主理论与民主制度等。执笔人：李熠。

革，探索以市民诉求驱动的超大城市治理新模式，切实实现了城市治理效能的提升。坚持以人民为中心的价值导向构成了接诉即办改革不断推进城市治理现代化的"密码"，坚定铸牢党建引领构成了接诉即办改革推动城市治理体系和治理能力现代化的核心依托。持续深化吹哨报到、接诉即办改革旨在推进中国式现代化，彰显中国场景下的"城市之治"，需要持续发扬坚持以人民为中心的优良传统，做到始终与人民在一起，推动从"工作体系"到"治理体系"的深度变革，坚持质量为先、全面发展、提升"主动治理"的制度性水平，注重融入"系统观念"深化改革与治理、推进"人民城市"建设，以共建共创美好生活。

关键词： 城市治理　社会治理　以人民为中心　党建引领

一　以人民为中心，坚定推进党建
引领的接诉即办改革

接诉即办改革取得卓越成效的关键，在于深刻把握并坚持加强党的领导和坚持以人民为中心的高度统一性。突出中国共产党领导的最大优势，通过铸牢党建引领，加强党对接诉即办改革各项工作的领导，以深化自我革命引领社会革命，为科学完善制度体系和持续提升治理效能打下了坚实基础。

（一）市委强化对接诉即办改革的领导

一是将接诉即办改革任务、事项布置和实效评估纳入全市最高层面的议事日程。北京市委及时将平谷区"吹哨报到"及其他地区基层治理的经验做法总结提升为"街乡吹哨、部门报到"，列入一号改革课题，自上而下开展试点逐步向全市推广。2019年以来，每次市委全体会议对吹哨报到、接诉即办改革的重点任务作出部署，市委常委会专题听取情况汇报，研究部署吹哨报到、接诉即办、未诉先办、主动治理相关议题。2021 年 1 月，北京市委全面深化改革委员会增设了"接诉即办"改革专项小组，负责全市接诉即办改革工作。

二是形成具体及时有针对性的议程设置，高位推进改革创新，不断夯实基层治理基础保障。先后出台系列制度文件①，把增强街道乡镇党（工）委统筹协调能力作为突破口，同步开展街道管理体制和社区治理改革，推动接诉即办向"主动治理、未诉先办"转化，明确提出"未诉先办"，倡导通过一个诉求解决一类问题，通过一个案例带动一片治理，打好基层治理主动仗。②

（二）坚持"书记抓、抓书记"，创新党建工作协调委员会作用

一是强化各级书记政治责任和领导责任。市委书记主持召开月度工作点评会，各区委书记定期召开点评会，聚焦接诉即办工作落实情况，强化各级党委（党组）书记第一责任人意识。结合开展党史学习教育，以接诉即办"每月一题"作为"我为群众办实事"的主抓手，各部门、街道乡镇党委书记亲自抓，分管同志负责抓，形成到基层一线解决问题的鲜明导向。

二是以强化区域化党建为重点，构建上下贯通、高效联动的市、区、街乡、社区四级党组织。各区委、街乡党（工）委、社区党组织普遍成立党建工作协调委员会，作为开展区域化党建工作的议事协调平台，③ 主动将市民反映的难题纳入基层治理的议事范畴，做实资源、需求、项目清单。推动全市机关企事业单位在职党员回居住地报到，区职能部门、执法队伍到街道乡镇报到；引领驻区单位党组织共抓基层党建、共商区域发展，驻区党组织

---

① 如《关于加强新时代街道工作的意见》《关于进一步深化"接诉即办"改革工作的意见》等。
② 《中共北京市委 北京市人民政府关于进一步深化"接诉即办"改革工作的意见》，《北京市人民政府公报》2020 年第 44 期。
③ 参见《中共北京市委 北京市人民政府关于加强新时代街道工作的意见》，《北京市人民政府公报》2019 年第 12 期。

和在职党员回属地街乡、社区（村）报到，街道干部到一线、到社区报到，共同为社区服务、为群众解决诉求。

三是推动社区、单位、行业等单元化党建，强化基层党组织战斗堡垒作用，铸牢基层党建工作体系的组织基础。在社区党建上进一步发力，发挥社区党建作为城市基层党建的基础性作用。探索楼委会楼宇党建工作体系，基于物业楼长、属地楼长、党员楼长成立楼宇党建"三楼长"工作组，实现党建引领商务楼宇社会治理创新。依托新业态新就业群体党建工作试点，促使新就业群体成为社区治理的新生力量，与接诉即办工作相结合，发展楼宇党建接诉即办服务站，推动物业智慧管理，把基层治理平时之功充分转化为应急之力。

（三）专题打造考核指标，强化全流程检查监督

一是发挥考核指挥棒作用，不断完善考核评价机制，既注重责任主体全覆盖又突出重点难点。2018 年起，北京连续将吹哨报到、接诉即办改革作为督察事项，狠抓改革落地见效。将接诉响应率、问题解决率和群众满意率"三率"作为考核评价的核心指标，强化解决问题导向，突出群众满意目标。不断优化完善考核评价指标体系，增加"万人诉求比"和"基数诉求比"观察指标，提升考评科学性、合理性。推动由注重程序"办结"转变为注重实质"解决"。结合全市中心工作，调整考核评价内容和权重，充分发挥接诉即办考核评价的导向作用。倒逼开展民生体检、压实工作责任，在为基层减负和提高民生服务实效之间科学平衡。

二是聚焦"七有""五性"开展民生"体检"，强化以人民为中心的导向指引。建立"七有""五性"监测评价指标体系①，定期对各区进行综合评价。而且，赋予社会评价一半的考评权重，基于与民生相关 80 项分类和 350 个细项诉求的响应率、解决率和满意率结果，形成以市民直观感受为民

---

① "七有"是指幼有所育、学有所教、劳有所得、病有所医、老有所养、住有所居、弱有所扶；"五性"是指便利性、宜居性、多样性、公正性、安全性。

生工作打分的机制，引导各级政府着力补齐民生领域的"短板"。

三是倒逼强化责任约束，整治不作为并鼓励主动作为。自上而下形成专门工作体系，在市纪委监委成立专门监督检查室，由各区纪委区监委、各派驻机构安排专人负责接诉即办专项监督工作。将接诉即办工作办理情况纳入各级领导班子和党员干部的日常考核，将考核结果作为分析研判和干部晋升或选拔动议的重要参考，定期向社会发布接诉即办工作成绩单，接受公众监督和社会评价。明确诉求办理首接负责制，严格要求首接单位牵头协调、一管到底，保证群众诉求"有人办"。对于市级部门既考核承办诉求办理情况，又考核主管行业问题的部门总体"三率"情况，持续推动市级部门履行行业主管责任。

二 以人民为中心，科学完善制度 体系的接诉即办改革

党建引领接诉即办改革树立大抓基层鲜明导向，推动城市治理重心和配套资源向街道社区下沉。把街乡、社区（村）作为基层治理基本单元，坚持工作下抓两级，市委抓到街乡，区委抓到社区（村），推动治理重心下移、权力下放、力量下沉。牢固树立"全周期管理"意识，整合行政、媒体资源，将群众诉求办理流程分解为受理、派单、响应、办理、反馈等环节，推进业务流程系统再造，构建全周期闭环管理体系。

（一）纵向体系的结构优化

一是开展事权调整，推动为人民服务近便化。"推动区级职能部门向街道下放职权，重点下放给街道'六权'：辖区设施规划编制、建设和验收参与权，全市性、全区性涉及本街道辖区范围内重大事项和重大决策的建议权，职能部门综合执法指挥调度权，职能部门派出机构工作情况考核评价和人事任免建议权，多部门协同解决的综合性事项统筹协调和考核督办权，下

沉资金、人员的统筹管理和自主支配权"。① 将城管执法、卫生健康、生态环境等 5 个部门的 433 项行政执法职权下放至街道和乡镇一级，以其名义相对集中行使。② 与此同时，市、区相关部门均不得擅自向街道委托、授权、下放"除此之外明确未列入职责规定的事项"。开展社区减负专项行动，让社区回归自治功能，大幅度精简市级部门下派社区的表格和盖章证明事项。

二是推动机构调整，推进为人民服务高效化。统筹优化和综合设置街乡党政机构、事业单位。下沉司法所、统计所等派驻站所由街乡管理，构建面向群众、简约高效的基层组织架构。专门设置市民诉求处置中心承担辖区接诉即办工作任务，与市区相关部门构建起上下联动的接诉即办工作体系。为了配合机构改革和力量下沉，市区两级机构编制部门为街乡补充各类编制，通过深化城市协管员管理体制改革，16 支协管员队伍 13 万余人从市、区职能部门下沉基层一线，由街乡统筹指挥调配。

（二）专职机构的正式组建

2018 年 11 月，北京市政务服务管理局正式组建，各区相应设立政务服务管理机构。北京市政务服务管理局将推动接诉即办改革、维护政务服务热线作为重要职责。近年来，北京市政务服务管理局会同市人大相关部门、市司法局组建立法专班，完成起草草案、立项论证、公开征求意见等程序，推动《北京市接诉即办工作条例》颁布实施，发布接诉即办改革报告和典型案例，深化接诉即办理论研究，推进接诉即办课程进党校、进干部教育平台，与高校合作共建"教学研究实践基地"。推动热线归并优化任务，建立 17+N 网络工作平台。推进数字化转型，科技赋能提升热线智能化水平，引入第三方机构推出服务导图，深挖民生大数据富矿，为市领导和 30 余个专班提供数据分析报告。开展"听民意、解民忧"活动。推动北京政务热

① 《中共北京市委　北京市人民政府关于加强新时代街道工作的意见》，《北京市人民政府公报》2019 年第 12 期。
② 《北京市人民政府关于向街道办事处和乡镇人民政府下放部分行政执法职权并实行综合执法的决定》，《北京市人民政府公报》2020 年第 21 期。

线质量持续提升，北京市政务服务管理局在全国服务质量评估中成为唯一获得全部四大奖项的单位。

（三）诉求办理的流程再造

一是接诉即办改革推动"一号受理"，以最大限度便利人民群众表达诉求，并依照诉求类型和紧急程度科学分类，精准服务人民群众身边的事情。整合全市各领域、各区政务热线和水、电、气、热、有线电视、排水、公交、地铁等市属公共服务企业热线，实现一条热线听诉求，全年365天、7×24小时快速受理群众来电。各区、诉求量较大的市级部门和承担公共服务职能的企事业单位选派专人"驻守"12345市民服务热线，确保电话渠道畅通。各区、各部门在四级处置模式基础上，进一步创新分级响应机制，提高群众诉求办理效率。

二是强调快速直派，促使问题直达承办单位，促进职能部门和企业协调配合，提高行政效率，缩减诉求解决周期。"建立'接诉即办'职责目录，实行动态调整更新，按照管辖权属和职能职责，分别直派或双派街道（乡镇）、区政府、市级部门和承担公共服务职能的企事业单位。"[1] 将全市各区、各街乡镇、各市级部门和公共服务企事业单位全部接入热线平台系统。对点位清晰、职责明确的诉求，由市民热线服务中心直接派单至街乡，依托区委区政府加强统筹调度，缩短"条""块"衔接周期。将50余家涉企服务单位接入12345市民服务热线系统，配备专人接办企业诉求。针对复杂疑难诉求在派单前进行会商研究，优化退单流程和标准。针对需要跨部门解决的复杂问题，由街乡吹哨，并召集相关部门现场会诊。"对跨行业、跨区域的诉求，建立联动办理机制，……建立分级协调办理机制，……健全完善本市国有及国有控股企业参与'接诉即办'工作体系。"[2]

---

[1] 《中共北京市委　北京市人民政府关于进一步深化"接诉即办"改革工作的意见》，《北京市人民政府公报》2020年第44期。

[2] 《中共北京市委　北京市人民政府关于进一步深化"接诉即办"改革工作的意见》，《北京市人民政府公报》2020年第44期。

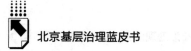

三是固化逐一回访的事后评价机制，纳入好差评、满意度等调查，落实人民评价的核心原则。诉求承办人以点对点形式向群众反馈办理情况，做到"事事有回音、件件有落实、效果有反馈"。北京市市民热线服务中心通过电话、短信、网络等方式回访来电人，由反映人进行评价。采取第三方调查评估方式，定期了解群众对重点民生诉求解决是否满意。

（四）数字建设的赋能赋权

依托互联网、大数据、人工智能等一系列科技手段，接诉即办改革推进政府管理和社会治理模式创新，推动12345市民服务热线从接诉服务平台向民生大数据平台、城市治理平台转型升级，建立健全了辅助科学决策和社会治理的机制。

一是推出跨平台的政务服务接入机制，为接入诉求提供时间、渠道、载体的便利化途径。接入国务院国家政务服务平台，以及人民网、新华社等国家级媒体开发的互动平台，集成式推行在线政务服务和诉求表达。在首都之窗网站开通12345网上接诉即办平台，上线运行"北京12345"微信公众号，建立了包括"北京通"App等17个渠道在内的互联网接诉即办工作平台。

二是注重通过数字化智能化手段提升群众服务体验，提高诉求的回应效率，提高政府透明程度和服务水平。强化云计算、人工智能等科技手段运用，建立起全市统一规范地方标准和知识库系统，通过语音识别、语言理解等技术实现智能受理、智能派单、智能回访。通过增设智能虚拟在线座席，为咨询类、表扬类、建议类诉求提供实时在线智能问答服务，常规问题"秒回"，表扬类和建议类问题按照一体化格式编排整理。开发群众诉求"阳光办理"小程序，保障市民随时随地查询诉求工单办理全过程。

三是开发人民诉求的数据富矿，运用大数据辅助科学决策和社会治理，发掘政策议题和复杂区域。建立统一的民意诉求数据库，汇集入库群众反映记录、企业法人数据和社区（村）点位信息。根据诉求热点等，建设分析决策平台，通过多种可视化方式将热点、地区等动态展示并做到实时更新。定期汇总分析群众诉求情况，"日通报、周汇总、月分析"机制运转顺畅。

按照城市治理总体调度和安排，北京市市民热线服务中心为数十家市级部门提供行业数据的定制导出服务，为 6 家市级部门开通系统接口，即时规整提供各类定制信息。应用市民诉求数据分析社会不稳定因素，推动京津冀区域协调联动治理。倒逼基层干部增强数据思维和提升数字素养。

三 以人民为中心，持续提升治理绩效的接诉即办改革

习近平总书记强调，"要坚持问题导向，把专项治理和系统治理、综合治理、依法治理、源头治理结合起来"①。接诉即办改革坚持系统思维和问题导向，解决普遍性问题、突出问题，不断推动以点带面、标本兼治，以更加高效、持久的方式不断提升城市治理现代化水平。

（一）推动系统治理

系统治理一方面吸收和借鉴国外社会治理的通行规则，强调"鼓励和支持社会各方面参与；另一方面强调加强党委领导，发挥政府主导作用，体现了'世界眼光'与'中国特色'的有机统一"。②习近平总书记强调："要发挥社会各方面作用，激发全社会活力，群众的事同群众多商量，大家的事人人参与。"③接诉即办改革既强调要发挥好政府主体作用，又坚持发挥市场机制作用，组织动员社会力量，切实把各方主体参与城市治理积极性调动起来。

一是不断推进与政法部门协同联动。通过优化工作流程，打造"12345+110"联动模式，开展大数据分析预警研判，及时、深入地挖掘数

---

① 《要坚持问题导向，把专项治理和系统治理、综合治理、依法治理、源头治理结合起来》，《人民日报》2016 年 10 月 13 日。

② 郑杭生、邵占鹏：《牢牢把握"四个治理"原则》，《人民日报》2014 年 3 月 2 日。

③ 《践行新发展理念深化改革开放　加快建设现代化国际大都市》，《人民日报》2017 年 3 月 6 日。

据中的矛盾纠纷隐患线索，紧盯可能影响首都安全的各类隐患，做好先期部署和安排，防范化解矛盾纠纷，严防形成不稳定因素。创新"大数据+检察监督"模式，制定《北京市人民检察院与北京市政务服务管理局关于建立"检察+热线"合作机制　打造首都检察版"接诉即办"工作方案》。针对具体事项涉及的公益诉讼、行政违法等重点领域的个案，强化办理的跟踪问效。针对群众反映的高频问题，找准重点领域和突出问题，依法能动履职。通过大数据碰撞发现监督线索，以科技赋能推动"接诉""即办"联动性更强、质效更高。推动主动治理与诉源治理相向而行、同频共振，从市民诉求和诉讼两个角度进一步推动主动治理未诉先办，从源头出发分析市民诉求背后深层次的法治原因，推动矛盾纠纷由终端解决转向从源头预防化解。

二是市、区、街镇、村社各级鼓励各类组织和市民群众参与接诉即办。畅通群团组织参与基层治理的渠道，发挥工会、共青团、妇联等群团组织优势，培育引导社会组织参与基层治理。健全基层党组织领导的居（村）民自治机制，围绕科技赋能基层治理，把社区工作快速高效做到每家每户，使微信群成为社区联系服务群众的重要平台和推动基层治理的有力抓手。把热心居（村）民组织起来，通过担任"小巷管家"等形式，履行"每日巡、经常访、及时记、随手做、实时报"职责，将问题发现在一线、化解在萌芽状态。围绕人民群众在市场管理和消费领域面临的突出问题，确定京东、美团、去哪儿、小米等60家重点企业，建立起市民诉求直派机制，构建一条消费争议快速解决的"绿色通道"。

三是不断拓展接诉即办功能应用、服务首都重要职责，深度优化城市治理水平。北京接诉即办改革立足首都特殊职能和复杂现实，争取中央单位支持接诉即办。建立涵盖央产小区地理位置、产权单位、居民诉求等信息的数据库，按需求向相关单位开放数据查询和提取权限。针对央产小区接诉即办工作中存在的重难点问题，建立央地联动工作机制，向属地党委政府派单的同时，告知中央有关单位，争取支持配合。结合北京高校等学校众多，在校生规模大的现实，推动接诉即办进校园，在校内落实首接负责制，推动高校对校内存在的高频、共性、集中诉求开展专项治理。用好高校智力资源拓展第三方服务。制定民生数据资源开放目录、共享应用规则和数据安全规则，上线北京 12345 服务导图，引导政府部门与第三方机构开展深入合作，将人口数据、地理数据、气象数据、房屋数据与热线数据融合，对居民诉求进行趋势研判和模拟预测。

（二）坚持依法治理

接诉即办改革在推进过程中，将实践中证明行之有效的机制及时上升为法规条款，在法治基础上推进改革，在改革中完善法治。北京市在推动吹哨报到改革期间，结合纵向党政机构体系变化，出台《北京市街道办事处条例》，进一步固化、彰显党建引领"街乡吹哨、部门报到"改革成果，创新性地确立街道办事处的职责定位。明确区政府工作部门以及有关单位应当接受街道办事处统筹协调、指挥调度，进一步理顺条块关系，深化吹哨报到制度。

随着接诉即办改革逐步成形，结构、形态、流程基本稳固，北京市出台《北京市接诉即办工作条例》，固化、彰显接诉即办改革成果，促使为民服务成为各级各部门和党员干部必须履行的法定职责和义务。总结推动接诉即办改革过程中的经验和困难，对接诉、处置、派单、办理、评价等全流程机制进行规范，明确"接""办"的行政主体，对"诉"的市民主体依法赋权和约束，提供法律强制力。以人民为中心的立法宗旨同样在《北京市接诉即办工作条例》关于全面接诉、诉求人隐私保护、建立接诉即办工作公开制度以及首接负责制等具体规定中得到生动体现。

接诉即办改革推动了北京市各项城市治理法规体系的完善。针对接诉即办工作中市民反映的高频难点问题，制定颁布了《北京市物业管理条例》《北京市文明行为促进条例》，修订了《北京市生活垃圾管理条例》《北京市志愿服务促进条例》等地方性条例，基层治理更加有法可依。

（三）注重综合治理

综合治理明确了注重综合运用除法律和行政外的其他手段来进行治理。通过整合传统社会治理机制和社会舆论机制，接诉即办日益注重以规范现代社会关系、约束社会越轨行为为改革提供良好的社会基础。

北京市接诉即办改革积极推动诉求解决与网格化治理有效结合。网格化城市管理是北京在全国的首创。推动创新"热线+网格"模式，发挥网格化源头治理、主动治理、科技赋能的优势，通过网格体系落实热线诉求，提高解决问题的及时性和精确性。北京市印发《关于建立"热线+网格"为民服务模式的指导意见》，推动构建"一网多层、一体多维、一格多元"的全要素网格管理体系，强化"热线"与"网格"数据的联动。以管理单元网格为基础，主动与市民面对面，收集市民需求，开展城市管理志愿服务工作等，实现"等诉求"向"找问题"转变，做"通"服务群众的微循环。

北京市多家主流媒体深度参与接诉即办改革，发挥了公共对话、协商议事、促成共识的重要作用。北京广播电视台《向前一步》栏目聚焦超大城市治理，对标市委市政府"疏整促"专项行动、接诉即办及"每月一题"等工作，通过百姓喜闻乐见的形式，以电视节目特有的呈现方式，关注城市治理中的难点、痛点、热点，紧盯诉求集中的问题，解决群众身边的操心事、烦心事和揪心事，搭建起城市治理的沟通桥梁。《接诉即办》节目深入群众反映问题的发生现场、基层干部了解问题的调研现场、相关各方讨论解决方案的商讨现场以及解决问题的工程现场，有问题打热线成为北京市民的共识。

（四）强化源头治理

源头治理明确了不同治理方式的标本关系，强调以改善民生促进治理，民生改善依托基本公共服务均等化，背后逻辑是强调制度安排的公平正义。

随着接诉即办改革走向深入，北京市聚焦市民诉求量大、涉及面广的领域，每月选定一个主题、2~3个重点，明确一个问题由一位分管市领导统筹，一个市级部门牵头负责，逐一制定"一方案""三清单"。[①] 在推进"每月一题"过程中，北京市始终坚持党建引领高位统筹，通过对群众反映

---

① "一方案"指问题解决方案，"三清单"指任务清单、责任清单和政策清单。见《党建引领首善之区"为民办实事"——从接诉即办到未诉先办"每月一题"聚焦群众急难愁盼》，《北京日报》2021年7月1日。

诉求的大数据汇聚分析，实行清单式管理、项目化推进、全过程督办，着力推动历史性难题创新改革、针对新兴领域加强监管服务、针对季节性周期性规律性问题自上而下推动未病先治。针对本区域内居民反映突出的民生诉求，各区形成"27+X"的重点民生诉求清单，更精准更细致地"筛查"出市民"急难愁盼"问题。北京市有效补齐民生短板、完善公共服务，解决不动产登记等历史遗留问题，形成养老服务点，推动美丽乡村建设，推动医疗资源下沉；有效推动行业监管、治理社会乱象，推动预付款消费市场、房屋中介市场、教育培训机构治理，处理路面交通、街头游商、违法群租等久拖不决的问题。

同时，北京市建立治理类街乡镇机制，"建立'事前有约谈、事中有监测、事后有帮扶'的闭环管理机制"。[①] 将群众诉求解决与各项经济社会发展具体任务有机融合，着力从根本上、源头上解决引发群众诉求的重难点问题，注重与全市重点工作的衔接。督导相关区和治理类街乡镇围绕群众诉求，立足系统治理、主动治理，深入盘点基层治理现状，对照市级督导工作方案，统筹制定区级督导工作方案和街乡镇整治提升工作方案。建立完善督导"前有约谈、中有调度、后有跟进"闭环管理。对当月接诉量进入全市前十的街乡镇，开展"未进先治"预警约谈；对已列为治理类的街乡镇，制定问题清单和项目清单，动态跟踪监测项目进展；对已退出治理类的街乡镇，一段时期内保持支持政策和机制不变。通过督导治理，一批居民诉求多、治理难度大的街乡镇实现了诉求量降低、诉求解决率和群众满意度提高，退出了市级督导。

鼓励各区、各街乡镇、各村居、各社区、各公共服务企业主动作为，探索自主化的源头治理新尝试。通过入户走访、数据研判等方式，针对城市在不同时期、不同季节可能面临的问题，有针对性地采取提前预防措施，加强隐患排查、梳理薄弱环节、补齐突出短板。如探索"冬病夏治"，夏季提前对供暖管道老旧、跑冒滴漏等问题进行针对性检测改造。

---

① 《北京接诉即办三年之变》，《新京报》2021 年 12 月 20 日。

四　始终与人民在一起，共建共创美好生活

我们要坚持"在发展中保障和改善民生，解决好人民最关心最直接最现实的利益问题"①。遵循和践行党的群众路线，坚持人民立场，始终与人民群众在一起，共建共创美好生活。

（一）深化接诉即办改革：从"工作体系"到"治理体系"

推进接诉即办改革，应逐步形成全面"听民声—解问题—找办法—改政策—变职能—供服务"的循环运转。扎实推进党的作风建设，使党的领导方式更加科学，将党的领导优势真正转化为城市治理的强大效能，在探索超大城市治理中国式现代化的新路径新方式上取得实质性进展。推进由"点"到"线"再到"面"的螺旋上升式的迭代、升级，实现由"平面单线型的工作体系"到"全面协同的治理体系"的转变。经过五年的改革创新，北京市已经建立起比较完整的接诉即办工作体系。在此基础上推进市民诉求驱动的城市治理新模式的建构。一方面，"通过接诉即办改革，北京市正在进一步推进政府治理规范化建设"②；另一方面，将以市民服务热线为基础和主渠道的接诉即办工作体系，与人大制度、政协制度的运行相衔接，通过人大加强"两个联系"常态化机制建设，建立起更有效的党和政府与广大市民开展沟通交流的良性互动渠道。

（二）坚持质量为先、全面发展、提升"主动治理"的制度性水平

面向未来，接诉即办改革应既重视全面接诊，又重视整体预防，逐步实现由应急性诊治到日常性治理，由措施性解题到机制性答题，由增量型应急

---

① 习近平：《坚定不移走中国人权发展道路　更好推动我国人权事业发展》，《求是》2022 年第 12 期。
② 吕维霞：《基层社会治理中"吹哨报到"的动力机制——基于北京市的多案例实证研究》，《南京社会科学》2020 年第 6 期。

反应到循环机制消化提升。深化接诉即办改革，需要进一步调动广大市民的主动性，进一步调动广大基层干部和社区干部的积极性，从"诉源治理"角度形成"未诉先办""主动治理"的工作局面。① 依托基层治理现代化，加快"主动治理"能力建设和实行"机制化"运转模式并行。可借鉴在江浙等地已经普遍推开的基层群众议政制度的实践经验，形成基层党组织、基层政权与基层群众自治的有效衔接，强化基层治理的回应性和互动性，更直接地增强人民群众的获得感、幸福感和归属感。

加强制度创新，完善数据库运行机制和提升算法能力，及时通过深度分析，更快更早发现问题所在，推动数据库从"晴雨表"向"诊断书"、从"传声筒"向"参谋部"升级，为市委市政府科学决策提供精准依据，推进接诉即办改革迭代更新。"将'每月一题'机制作为主动治理未诉先办的主抓手，开展专项治理，以主动治理破解城市治理的综合难题，……以重点突破带动城市治理能力整体提升。"②

（三）以"系统观念"深化改革与治理，推进"人民城市"建设

"系统观念是具有基础性的思想和工作方法"。③ 坚持系统观念一方面就是增强统筹能力，另一方面就是要调动各方面积极性，聚焦重点问题，实现改革举措的系统集成、协同高效，打通淤点堵点，激发整体效应。需要以系统观念来破解改革进程中的难点问题，进一步深化接诉即办改革。④ 一方面，人民，只有人民才是推动历史的最大动力。民心是最大的政治。践行新时代"人民观"，优化整合党政有关部门的行政资源，适应新一轮党和国家机构改革组建社会工作部的需要，统筹安排群众工作。另一方面，应进一步

① 刘巧兰、王丛虎：《从"民呼政应"走向"未呼先应"——基于"接诉即办"实践样态及其优化转型的探讨》，《上海行政学院学报》2022年第3期。
② 李文钊：《北京市"接诉即办"改革（2019—2021）三年效果评估》，《甘肃行政学院学报》2022年第1期。
③ 习近平：《关于〈中共中央关于制定国民经济和社会发展第十四个五年规划和二〇三五年远景目标的建议〉的说明》，《人民日报》2020年11月4日。
④ 鄯爱红、孔祥利：《接诉即办改革的方法论价值》，《前线》2022年第7期。

调动多方面社会力量的积极性，形成社会协同治理的长期性有效机制。发扬民主集中制，践行全过程人民民主重大理念，推动城市治理法治、德治、礼治、智治、自治、共治协同共进。①

以接诉即办为牵引，着力推进首都公共服务的精细化管理，实施惠民政策，瞄准弱势群体照护、老旧小区改造、新就业形态劳动者劳动保障、交通管理、城乡供暖、小区物业服务等市民诉求集中、社会关注度高的主题，扩大学前教育学位供给，提高就业、医疗、养老等公共服务水平，强化对困难群众的兜底保障。围绕助企纾困、稳经济稳增长，推进接诉即办与"放管服"改革深度融合，着力解决营商环境方面的痛点难点问题，健全基本公共服务体系，不断改善人民生活品质，满足首都群众对美好生活的需要，形成新时代首都政通人和、百姓安居乐业、社会安定祥和、城市风清景明、人人幸福家庭美满的美好局面。

参考文献

1. 《马克思恩格斯全集》第 42 卷，人民出版社，1979。

2. 王敬波、张泽宇：《接诉即办：基层治理现代化的实践探索》，《行政管理改革》2022 年第 4 期。

3. 马超、金炜玲、孟天广：《基于政务热线的基层治理新模式——以北京市"接诉即办"改革为例》，《北京行政学院学报》2020 年第 5 期。

4. 孙柏瑛、张继颖：《解决问题驱动的基层政府治理改革逻辑》，《中国行政管理》2019 年第 4 期。

5. 吕普生、张梦慧：《执法召集制："吹哨报到"机制如何使综合执法运转起来》，《河南社会科学》2021 年第 2 期。

6. 李忠汉：《数字治理驱动治理重心下移的机制分析》，《北京社会科学》2022 年第 11 期。

7. 张小劲、陈波：《以数据治理促进政府治理：政务热线数据驱动的"技术赋能"

---

① 吕廷君、李昊光：《基层社会治理中的社会权力研究——以北京市"接诉即办"为例》，《重庆社会科学》2022 年第 9 期。

与"技术赋权"》，《社会政策研究》2022 年第 3 期。

8. 孟天广、黄种滨、张小劲：《政务热线驱动的超大城市社会治理创新》，《公共管理学报》2021 年第 2 期。

9. 孙照红：《接诉即办治理场域中的全过程人民民主》，《北京社会科学》2022 年第 2 期。

10. 孟天广、赵金旭、郑兆祐：《重塑科层"条块"关系会提升政府回应性么?》，《中国行政管理》2021 年第 4 期。

11. 燕继荣、张志原：《市民诉求驱动的城市社区治理体系创新》，《中国行政管理》2022 年第 10 期。

12. 张楠迪扬：《"全响应"政府回应机制：基于北京市 12345 市民服务热线"接诉即办"的经验分析》，《行政论坛》2022 年第 1 期。

13. 赵金旭、孟天广：《官员晋升激励会影响政府回应性么?》，《公共行政评论》2021 年第 2 期。

14. 马亮：《数据驱动与以民为本的政府绩效管理》，《新视野》2021 年第 2 期。

15. 孟天广：《接诉即办改革：市民诉求驱动的城市治理革命》，载《北京市接诉即办改革发展报告（2021~2022）》，社会科学文献出版社，2022。

改革创新篇
Reform and Innovation Reports

B.2
市民诉求驱动首善之治
——2022年北京市接诉即办改革评估报告

清华大学数据治理研究中心*

摘　要： 2022年，市民诉求呈现瞬间冲击、巨量增长和持续高位的特点，北京市接诉即办改革迎来"新型大考"。接诉即办改革持续优化体制机制，作为北京超大城市治理的底层逻辑和基本保障，为城市现代化治理实践提供了"中国方案"和"首都样板"。本报告一是对2022年重点工作作动态评估，围绕接诉即办改革、疫情精准防控、人大执法检查三条工作主线展开。二是对接诉即办改革进

---

* 执笔人：张小劲，清华大学数据治理研究中心主任、政治学系教授，研究方向包括中国政府与政治、政治学方法论、比较政治学；孟天广，清华大学社会科学学院副院长、政治学系教授，教育部青年长江学者，研究方向包括中国政府与政治、大数据与网络治理、分配与福利政治、计算社会科学；常多粉，清华大学数据治理研究中心项目研究员、政治学系博士后，研究方向包括政府治理、公共政策分析、公共管理理论与研究方法；方鹿敏，清华大学数据治理研究中心项目研究员、政治学系博士后，研究方向包括比较政治、政治社会学、大数据与量化研究方法；李珍珍，清华大学数据治理研究中心项目研究员、政治学系博士后，研究方向包括网络政民互动、智能社会治理；门钰璐，清华大学数据治理研究中心项目研究员、政治学系博士后，研究方向包括数据治理、政府改革。

行理论评估，主要从治理目标、治理体系、治理工具和治理绩效四个维度展开。三是对接诉即办改革作问题评估，主要从体制机制、办理流程、运转机制、资源分配等方面展开。四是对接诉即办改革进行发展评估，主要从长效化、整体化、敏捷化和数智化治理展开。

关键词： 城市治理　基层社会治理　接诉即办　数智化治理

党的十九大以来，北京市高度重视创新治理实践和模式，持续推进"接诉即办"改革，从"吹哨报到"到"接诉即办"，再深化到"主动治理"，努力探索超大城市治理的"首都样板"，以首善之治落实"强国之治"。回顾几年来的改革实践，2022年是具有重大节点意义的特殊年份，接诉即办改革迎来了一次"新型大考"，这一年既有深化改革的规划任务，又有保障重大活动的特殊压力，更叠加了多轮疫情暴发的冲击效应，瞬间增加的海量市民诉求最终演化成接诉即办的"新常态"（见图1）。

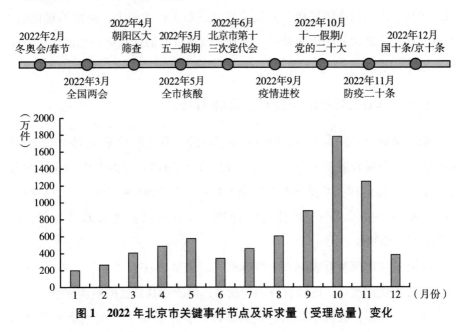

图1　2022年北京市关键事件节点及诉求量（受理总量）变化

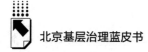

2022 年，接诉即办改革始终贯彻"以人民为中心"的治理理念，坚持党建引领，聚焦群众急难愁盼问题，深化主动治理、未诉先办，全力保障了超大城市的有效治理，造就了数字时代超大城市治理的现代标杆。一方面，坚持以问题为导向，不断推进改革体制机制优化升级；另一方面，在疫情防控中扮演"抗疫前哨"的角色，为重大活动"保驾护航"。同时接诉即办也呈现出新旧体制交织、新旧问题叠加的局面，仍需进一步改革优化。全面客观地评估 2022 年接诉即办改革的经验和教训、成效与问题，有助于完善接诉即办机制，实现首善之治。

一 多重任务叠加下的重点推进

党建引领、接诉即办已是北京实现有效社会治理的核心机制。改革规划任务、重大活动保障以及疫情防控的三重任务叠加，导致 2022 年城市治理环境复杂多变，市民诉求呈现瞬间冲击、巨量增长和持续高位的特点。在市委市政府的坚强领导下，接诉即办成功应对了这次特殊的"大考"，在体制机制优化、疫情精准防控和人大执法检查三条工作主线上，聚焦治理能力、治理方式、治理绩效的优化升级，提升了改革机制的规范化、法治化和高效化水平。

（一）以持续优化体制机制应对治理压力

随着接诉即办深入人心，同时受疫情防控、重大活动等因素影响，2022 年市民反映总量较前三年急剧增长（见图 2），对接诉即办工作形成严峻考验。2022 年接诉即办共受理群众和企业反映诉求 7592.4 万件，其中热线电话渠道受理 3390.2 万件，同比增长 160%；网络渠道受理 4202.2 万件，同比增长约 2500%。

为有效应对海量诉求压力，接诉即办着重从"接""办""考""理"等方面持续优化改革，提升自身治理能力，形成更具韧性的治理体系。

第一，完善科技网络渠道，提升受理"接"诉能力。受理能力是接诉

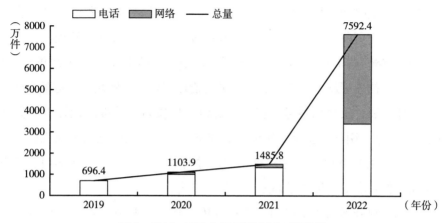

图2 2019~2022年接诉即办受理量比较

即办能否持续开展、有效应对群众诉求的直观反映。一是发挥科技赋能作用，全面发挥智能语音转写功能和推广智能派单推荐系统，缩短了平均通话时长，提高了派单准确率，从源头提高了接诉效率和办理质量。二是设置微信公众号疫情专区，上线健康宝弹窗机器人，及时回应了大量健康宝弹窗、紧急就医救助等疫情相关问题。三是创新座席工作模式，开通"疫情防控"简易工单系统，发挥居家观察座席人员、志愿者等人员的接线作用。科技网络渠道有效实现扩容，受理量超过总量的50%，有效缓解了人工座席接听压力。

第二，持续推进主动治理，加强协同"办"理机制。主动治理、未诉先办，实现部门协同联动是深化接诉即办改革的发展方向。一是持续推进"每月一题"。2022年"每月一题"17个方面已完成450项工作任务，出台105项政策法规，深入剖析体制机制问题，切实解决了诸多需跨层级、跨系统、跨部门共同面对的急难愁盼问题，提高了公众满意度（达91.93%）。二是推动治理类街乡镇四级联动，有效促进了条块联动；加强多元主体协同联动，打造公检司法联动机制，建立央产小区协调联动机制。三是指导建立街道乡镇协商试点、社区议事厅、楼门院示范点，有效构建了共建共治共享治理体系。

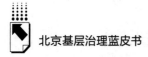
第三，及时调整指标权重，优化健全"考"评机制。考评机制是影响基层干部工作负荷和工作积极性的"指挥棒"。一是接诉即办梳理出 8 大类91 项涵盖 386 种情形的《不计入考评或只考评"响应率"事项清单》，缓解了承办单位办理压力，激发了基层进行治理创新的积极性。二是配合全市重点工作开展，及时调整考评权重，实施《疫情防控关键时期接诉即办考评暂行办法》，引导了基层工作重心的调整。三是建立健全双考核机制，部分区实施"吹哨报到"双考核机制，通过明确吹哨等级、责任部门、任务分工及工作要求等，形成了高效的条块工作合力。

第四，提升辅助决策能力，重视宣传"理"论提升。挖掘市民诉求数据富矿，实现决策辅助价值和理论提升是接诉即办改革的重要使命。一是完善报告体系，实施疫情诉求"小时报"，助力全市各专班和部门快速响应、高效办理，充分发挥风险预警、辅助决策功能。二是建立接诉即办专家委员会，加强与高校及研究团队的理论研究等，出版接诉即办方面的蓝皮书，举办高规格接诉即办 2022 年论坛，实现理论来源于实践并指导实践。三是树立标杆，组织评选先进集体、先进个人和优秀案例，加强与央地媒体合作，充分利用数字人"时间小妮"等现代媒介技术加强宣传，引导市民正确合理使用热线资源。

需要说明的是，接诉即办改革仍存在需要进一步优化的问题。一是老年人等特殊群体的诉求表达渠道有待完善，在人工座席打不通的情况下，网络科技等数字技术对该类群体而言使用门槛偏高。二是疫情防控等最新政策知识库仍需进一步完善，以提高回应市民政策咨询的准确性和及时性。三是承办部门积极性和主动性仍有待提高，诉求量大的基层压力过大，接诉即办可持续运转的机制有待加强。

（二）以科技创新保障疫情防控高效精准

2022 年疫情相关受理量达 3128.1 万件，占当年总受理量的 41.2%，较2021 年增长 925%（见图 3）。受多轮聚集性疫情暴发及涉疫政策交叠调整的影响，疫情相关诉求量井喷式增长。通过采取调整机制流程、多源数据整合和召开日调度会等形式，接诉即办经受住了历史最大话务量的严峻考验，实现疫情防控的"流程化""及时化""精准化"。

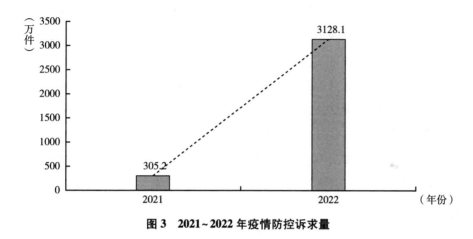

图3　2021~2022年疫情防控诉求量

第一，灵活应对高频诉求，"流程化"办理涉疫诉求。一是分级分类办理涉疫诉求。根据诉求紧急程度分级分类诊断问题，将涉疫诉求分为紧急、准紧急和非紧急三种情形，以紧急情形为主，有效解决了因疫情导致的紧急就医、孕妇生产、考生考试等诉求。二是规模化处理健康宝弹窗、离京返京等常见疫情防控诉求问题，提高处置效率；汇集管控信息，将管控点位进行针对性处理，实现分类管理和辅助领导决策。三是直接处理与间接处理方式相结合，开发智能应答系统直接处理居民涉疫诉求，助力涉疫诉求应接多接；持续跟踪涉疫诉求的办理反馈情况，督办相关部门和回访群众，间接推动涉疫诉求快速解决。

第二，促进多源数据互通，"及时化"办理涉疫诉求。一是促进政策数据互通。多部门互联互通、分工协作、联合抗疫是疫情防控重要机制。涉疫部门在诉求处理上做到规则统一、程序一致、涉疫知识库互通，提高涉疫诉求处理速度。二是促进场景数据互通。促进12345热线与涉疫部门实现数据互联互通，为领导专班提供数据支撑，高频次向市委市政府、区政府以及委办局等报送涉疫诉求分析情况，促进部门联动，提高决策辅助质量。三是促进结果数据互通。针对诉求量大的健康宝弹窗等问题，与相关部门建立纠错联动和结果反馈机制，提高诉求办理效率和质量。

第三，坚持实施日调度会，"精准化"保障社区防疫。一是加强风险人员管控，及时阻断风险传播链条。大数据中心通过弹窗措施督促风险人员接受管控，同时引导社区工作者耐心督促风险人员接受管控，降低风险传播速度。二是稳步开展京外人员进返京工作，确保城市管理工作有序推进。协助各社区做好返京人员的住址真实性审核及落位管控工作，推动京外拟返京人员相关准备工作循序展开。三是有序推进干部下沉社区，发挥各部门干部的带头作用，抽调干部进驻工作小组，支援防疫重点区域或防控任务繁重区域，参与门岗值守、社区保障等防控工作，充实基层一线力量，解决基层防疫难题。

（三）以人大执法检查固化改革成效

按照已经确定的改革规划，《北京市接诉即办工作条例》实施一周年以来，市人大常委会执法检查组发动12824名三级人大代表，对该条例实施开展执法检查。通过面向诉求人和承办单位进行第三方社会调查，随机邀请拨打过12345热线的市民100余人听取意见，深入承办单位检查条例实施情况，提出问题清单和整改意见。人大执法检查固化了条例的治理成效、法治氛围和制度体系，推动接诉即办改革"提质""增效"和"体系化"发展。

第一，诉求办理量再创新高，体制机制"增效"显著。条例实施一年期间，全市上下进行广泛宣传和贯彻落实。一是全市诉求办理量再创新高，解决率、满意率分别提升至93%、94%。二是开展专项治理，聚焦体制机制问题。围绕"七有""五性"等痛点难点，深入剖析民生难题和企业发展，不断满足市民对美好生活的向往，营造良好的营商环境。

第二，加强广泛宣传和培训，法治氛围"提质"明显。一是加强应用部门法治培训。全市召开条例实施动员部署大会，开展专家解读、干部培训、巡回宣讲等，94.5%的承办单位受访人员参与过条例的宣传活动，提高了办理过程的法治化和规范化水平。二是提高全民普法程度。发动媒体栏目、经典案例等形式广泛宣传，51.1%的社会公众知晓条例主要内容，基本形成了法治入人心的良好氛围。

第三，市区两级完善配套文件，制度建设"体系化"。一是围绕分类处理、精准派单、主动治理、科学考评等关键环节出台一系列配套政策文件，为承办单位提供办理依据和行为指导，提高了办理流程的规范化水平。二是细化区级制度规范，针对央产小区等的治理难题，明确多方责任主体和任务清单，对参与部门形成制度约束。

需要说明的是，《北京市接诉即办工作条例》实施仍存在体制机制难题。一是办理环节仍存在堵点，首接负责、吹哨报到等配套机制仍需强化，配合单位参与积极性不高。二是保障监督机制需进一步健全，主动治理、未诉先办鼓励措施不足，回访流程较为烦琐。

二 中国式城市治理变革的首都样板

2022年是中国共产党在理论发展上实现重大创新的一年。党的二十大报告将深化改革的成功经验和未来发展的道路选择有机地融合，系统提出了"中国式现代化"的理论，完整确立了中国特色的全过程人民民主模式。强调拓宽群众有序参与城市治理的渠道，推进共建共治共享的治理创新；强调协同发力，推进数字时代国家信息化发展新战略；强调加快构建新发展格局，着力推动高质量发展。这些理论创新和战略部署，不仅肯定了接诉即办改革的总体发展，而且指明了接诉即办深化改革的战略方向。作为创新超大城市治理的北京探索，接诉即办改革契合和印证了党的二十大报告，从治理目标、治理体系、治理工具和治理绩效四大层面确立了改革的基本属性（见图4）。

（一）治理目标：以改革为动力，探索中国式现代化

实现中国式现代化是新时代新征程中国共产党的使命任务。北京市接诉即办以改革为动力，通过创新改革机制、固化改革成果、提炼改革经验，推

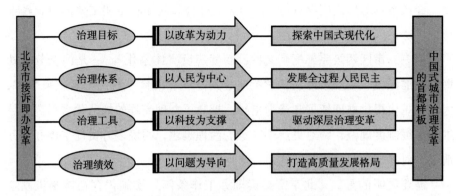

图4 中国式城市治理变革的首都样板

进改革持续优化升级，为中国式现代化的治理实践提供"中国方案"。

第一，创新改革机制，保障中国式现代化治理的"源动力"。完善接诉即办工作流程，提升上游"接""派"的规范识别和精准派单能力，增强下游"办"的高效处置能力，促进接诉即办全链条优化。同时，推动主动治理、未诉先办，创新场景化治理、协同治理机制，进一步优化考评机制，动态调整考核的"三率"指标权重、计算方式和事项清单，充分调动了干部积极性，全面提升办理效能。

第二，固化改革成果，推进中国式现代化治理的"常态化"。结合长期改革实践，完善服务体系、应急处置、首接负责、派单机制等配套政策文件，推进"小切口"改革创新，加强接诉即办法治保障，推动改革行稳致远。推动热线规范化建设，将复杂疑难诉求的责任进行划分，有效回应区域交叉、权属不清问题，打通基层治理梗阻，形成热线系统诉求办理的"北京标准"，营造良好的现代化治理法治化氛围。

第三，提炼改革经验，实现中国式现代化治理的"闭环化"。推进理论研究和实践经验互相转化促进，对接诉即办改革的创新经验进行阶段性提炼，有助于实现从实践中总结理论再用理论指导实践的良性循环。同时，积极推广改革优秀经验、典型案例等治理创新实践，既促进了改革实践的内部交流，也推动了北京经验发挥溢出效应。

（二）治理体系：以人民为中心，发展全过程人民民主

城市治理深化改革需要站稳人民立场，坚持群众路线，打造多元治理共同体。接诉即办改革坚持以人民为中心的公共价值理念，积极发展全过程人民民主，完善公众信息渠道、基层参与途径，形成多方共治格局，打造了具有北京鲜明特色的"人民城市"。

第一，丰富公众获取信息渠道，保障人民群众"知情权"。接诉即办纳入政务公开体系之中，明确基本原则、适用主体、公开内容、豁免情形、公开途径等，保障了人民群众依法获取与自身利益相关的信息。同时，在首都之窗政策专栏里设置"一问一答"，重点解读"每月一题"高频问题，保障了人民群众对接诉即办工作的知情权。

第二，完善基层社区治理机制，保障人民群众"参与权"。引导社区协商议事试点建设，鼓励基层积极探索富有特色的社区协商议事体系，推动了社区资源供需的精确匹配和无缝对接，以群众"微协商"撬动社区"大变革"，实现了群众参与活力与维持社会秩序的有效平衡。同时，健全热线、网络等形式的民情反馈体系，实现了民众从提出诉求到解决的全过程参与。

第三，发挥党建引领多方共治，保障人民群众"监督权"。坚持党建引领，充分发挥党的政治优势、组织优势和密切联系群众优势，鼓励各方力量共同参与城市治理，加强人民群众监督，着力提高民生保障和公共服务供给水平。同时，充分发挥企业、社会组织、民间团体等主体作用，最大限度汇聚改革合力。

（三）治理工具：以科技为支撑，驱动治理数智化变革

科学技术是第一生产力。通过赋权、赋能和赋智三大机制，接诉即办数智化转型拓展了市民生产生活空间，实现了政府治理形态的迭代更新，建设数字时代政府治理的"城市大脑"。

第一，科技"赋权"市民，创新群众生产生活方式。开通百度平台

"智能问答"、"北京12345"微信公众号等，更为快捷地回应或解决市民诉求，始终践行人民城市为人民的理念，显著提高了市民生活质量。同时，提供热线、微信、微博等多种渠道，降低市民参与政府议程设置和政策过程成本，提高参与便捷性和积极性，充分发挥群众主体作用，实现市民角色由被动参与者向主动建设者的深刻变革。

第二，科技"赋能"政府，助力职能部门流程重塑。加强基础设施建设，推进"热线+网格"深度融合，打造坚实的数字化治理空间，汇聚基础数据信息，促进数据库升级，发挥数据的辅助决策功能。同时，加强业务流程的智能化重塑变革，将区块链、人工智能、大数据等数字技术融入接诉即办全流程，推广智能语音转写，探索智能派单、智能督办等形式，提高接诉即办的效率和质量。

第三，科技"赋智"场景，促进预防式治理变革。开发建设北京市涉疫封管控点位地图，并明确各类信息，有效提升全市疫情防控区域管理的精细化水平，提高疫情防控常态化水平和应对紧急情况的治理韧性。不断深化科技赋能效应，采取升级业务系统、应用AI数字人等多种智能工具，推动结构调整和功能优化，增强热线应对疫情防控以及防汛等突发事件时的稳固性，提升应急治理的精细化和韧性。

（四）治理绩效：以问题为导向，打造高质量发展格局

接诉即办改革聚焦群众急难愁盼问题，推动企业放管服改革，促进京津冀区域协同发展，推动形成以问题为导向的北京市高质量发展格局。

第一，主动治理"民生"难题，提高公众满意度。积极推动主动治理，加强"每月一题"与治理类街乡镇整治提升深度结合，切实解决市民紧急问题。同时，针对春节、市第十三次党代会、党的二十大等重要节点或事件加强风险矛盾排查督办，有效维护了社会秩序稳定，提高市民满意度。

第二，高度聚焦"营商"难题，推动"放管服"改革。企业服务、复产复工和疫情防控是企业热线的三大诉求主题，实现百强企业专属号码优先接听、重点受理；建立接诉即办与"放管服"改革的衔接机制，压减审批

事项申请材料和办理时限问题，实现审批"串联改并联""验登合一"等，多举措打造优化营商环境高地。

第三，逐步缓解"区域"难题，加强京津冀热线体系建设。京津冀区域协同发展是实现高质量发展的重要保障，也是接诉即办持续改革面临的难点问题。京津冀区域诉求主题多样，完善京津冀市民服务热线联动机制，就高频关键诉求实现协同办理，可为跨区域通勤、旅游、康养等群体的生活生产提供便利。推进京津冀营商环境企业诉求协同办理，对重点企业提供优质服务，可激发经济活力，推动区域协调发展。

三　面临的新型问题与挑战

2022 年的"新型大考"既验证了接诉即办改革的成功经验，也在诸多方面暴露了尚存的问题和挑战（见图 5），就其生成形态而言，既有旧短板的新呈现，也有新状况引发的新挑战；就问题环节而言，分别存在于诉求接收环节和诉求解决环节，这些问题和挑战严重影响接诉即办改革的可持续、整体化、高效化、敏捷化运行，凸显了体系的脆弱性。

图 5　面临的新型问题与挑战

（一）悬浮式困境

接诉即办机制作为一种破除科层体制条块分立、弹性不足等痼疾的创新机制，在运行过程中被动独立于既有科层体制，可将其称为悬浮式困境，包括结构悬浮式困境和流程悬浮式困境。一是角色定位上存在结构悬浮式困境。接诉即办机制的角色定位应是为既有科层体制"锦上添花",旨在化解既有科层体制协同不畅等痼疾,以提高行政效率,快速有效解决市民诉求。但调研发现,随着接诉即办深入人心,接诉即办机制已冲到市民诉求办理一线,承担了诸多既有科层部门的工作压力,导致两种机制的角色结构发生错位。特别是2022年度疫情防控压力大,防控政策调整频繁,紧急性、突发性事件频发,既有科层部门未能形成有效应急预警机制,大大增加了接诉即办工作的压力。二是办理过程存在流程悬浮式困境。接诉即办机制面临大量政策咨询、建议等类型的市民诉求,承担大量政策宣传、政策解读等方面的工作。2022年,市民服务热线接到的咨询、建议等类型问题(诉求)占接诉总量的80%左右,需要既有科层体制向接诉即办机制提供及时、准确、全面的政策解释口径。但在实际工作中,相关承办部门的参与积极性和主动性不足,鲜有部门能够提供相关政策解读语录或政策知识库,严重增加了人工热线的工作负担,降低了接诉效率,也增加了错读、误读政策的概率。

(二)碎片化困境

接诉即办的有序运转需要依托既有科层体制的机构设置或其他治理主体的共同参与,但目前相关参与主体的联动协同性和参与程度有待提高,导致治理体系整合性不足,可将其称为碎片化困境,包括协同碎片化困境和参与碎片化困境。一是参与部门间联动协同性有待提高。解决市民诉求常常需要发挥跨部门、跨层级、跨区域的协同联动效应,但受限于政府权责分工不清、部门利益相悖等,上下层级、平行部门之间缺乏协同联动机制,办理效率低。二是共建共治共享格局中社会主体参与程度有待提高。作为超大城市,北京市人口结构复杂、经济形式多元、社会流动性强,随着市民诉求量日益增加以及极端诉求的出现,矛盾升级甚至舆情事件时有发生,仅依靠政府的权力和资源无法及时定位并跟踪潜在社会风险,亟须充分发挥市民、企业等多元社会主体的积极作用,提升社会韧性,增强社会弹性。目前,在基层治理中社会力量尚处于角色缺位、参与被动的状态，未能承担预防、规范和化解社会风险的社会责任，导致个别区域出现"政府干、群众看，政府很努力、群众不认同"现象，难以构建理想的共建共治共享格局。

（三）超负荷困境

随着接诉即办得到市民的认可，诉求量日益增加，已远超政府治理端的资源供给增长速度，对治理主体形成巨大压力，可将其称为超负荷困境，包括热线端超负荷困境和基层端超负荷困境。一是热线接诉压力大，疫情诉求挤占日常诉求。疫情防控背景下，市民对"健康宝弹窗""核酸检测结果不显示"等疫情问题反映量剧增，超过总受理量的 40%，严重挤占了市民表达日常诉求机会；同时，网络渠道对热线接诉压力的缓解作用有限，以老年人为代表的特殊群体使用网络平台的门槛较高，咨询和投诉的难度较大。二是基层办理压力大，"运动式治理"持续性有待提高。受基层工作中"权小责大""资源短缺"等问题影响，基层往往采取"运动式治理"策略，长效机制有待完善。受属地兜底原则的影响，数量庞大的市民诉求往往堆积至街道和乡镇，基层属地政府既需要投入大量人力、物力办理管辖范围内的市民诉求，也需要协调处理大量职责范围之外的诉求。但是，限于自身权力级别，基层部门在与上级职能部门的协同治理中处于弱势地位，上级行政部门甩锅、基层部门兜底等现象频现，导致基层工作人员长期处于超负荷状态，出现心有余而力不足、疲于奔命的现象，难以发挥机制的长效作用。

（四）挤占型困境

接诉即办改革的资源有限，一定数量的不合理或极端化诉求挤占了合理诉求表达机会，同时，在考核机制要求中也增加了基层工作负担，占用大量公共资源，可将其称为挤占型困境，包括诉求挤占型困境和考核挤占型困境。一是不合理诉求挤占合理诉求资源。少数市民为了一己私利，利用接诉即办对承办单位考核的约束机制，频繁向承办单位提出重复、虚假甚至极端化的诉求，或是涉法涉诉、涉军涉密等接诉即办管辖范围外的问题；部分主题诉求（如违建类）的不属实率较高，既挤占合理诉求被受理的公共资源，也严重影响社会秩序。二是不完善考核机制挤占良性运行机制。剔除机制是考核机制的前提，需要在区分合理诉求和不合理诉求的基础上再进行区分考核，但是目前针对不合理诉求的剔除机制仍有待进一步完善，其挤占了基层良性运转机制的工作空间和可用资源。为了达到考核标准，基层部门只能与提出不合理诉求的"重点诉求人"进行反复沟通、协商和解释，甚至采取安抚、妥协等方式，消耗了基层人力物力，一定程度上抑制了基层工作提质增效。

四　以新变革实现新发展

作为北京超大城市治理的底层逻辑和基本保障，接诉即办改革为政府治理提供极其重要的需求侧感知数据和回应点位数据。2022年接诉即办改革的成功经验与显现的问题，要求进一步提升治理机制和治理体系的韧性和弹性，以接诉即办为抓手，推进韧性城市、韧性组织、韧性认知和韧性机制的建设成长（见图6）。

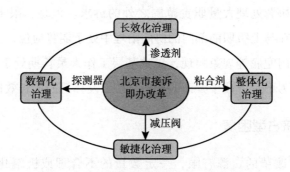

图6　北京市接诉即办改革未来发展方向

（一）发挥"渗透剂"作用，推进长效化治理

接诉即办深化改革应发挥渗透剂作用，从市民宣传、组织运行和领导决

策等方面推进长效化治理,加强韧性城市建设。一是完善政策知识库,加强政策宣传解读。作为政府部门的总客服,12345 热线奋战在服务市民的一线,面临大量的政策咨询和建议诉求,相关部门应及时提供常见问题的政策知识库并及时更新,以便发挥热线的政策窗口角色,向市民统一政策解读口径,提高政策在市民间的宣传和普及度。二是加强与既有科层体制融合,提高组织运作效率。针对超大城市治理难题,应坚持科层体制在社会治理中的主体地位,持续激发其治理活力与主动性,明确治理权限和规则,以常态化、专业化、规范化的系统性分工提高行政组织的效率。同时通过接诉即办机制推进对科层体制内在局限的突破。三是发挥数据驱动功能,辅助领导决策。接诉即办是汇聚民情民意、回应民之所想、反映社会治理难题的重要机制,应进一步发挥其"人感城市"数据优势,通过提高民生大数据动态深度分析与评估能力,抓住核心问题和主要矛盾,辅助领导班子决策、协助横向部门施策、赋能基层治理。

(二)发挥"粘合剂"作用,推进整体化治理

接诉即办改革应充分发挥"粘合剂"作用,从部门协同、社会参与和场景治理等方面推进整体化治理,加强韧性组织建设。一是围绕疑难复杂高频诉求,促进政府部门间协同联动。科层制有着明确的治理权限与规则,强调业务的专业化分工,在提高行政组织效率的同时也降低了整体协同性。强化科层制政府内部的横向协调关系,以"事"为中心,完善政府部门的权责清单,加强联防联控,促进从部门分立的"碎片治理",推进跨部门、跨层级的"系统治理""综合治理"。二是提高社会主体参与程度,构建基层共建共治共享格局。建立灵活多元的社会参与平台,利用物业委员会、企事业单位民主生活会、社区联谊会等既有形式听取民意、汇聚民智,及时发现并主动化解辖区内的矛盾问题与潜在社会风险。畅通社会主体与属地行政部门之间的信息沟通渠道,在特殊情形或紧急状态下,相关政府部门第一时间介入问题解决。三是持续推进"每月一题"的主动治理,深化问题导向的场景治理。以问题为导向,提高治理部门的积极主动性,坚持"一件事"

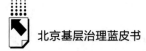

思维，突破科层制政府分工、分层、分级的内在局限性，推进部门或流程之间的整体性治理。深入研究基于场景问题的部门间资源共享，剖析体制机制难题，构建长效、高效处置机制和预警机制，一定程度上重构场景治理的权责关系。

（三）发挥"减压阀"作用，推进敏捷化治理

接诉即办机制应充分发挥"减压阀"作用，从缓解市民压力、基层压力和网格压力等方面推进敏捷化治理，加强韧性认知建设。一是提高接诉能力，实现源头减压。充分保障市民诉求表达权利，有助于疏解民众积压的怨怒之气，降低社会风险，维护社会秩序。接诉即办应充分利用新兴信息技术优势，增加智慧监测系统、预警系统、智慧平台等智能化基础设施和系统，丰富接诉渠道，提高接诉能力；提高话务人员综合素质和业务能力，改善市民的服务体验；针对老年人等特殊群体进一步完善配套设施，以保障其诉求表达的权利。二是明晰条块权责，促进基层减负。明确条块权责分工，避免将原本属于职能部门的任务或责任都推到基层，如需下沉，应有配套的政策、方法和路径。避免部门甩锅、基层不合理兜底等现象，减轻基层压力，确保基层将有限的资源用于有效回应市民合理诉求之上。同时提高基层人员的信息技术应用水平和能力，提升基层的智能化服务水平和治理能力，从而释放基层人力成本用于更复杂的事务处理之中。三是发挥网格管理作用，加强精细治理。网格管理像毛细血管，遍布城市各个角落，也像一个个支点，承载了整个城市的压力，推进超大城市实现精细治理。通过网格管理，将市民诉求分区分片治理，保证市民诉求及时得到反馈，并因地制宜地加强包括应急资源在内的各类资源配置，推进接诉即办工作精细化开展。

（四）发挥"探测器"作用，推进数智化治理

接诉即办改革应优化政府主体对民意的回应机制，积极发挥科技赋权、赋能、赋智作用，从诚信档案、剔除机制和权利保障等方面推进数智化治理，加强韧性机制建设。一是建立诚信档案制度，引导市民有序合理表达诉

求。发挥科技在诉求人诚信档案建设中的作用，对反复提出不合理与极端化诉求的诉求人进行"信用减分"，结果与其日常消费、旅行、信贷等行为进行数据联动，增加诉求人提出不合理与极端化诉求的成本，以减少诉求人为其自身利益而恶意利用公共资源的行为。二是健全不合理诉求剔除机制，优化公共服务资源分配。充分利用人工智能、数据挖掘等应用型技术，精准识别重复诉求、已被标记显著不属实的诉求、极端措辞明显的诉求等，加以剔除考核，将有限的热线接诉资源与基层属地政府办理资源转移至应对合理、急迫的社会诉求中。三是保障工作人员基本权利，推进诉求办理回归合理化。应进一步明确接诉即办工作人员在诉求受理、办理过程中的合法权益，加强制度化保障，运用人工智能等先进技术保护工作人员情绪和心理健康。在依法依规办理诉求过程中遇到极端化、威胁、辱骂等语言或行为攻击，或存在潜在社会风险时，应有相应保障机制或防卫机制，在规范办理诉求的同时保护工作人员积极性。

B.3
全过程人民民主视野下的接诉即办改革[*]

祝灵君　郑寰　陶周颖[**]

摘　要： 北京市接诉即办改革坚持以人民为中心的政治立场，通过一条热线精准把握群众诉求从而解决群众的"急难愁盼"问题。接诉即办改革聚焦完善全过程人民民主制度安排，充分体现了让人民监督政府和人人起来负责的有机结合，体现了党的自我革命和人民监督两个跳出"历史周期率"答案的有机结合，展现了当下中国市域治理和政治发展道路的显著特点。

关键词： 全过程人民民主　接诉即办　城市治理　人大制度　民主协商

　　中国共产党继承和发扬马克思主义的人民民主理论，把民主要求贯穿于国家治理的方方面面和全部环节，开辟了全过程人民民主的新境界。全过程人民民主是中国式现代城市发展道路的显著特征，党的二十大报告为北京市深化接诉即办改革提供了重要遵循。在新的历史起点推动接诉即办改革，需要立足全面建设社会主义现代化国家、全面推进中华民族伟大复兴大局，深刻领会党中央关于发展全过程人民民主、保障人民当家作主的战略思想，探索形成以接诉即办改革牵引超大城市治理的"首都样板"。2022 年 10 月 24

* 本文是北京社科基金项目"接诉即办践行全过程人民民主的理论与实践研究"（项目编号：22ZDA03）的阶段性成果。

** 祝灵君，中共中央党校（国家行政学院）党的建设教研部副主任，教授，博士生导师，研究方向为政党政治理论与方法、党内民主、基层政治等；郑寰，中共中央党校（国家行政学院）党的建设教研部世界政党比较教研室副主任，副教授，研究方向为党的领导、基层组织和国企党建等；陶周颖，中共中央党校（国家行政学院）博士研究生，研究方向为党的领导。

日，在传达学习贯彻党的二十大精神的报告中，蔡奇同志强调："坚持以人民为中心的发展思想，以接诉即办为主抓手，办好群众身边的事，扎实推进共同富裕。"① 接诉即办改革高度重视全过程人民民主的"过程"含义②，不断完善体制机制，补足民主全链条上的短板，成为今天中国发展全过程人民民主的生动实践。

一 北京市"接诉即办"改革是发展全过程 人民民主的生动实践

党的十八大以来，中国共产党丰富发展人民城市治理理念，形成中国特色城市治理模式。2019 年 11 月 2 日，习近平总书记在上海考察时提出"人民城市人民建，人民城市为人民"重要理念，深刻回答了城市建设发展依靠谁、为了谁的根本问题。在上海长宁区虹桥街道古北市民中心，习近平指出，"我们走的是一条中国特色社会主义政治发展道路，人民民主是一种全过程的民主。"③ 以习近平同志为核心的党中央提出全过程人民民主的理念，极大丰富了中国共产党对中国式民主的认识，为建立中国特色城市治理模式提供了重要遵循。在 2021 年建党一百周年大会上，习近平总书记向全党庄严宣告："新的征程上，我们必须紧紧依靠人民创造历史，……践行以人民为中心的发展思想，发展全过程人民民主"。④ 习近平总书记在中央工作会议等场合，系统阐释了发展全过程人民民主的理念，强调"我国全过程人民民主实现了过程民主和成果民主、程序民主和实质民主、直接民主和间接民主、人民民主和国家意志相统一"⑤。

---

① 《深入学习宣传贯彻党的二十大精神　为全面建设社会主义现代化国家全面推进中华民族伟大复兴作出首都贡献》，《北京日报》2022 年 10 月 25 日。
② 即民主选举、民主协商、民主决策、民主管理、民主监督，发挥人民群众积极性、主动性、创造性。
③ 习近平：《论坚持人民当家作主》，中央文献出版社，2021，第 303 页。
④ 《习近平谈治国理政》第四卷，外文出版社，2022，第 9 页。
⑤ 《习近平谈治国理政》第四卷，外文出版社，2022，第 260~261 页。

北京市委全面贯彻党中央精神，把发展全过程人民民主贯穿于改革发展稳定全过程，推动全过程人民民主在京华大地的创造性发展。从 2018 年初探索"街乡吹哨、部门报到"，到 2019 年探索"吹哨报到、接诉即办"，再到 2021 年实行"有一办一、主动治理"，北京接诉即办改革具体地、现实地、生动地落实全过程人民民主的重大理念，实现了从实践探索到立法固化的重大飞跃。北京接诉即办改革经过四年的实践，全市党员群众对全过程人民民主的认识得到全面提高，"发展全过程人民民主"制度更加健全、实践路径更加宽广。

首先，接诉即办改革要体现"人民城市人民建"。接诉即办最大的意义，就是彰显了习近平总书记倡导的"人民城市人民建，人民城市为人民"治理理念。北京接诉即办改革从"以人民为中心"的政治立场出发，充分发挥人民群众的主体作用，把群众诉求表达纳入政治参与的制度化轨道。北京市第十三次党代会报告指出，"发挥人民群众主体作用，探索形成以接诉即办为牵引的超大城市治理'首都样板'"[1]。

其次，接诉即办改革要充分体现"人民城市为人民"。2017 年 2 月，习近平总书记在视察北京工作时强调："要坚持人民城市为人民，以北京市民最关心的问题为导向，以解决人口过多、交通拥堵、房价高涨、大气污染等问题为突破口，提出解决问题的综合方略。"[2] 在新形势下，如何满足人民群众在政治、经济、社会、生态等各方面的诉求，让群众生活和办事更方便一些，表达诉求的渠道更畅通一些，成为执政党必须认真思考的时代命题。北京市第十三次党代会报告指出，"要深入实施接诉即办工作条例，牢牢站稳人民立场，坚持'有一办一'，用心用情用力解决群众急难愁盼问题"[3]。

最后，接诉即办改革要走好新时代群众路线。在城市治理技术层出不穷

---

① 蔡奇：《在习近平新时代中国特色社会主义思想指引下奋力谱写全面建设社会主义现代化国家的北京篇章》，《北京日报》2022 年 7 月 4 日。
② 《习近平关于社会主义社会建设论述摘编》，中央文献出版社，2017，第 136 页。
③ 蔡奇：《在习近平新时代中国特色社会主义思想指引下奋力谱写全面建设社会主义现代化国家的北京篇章》，《北京日报》2022 年 7 月 4 日。

和群众诉求增多的双重前提下，怎样才能更好地践行群众路线，北京"接诉即办"改革给出了较好的答案。在改革实践中，坚持下抓两级的基本原则，市委抓到街乡、区委抓到社区村。各级党政机关和领导干部坚持"眼睛向下""脚步向前"，从过去坐在办公室看"转播"到现在现场"直播"，实现了市区各部门围着街乡转、街乡围着社区转、党员干部围着群众转。北京市第十三次党代会报告指出，"接诉即办是践行初心使命的生动实践，是坚持党建引领基层治理、服务群众的有效机制"①。

二　坚持贯彻以人民为中心的发展思想

坚持贯彻以人民为中心的发展思想，把党的全心全意为人民服务的根本宗旨制度化，是接诉即办改革最鲜明的特点。习近平总书记强调："为人民而生，因人民而兴，始终同人民在一起，为人民利益而奋斗，是我们党立党兴党强党的根本出发点和落脚点。"② 北京市委探索"吹哨报到"到推动"接诉即办""主动治理"改革，出发点和落脚点是坚持人民至上，及时回应人民群众急难愁盼问题。

一是把握群众诉求规律，更加精准地回应群众的诉求。把握群众诉求规律，更加精准地回应群众诉求，对全过程人民民主实践提出了新要求。蔡奇指出："过去，我们为民办事主观上考虑多，但有些群众并未'买账'，原因就在于他们身边的问题没得到解决。"③ 为此，凡是经由 12345 反映的市民诉求以及媒体曝光的各种问题，各区直至街道乡镇，还有相关单位都必须闻风而动，接诉即办，举一反三，以群众获得感作为干部是否干事的衡量标准，以解决率和满意率来检验各级干部是否担当作为，真正把党的初心使命化为干部锐意进取的精气神。《北京市接诉即办工作条例》明确了接诉即办

---

① 蔡奇：《在习近平新时代中国特色社会主义思想指引下奋力谱写全面建设社会主义现代化国家的北京篇章》，《北京日报》2022 年 7 月 4 日。
② 《习近平谈治国理政》第四卷，外文出版社，2022，第 511 页。
③ 《紧扣首都特色　突出首善标准》，《人民日报》2019 年 7 月 1 日。

制度围绕"七有""五性"① 要求，推动接诉即办聚焦相关重点难点问题。北京市接诉即办改革，始终紧扣首都群众的期待和需求，以"接诉即办"为抓手，下更大力气补短板、强弱项，持续健全完善民生政策，切实解决好群众身边的操心事烦心事揪心事。从最早的三项工作哨源，到"民有所呼、我有所应"，体现出对市民需求和群众诉求的精准把握。

二是对人民的意愿和需求进行有效引导和管理。北京接诉即办改革关键点是对人民的意愿和需求进行有效管理。接诉即办改革是政府积极回应人民需求的重大变革机制。《北京市接诉即办工作条例》以立法形式对诉求人的权利和义务作出规定，对诉求人的诉求权利涵盖的范围、行使诉求权利的方式做了详细规定，引导诉求者合理表达诉求，对自身言行负责。

三　健全推进全过程人民民主的制度安排

北京市接诉即办改革，具有发展全过程人民民主制度化、程序化、法治化的特点。

一是通过地方立法把民主实践成果制度化。北京市人大常委会围绕大局、结合实际依法履职尽责，开展了一系列特色活动。在《北京市接诉即办工作条例》制定过程中，北京市主要领导亲自主持召开人民代表座谈会，面对面听取人民代表的意见建议。发挥各级人大代表联络站、人大代表之家、人大代表工作室等平台作用，推动代表密切联系群众，听取和反映群众的呼声期盼，不断拓展代表参与常委会工作的广度和深度。创新人民群众参与形式。从《北京市接诉即办条例（草案公开征求意见稿）》到《北京市接诉即办条例（草案）》到《北京市接诉即办工作条例（草案二次审议

---

① "七有"即党的十九大报告指出的，必须多谋民生之利、多解民生之忧，在发展中补齐民生短板、促进社会公平正义，在"幼有所育、学有所教、劳有所得、病有所医、老有所养、住有所居、弱有所扶"上不断取得新进展。"五性"是北京市委提出的，随着我国社会主要矛盾转化为人民日益增长的美好生活需要和不平衡不充分的发展之间的矛盾，北京市民对美好生活的需要呈现出"便利性、宜居性、多样性、公正性、安全性"的新特点。

稿)》，市人大常委会先后通过四级代表联系机制、全市人大代表之家和代表联络站、常委会网站等载体多方征求意见，11000 多名四级人大代表和66000 多名市民参与。组织安排 29 名市领导以市人大代表身份赴 16 个区征求意见，听取群众意见。审议过程中共收集意见建议近万条，其中大部分得到吸收，以制度化形式正式确立下来。北京市委通过法定程序把接诉即办实践转化为地方性法规，保证重大改革于法有据，通过立法引领改革方向，朝着实现"有一办一、主动治理"的方向大踏步前进。

二是构建党群良性互动的双轨政治。由"街乡吹哨、部门报到"理顺由上至下的党政轨道运行机制，渐次拓展为"群众吹哨、接诉即办"畅通由下及上的人民诉求轨道，使党政联系群众"最后一公里"难题得到破解。从 2019 年开始，北京市用了近两年时间探索双轨闭环运行，在大数据技术支撑下果断走向"有一办一、主动治理"新阶段。通过市人大立法保障形成"民有所呼，我有所应"的常态化治理机制，能够将"沉默的大多数"的声音"打捞"出来，形成新时代党和政府决策的源头。在人民群众表达渠道中，每一名群众的声音都能及时上传甚至到达市委书记办公桌。下沉沉到底、上传传到顶，一上一下、上下结合、上上下下、双轨循环，激发出市域治理的更大效能。

四 聚焦民主协商、民主表达、民主参与的关键环节

北京市接诉即办改革抓住民主协商、民主决策、民主监督三个关键环节，解决人民群众合理或合法利益诉求难题，有效疏导不合理或不合法的诉求，实现主动治理。

一是推进协商民主广泛多层制度化发展。接诉即办改革抓住民主协商的关键环节，寻找人民意愿和要求的最大公约数。北京市第十三届党代会报告明确指出接诉即办的目标之一是"提升基层自主治理能力"。这一要求反映到实践中，体现为加强基层党组织建设，坚持党建引领群众自治。按照"主动治理、未诉先办"要求，基层党组织带领多元主体开展议事协商的基

本治理模式业已成为常态。在乡镇街道层面，基层党委围绕辖区内诉求反映集中的问题，组织村（居）民、企事业单位、社会组织等积极参与民主协商。在城乡社区层面，农村和社区党组织牵头成立多方共治平台，定期邀请社区能人、村（居）民代表、驻区单位、物业、业委会（物管会）、新乡贤等各方主体，就村（社区）年度规划、公共设施改造、矛盾纠纷调解等方面进行协商讨论。党组织依托"党员包街巷包楼门院包群众"等形式，以街巷、楼栋等为单元，带领村（居）民在小区长廊中、凉亭里、田坎上、大树下等物理空间讨论公共事务、调解矛盾纠纷、制定村（居）民公约，将协商治理的空间延伸到村（居）民生产生活之中，培养基层群众主动议事协商、自觉遵守契约的市民意识，帮助群众提高解决自身问题能力。西城区大栅栏街道创新推出"圆桌工作法"，突出"议""商""办"衔接，议事人员呈现主体多元化，商议形式呈现主体平等化，真正让人民群众成为基层治理的广泛参与者、最大受益者、最终评判者。率先尝试"圆桌工作法"的前门西河沿社区，2021年接诉量同比下降18%，诉求解决率和满意率分别达到95.7%和96.6%，实现了"一降两升"的目标。

二是畅通人民表达的渠道。接诉即办是以12345市民服务热线为主渠道的为民服务机制。接诉即办的核心是"办实事、解难题、促治理、推改革"。办实事，就是坚持"有一办一"，认真办好每一件市民诉求和民生实事；解难题，就是针对高频共性难点问题，建立"每月一题"工作机制，针对重点区域问题，建立治理类街乡镇工作机制；促治理，就是加强主动治理，发展全过程人民民主，完善市民诉求驱动超大城市治理模式；推改革，就是通过解题促治，理顺政府部门职责交叉，填补职能空白，推动政府内部流程再造，改革公共服务供给模式。北京市接诉即办改革运用大数据和人工智能技术，通过12345市民服务热线和各种渠道对海量的人民群众来信来电来访信息进行综合归纳分析研判，找到共性化议题，根据群众反映强度排序，超前掌握民众的意愿和要求，形成市委市政府月度、季度、年度安排部署的工作议题，实现主动治理。

三是为人民群众有序参与城市治理提供新渠道。北京接诉即办改革以

"代表人民"为根本立足点，是实现中国共产党的首要功能即代表功能的有效途径。中国共产党履行好代表功能，必须同时具备两种能力："一是始终代表并持续实现人民个性化的意愿和要求的能力；二是对各类群体不同意愿和要求进行有效综合和管理的能力"①。北京接诉即办遵循这两种逻辑，一方面，针对基层治理中日益增长的群众诉求，接诉即办对"接"的对象不设门槛，任何群体和个人都可以"诉"；另一方面，"接诉即办"的特点在于"办"，北京市接诉即办改革建立了以人民需求为导向的主动治理。要求政府部委办局、乡镇街道以及城乡社区等有所为、马上办，解决老百姓急难愁盼问题，大大提升了人民利益诉求落地的及时性和回应性。这是中国共产党寻求人民群众"最大公约数"的有效途径，是凸显政党"代表功能"的实践形态。

五　实现了党的自我革命和人民起来监督的有机结合

实现让人民起来监督这个跳出历史周期率"第一个答案"和党的自我革命的"第二个答案"有机结合，成为新时代中国共产党人推进国家治理体系和治理能力现代化的重大任务。北京市接诉即办改革，把党内监督和人民监督结合起来，找到了自我革命和人民起来监督的有效接口，实现了党内监督和社会监督的有机结合，以党内民主带动发展人民民主。

一是实现了纪律监督和监察监督的有机结合。从具体实践来看，接诉即办通过各级纪检监察机关的介入，加强接诉即办专项监督，督促各有关单位依法履职。《北京市接诉即办工作条例》以立法的形式明确规定，各有关单位在接诉即办工作中造成不良影响或后果的，由监察机关或公职人员任免机关、单位，对负有责任的领导人员和直接责任人员中的公职人员依法给予处分。纪委监委的监督促使相关部委办局、乡镇街道等党政人员必须有所作

---

① 祝灵君：《试论中国共产党长期执政的能力基础——兼论规划治国与规划治党》，《政治学研究》2022 年第 3 期。

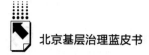
为、有所行动。

二是以党内民主带动人民民主。接诉即办改革有助于全面提升党员干部的民主素养，可以增强各级党政干部民主意识和能力。"作为贯彻执行党和国家意志的'最后一米'，基层干部是否具备协商理念和推动协商民主的决心，直接关系到协商民主能否长远发展"①。组织部门首先要着力培养党员干部的民主意识和民主素养，加强党内民主教育，对普通党员重点加强党员权利和义务教育，对党员领导干部重点进行民主集中制教育，引导广大党员干部充分发扬党内民主，实现在民主基础上的正确集中。其次，要确保基层干部树立正确的政绩观，准确把握协商民主与治理绩效之间的关系。让基层干部深刻认识到协商民主对于提高基层治理效能的必要性，自觉遵守协商民主的基本原则和要求，规范执行和落实协商共识。

六 实现让人民监督政府和人人起来负责的有机结合

延安"窑洞对"所提及的是"让人民起来监督"和"人人负责"两条路径，"只有人人起来负责，才不会人亡政息"②。习近平总书记指出："政治上的主动是最有利的主动，政治上的被动是最危险的被动"③，围绕让党员干部主动感知和预测民心、民意、民情，避免出现"干部在干、群众在看"等问题，北京市接诉即办改革着力解决了人人起来负责的问题。

一是让人民监督政府，使政府不敢松懈。接诉即办改革的实质，是党委建立高效直接的民意反映渠道，压实基层行政机构提供公共服务的主体责任。接诉即办改革将"三率"（响应率、解决率、满意率）作为各级党政干部的考核标准，根据排名结果对主要负责人进行点名、约谈和提醒，将考评结果纳入政府绩效考核和年度党组织书记抓基层党建述职评议考核，赋予了

---

① 何包钢、吴进进：《社会矛盾与中国城市协商民主制度化的兴起》，《开放时代》2017年第3期。

② 《毛泽东年谱（1893~1949）（修订本）》中卷，中央文献出版社，2013，第611页。

③ 《习近平谈治国理政》第四卷，外文出版社，2022，第44页。

人民群众足够的底气和话语权，让党和政府能够按照群众诉求来制定政策，根据群众要求有针对性地进行整改，把群众"满意不满意、高兴不高兴、答应不答应"作为改革的最高评价标准。从这个角度来看，"改善民生、保障民权、赢得民心"是推动接诉即办改革的重要目标，其本质就体现于用"以人民为中心"的政治逻辑来变革单纯讲求工作效率的行政逻辑，把政务服务管理局改造成新型数据中心，打造出"大众点评型政府"，以人民监督来确保执政党及政府始终在政治立场上保持清醒和坚定。

二是人人起来负责，强化基层民主自治能力。基层民主是全过程人民民主的重要体现。北京市第十三次党代会报告明确指出接诉即办的目标之一是提升基层自主治理能力。这一要求反映到实践中，必须充分调动基层群众参与积极性，加强对群众的协商民主训练，推动群众养成参与决策的习惯，不断提高群众参与的自我效能感。在接诉即办具体实践中，在资源、权力有限的前提之下，基层党组织需要在做群众工作的方式方法上"下功夫"，让基层群众最大限度参与解决相关问题、处理相关事务，激发其主人翁意识，把矛盾和纠纷化解在基层。首先，凡是涉及乡镇街道、城乡社区的重大问题，党组织要主动邀请城乡社区一线社会工作者、驻区单位代表、联盟单位代表、物业服务企业员工特别是村（居）民代表参加诸如人大、政协下基层的调研活动，发表相关意见建议，让基层党组织所组织开展的调研活动和提案成为团结城乡社区群众的"粘合剂"，不断提高基层党组织的影响力和话语权。其次，党组织将思想教育融入人民群众的日常生活中，将主流价值观引入群众的日常行为，培育群众的集体精神和公共意志。譬如，在加装电梯这类老大难的问题上，面对个别低层住户提出反对意见，有的社区就让包干党员、居民代表等以"多跑、多听、多谈"的柔性方法沟通交流，最终取得群众的理解和支持。最后，乡镇街道注重和谐社会的培育，打造以维护邻里关系、调解矛盾纠纷、和谐老幼关系等为品牌的自治组织。城乡社区党组织要善于挖掘村（居）民能人，主动吸纳其为延伸社区工作的主抓手。

三是增强党组织政治功能和组织功能。《共产党宣言》指出："无产阶级的运动是绝大多数人的、为绝大多数人谋利益的独立的运动。"① 中国共产党自成立之日起，就把"新的政治"观牢牢定位在"绝大多数人"这五个字上。从新的政治观武装，到"讲政治"，再到加强党的政治建设，意味着中国共产党的首要功能是代表绝大多数人的意愿和要求，这就是党的政治功能。接诉即办改革坚持党建引领，就是把党的政治建设摆在党的建设首位并发挥统领作用，突出各级党组织的政治功能，让所有党员干部意识到接诉即办改革是一项政治任务，加大对落实情况的政治监督，不断提升各级干部的政治能力特别是做好群众工作能力。党建引领需要强化各级党组织的组织功能，探索建立党委领导的城市工作委员会，建立党建工作协调委员会，召开市委书记、区委书记、乡镇（街道党工委）三级书记点评会等，从市委到基层党支部形成上下贯通、执行有力的组织体系，探索形成党组织全面领导下的跨部门合作机制，充分发挥党的领导的政治优势、组织优势、制度优势和工作优势，形成接诉即办改革的有机合力。

结　语

北京市接诉即办改革坚持和发展马克思主义人民民主理论，丰富和拓展了人民民主的理论内涵和实践方式。接诉即办改革以基层人民群众诉求为导向，将为人民服务具体转化为解决人民群众诉求，并以此推进各项改革，是坚持以人民为中心的发展思想的具体体现。接诉即办改革开辟了中国式现代化的新境界，为世界城市民主发展提供了中国方案：既体现基层推动发展全过程人民民主的实践路径，又建立了坚持和完善人民当家作主的制度体系，把全过程人民民主具体地、生动地体现到实现人民群众对美好生活向往的工作上来，具有鲜明的中国特色。接诉即办改革把党的领导和全过程人民民主有机结合起来，是中国共产党跳出历史周期率的一次重大探索，充分彰显了

---

① 《马克思恩格斯选集》第 1 卷，人民出版社，1995，第 283 页。

党的自我革命和人人起来监督相结合、让人民起来监督政府和人人起来负责相统一的治理逻辑。

参考文献

1. 李文钊：《北京市"接诉即办"的设计原理》，《前线》2021 年第 3 期。

2. 祝灵君：《坚持和加强党的全面领导：历史逻辑、理论逻辑与实践逻辑》，《中共中央党校学报》2017 年第 6 期。

3. 程竹汝：《论全过程人民民主的制度之基》，《中共中央党校（国家行政学院）学报》2021 年第 6 期。

4. 莫纪宏：《在法治轨道上有序推进"全过程人民民主"》，《中国法学》2021 年第 6 期。

5. 张明军：《全过程人民民主的价值、特征及实现逻辑》，《思想理论教育》2021 年第 9 期。

6. Giovanni Sartori, *The Theory of Democracy Revisited*, Chatham, N. J.：Chatham House Publishers, 1987, pp. 343, 387.

B.4
基于复杂适应系统理论的"未诉先办"民主实践路径研究

王健人　张泽林*

摘　要： "接诉即办"改革是城市这个复杂适应系统演进的产物，也是全过程人民民主在首都的生动实践。从"接诉即办"到"未诉先办"是新的系统演进，意味着需要形成新的结构来实现风险预警和社会动员。这有赖于发挥党建引领作用，实现更高水平和更多层次的民主建设。

关键词： 接诉即办　未诉先办　复杂适应系统　全过程人民民主

城市天生就是复杂适应系统，具有整体性、动态性、多层次性、开放性、适应性和自组织性等特点，囊括了众多持不同诉求的主体。这些非管理者主动或被动地参与城市治理，且无时无刻不在发生，从而带来了复杂的非线性变化。

北京作为中国的首都、一座国际知名的超大城市，其治理复杂程度位居世界前列。从城市复杂性和系统演进角度看，"接诉即办"改革远超解决百姓难题的范畴，通过在复杂适应系统中党的有效组织动员，改变信息流、资金流、能量流、物质流走向，减少系统中的熵值，积极治理北京的"大城市病"，推进城市的有机更新和减量发展，实现习近平总书记"建设和管理

---

* 王健人，民盟北京市委参政议政部干部，主要研究方向为协商民主、公共治理；张泽林，中国人民大学商学院市场营销系主任，教授，博士生导师，研究方向为品牌营销、大数据分析、城市治理等。

好首都"的殷殷期许。这一改革不仅符合国家治理体系和治理能力现代化的总目标，同时也是一场新技术条件下的全过程人民民主实践，为中国的城市治理改革提供了范本。

一 "接诉即办"改革是复杂适应系统演进的产物

1994 年，圣菲研究所创始人之一约翰·霍兰教授提出复杂适应系统理论，认为主体可以在与其他主体和环境的交互中通过持续地学习、积累大量的经验，改变自身的结构和行为方式，主体在改变自身的同时也改变着环境，从而诱发系统演进。

（一）"接诉即办"的历程

"接诉即办"是渐进发展的产物，这一概念诞生于 2018 年 11 月 30 日中共北京市委召开的第四次区委书记月度工作点评会，会上提出："凡是媒体曝光的问题，各级各部门都要闻风而动、接诉即办，坚决做到民有所呼、我有所应。"[1] 由此可见，接诉即办最初并非针对市民诉求，而是舆论监督。但这一概念体现出政府对外界批评的及时回应，体现出国家对社会意见的重视，从而形成了信息在国家和社会之间的快速交流。

2021 年北京市开启"每月一题"活动，当年针对居民诉求中具有普遍性的问题进行攻坚，提出了 12 类主题和 27 个高频难题，探索集成多种力量、整合多个部门系统性推动。这一工作意味着北京市探索从整体上解决难题，走出"主动治理、未诉先办"的关键一步。从"有一办一""举一反三"到专题治理、主动治理、"未诉先办"，北京市正在探索能够同时实现降低诉求量和提升城市治理水平的改革路径。"接诉即办"改革的深入推动了自身治理模式的迭代，不断扩大影响范围，增强了机制的适应性，保持了其旺盛的生命力。

---

[1] 李文钊：《接诉即办的北京经验》，中国人民大学出版社，2021，第33页。

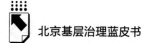

"接诉即办"改革是一个发展过程，随着智能化治理技术的应用和"诉办"机制的完善，呈现出系统自我演化的趋势。很大程度上，"接诉即办"机制渗透到城市治理的方方面面，正在重构首都治理框架，形成信息时代的超大城市治理新模式。

（二）接诉即办：复杂适应系统理论分析框架

在复杂适应系统的"聚集、非线性、流、多样性、标识、内部模型、构件"7个概念基础上，霍兰进一步提出了"涌现"现象，即具有适应性的主体在简单规则的支配下相互作用，使得涌现的整体行为比各部分行为的总和更为复杂，其会不断生成大量新的、具有更多组织层次的结构和模式。这让复杂适应系统呈现出动态的、多层级结构。涌现的本质就是由小生大，由简入繁。涌现是"复杂系统的特征，更是产生复杂现象的动力。有些貌似无关的因素，可以在一定条件下'涌现'出来，经过自我强化后，就可以产生既不可预见又不可逆转的系统行为"[1]。在社会治理领域，某些现象经过普及，很可能会改变整个社会的运作的模式。按照复杂适应系统的观点，"接诉即办"正是一种改变城市治理模式的"涌现"。

"接诉即办"改革具有鲜明的系统演进特点。尽管北京市人口和单位众多、城市结构复杂，但最主要的主体类别有三个：人数最多、利益表达最复杂的城市居民；作为城市治理中枢的决策者；职能部门、街乡镇及社区中参与社会治理的基层工作者。

其基本关系为：决策者提出宏观治理目标，城市居民提出微观诉求期望，两者共同提出治理要求。基层工作者作为维系城市正常运行的骨干，是满足城市治理要求的公共秩序生产者。决策者通过调整城市居民和基层工作者的关系，建立新的联系去提升城市治理水平、改善城市治理绩效。基层工作者和城市居民往往位于同一个场域，两者的关系影响到基层社会的稳定。而基层工作者的绩效，很大程度上影响到其组织评价（见图1）。

---

① 〔美〕约翰·霍兰：《涌现：从混沌到有序》，陈禹等译，上海科学技术出版社，2001，第2页。

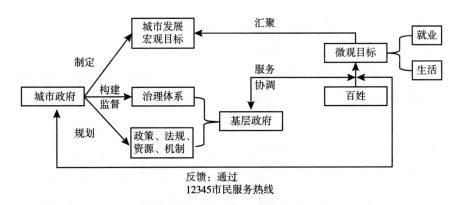

图 1　城市治理主体关系

推动"接诉即办"工作演进的基本规则主要有四个：一是基于"以人民为中心"的良善治理要求，这主要体现为从上而下推动的改革意向；二是中国共产党内和政府行政部门的组织纪律要求，通过高强度、高水平的点评调度，形成绩效考核压力，激发体制活力，全方位调动基层积极性；三是个体合理权利得到维护的要求，作为分散主体的人民群众，个人诉求需要得到充分尊重和合理满足，在"接诉即办"平台协调下可以解决问题；四是执政党引领国家建设和进行社会整合动员的要求，中国共产党作为执政党，各级党组织具有全面调动辖区内资源的能力，由此需要扩大党的群众基础和社会基础。这四个规则共同约束国家机制、党组织机制和社会机制，共同作用于首都治理体系。同时，科技水平作为外部条件，某种程度上决定了"接诉即办"乃至首都社会治理机制运行水平。

（三）城市系统的复杂性来源

"现代城市系统是一种高度融合了社会与文化多元化、生产与服务市场化、信息与交通网络化、建筑与街巷场所化、用地与景观破碎化、自然与生态脆弱化等特征的开放的复杂巨系统。"[①] 城市系统的复杂性来源于：

---

① 孙小涛、徐建刚、张翔、胡宏、林蔚、李弘正：《基于复杂适应系统理论的城市规划》，《生态学报》2016 年第 2 期。

"（1）城市系统本身具有分层的组织与交互结构；（2）城市的总体发展方向由许多独立单元并行交互的结果所决定；（3）城市内各个主体具有自适应性；（4）城市发展过程中存在各种自然因素、人为因素、随机因素和偶然事件的影响和干预。"[①] 城市系统的复杂性和主体的适应性导致人们很难以一种静止的、设计性的思路对待日常治理活动。随着科技水平的进步，当代城市吸引了越来越多的人口和组织，城市治理中出现了越来越多的主体，这就要求城市管理者更加平等、更加开放地对待这些差异巨大的诉求。某种程度上说，城市中的居住者越来越多地参与和塑造城市发展，这种非管理者无意识的治理无时无刻不在发生，从而带来了城市复杂的非线性变化。从根本上说，城市治理是多个不同层次的主体相互适应及适应环境的过程。随着主体适应性量级的抬升，各种适应性关系也表现得极为复杂。这要求我们转变以行政力量为主导的、自上而下的治理思路，更加重视"自下而上"的秩序，善于引导不同主体间的关系，避免局部矛盾累积形成系统性风险。

（四）"接诉即办"改革的系统性特征

其一，"接诉即办"源于主体适应性行为。和很多改革一样，"接诉即办"源自基层创新、在取得成绩而被固化和推广后，很快形成了"街乡吹哨、部门报到"模式。

其二，"接诉即办"属于典型的"涌现"现象。在"接诉即办"改革中，由于12345市民服务热线将多个分散热线整合起来，形成了一网通办的模式，同时加强考评管理，形成稳定的压力传导机制，这就为城市治理体系增加了新的结构和功能，并真实提升了治理能力。

其三，"接诉即办"强化了群众在组织考评中的作用，体现出主体间的紧密联系。公众不仅扮演了"吹哨人"的角色，而且事实上成为基层治理成果的考核者和监督者。这就迫使基层单位优化工作方法，寻找破解难题的

---

① 郭鹏、薛惠锋、赵宁、吴晓军、张凡：《基于复杂适应系统理论与 CA 模型的城市增长仿真》，《地理与地理信息科学》2004 年第 6 期。

解决办法。而这种常态化的压力传导，不仅改善了政府工作绩效，也客观上巩固和扩大了党执政的群众基础和社会基础。

其四，"接诉即办"向"未诉先办"的转变，是一场新的"涌现"。从"闻风而动、接诉即办"到"主动治理、未诉先办"不仅是原有体系的完善，更是理念上的变革和方法上的革新。"未诉先办"通过有效的预知问题和综合性的政策手段，治微、治潜、治早，拓宽治理范围、实现"有为"和"无为"的有机结合。因此，"未诉先办"需要系统的迭代升级，通过新的结构来保证功能的稳定发挥。

二 "接诉即办"改革的动力源——从复杂 适应系统角度分析

一项改革能不能持久、能不能富有实效，一是要看效果是否显著，二是要看改革动力能否持久。

（一）推动城市治理模式演进的动力类型

主体的适应性行为推动"接诉即办"机制演进，不同主体基于自适应性展现出纷繁复杂的行为特点。这些行为形成合力共同推动城市治理模式的演进。在归并各种行为类型后，可将动力划分为如下几种：绩效反馈、行政管理、群众公共服务需求、城市发展。

其一，绩效反馈：首都城市治理高效稳定的需要。北京作为中国首都，"看北京首先要从政治上看"，作为首善之区，各方面对北京城市治理的要求更高，这客观上成为持久改善绩效、确保北京繁荣稳定的动力。由此而来的种种成功创新，都暗含绩效考核的需要。而北京市城市治理的种种举措，往往也需要导向良性的绩效成果。良好的绩效提升工作者的积极性，绩效反馈成为激励干部特别是地方主官的重要手段。

其二，行政管理：城市治理总是在以"条"为主和以"块"为主间不断调整，从而找到相对合适的状态。一方面，"治理绩效锦标赛"的方式能够激发地方主官活力，推动绩效提升；另一方面，主官必须依托行政管理体系才能开展工作，行政管理体系的效能高低直接影响到工作绩效。政府主官总是力求增强所在的行政部门能力，保持良好的工作状态，并由此推出一系列的改进措施。

其三，群众公共服务需求：城市居民需要政府提供更高质量的公共服务，因此政府需要践行"以人民为中心"的发展理念，满足人民群众对美好生活的向往。某种程度上，群众对公共服务的需要是党委政府具有吸附能力的首因。

其四，城市发展：随着城市发展，不断涌现出新的社会组织和新的发展问题。党委政府要呼应这些新情况、新问题，客观上需要有更高水平的治理模式，基于"挑战-回应"关系，城市治理需要针对发展实际不断推出新的方式方法。

正是在这四种动力的推动下，"接诉即办"改革得以萌芽和发展，通过及时跟踪形势和人民需要，不断迭代升级，呈现出新的工作局面，从而保持旺盛的生命力和影响力。

（二）"未诉先办"是"接诉即办"的必然趋势

按照复杂适应系统，"接诉即办"改革是以 12345 市民服务热线平台为基础，形成任务发包平台，通过"三率"考核引导基层部门针对百姓诉求开展工作。作为领导决策的参谋机构、百姓诉求的汇总机构、基层单位受领任务的发包单位，12345 市民服务热线作为城市巨系统的一个新建模块，从外界主要是群众那里获得了新的信息，改变了城市的信息流、物质流、能源流、资金流，进而减少了城市运行中的"熵"①。但也应当注意，尽管"接诉即办"能够发现和消除一些城市治理的矛盾，但"接诉即办"也在产生"熵"，最典型的是增加了基层负担、影响了公共资源的有效分配。因此，

---

① 熵的本质是系统"内在的混乱程度"。它在控制论、概率论、数论、天体物理、生命科学等领域都有重要应用。在孤立系统中，熵增是一个不可逆的过程，最终达到熵的最大状态，也就是系统的最混乱无序状态。

既要解决百姓诉求、增强人民群众的信心，也要给基层单位减负，更加集约高效地使用公共资源，从而保证"接诉即办"机制的有效运作。从保障"接诉即办"长期稳定运作的角度看，"接诉即办"转向"未诉先办"是必然趋势。

首先，是城市治理的巨大性同公共资源的有限性的基本矛盾，决定了公共资源更趋向于投放到具有高收益的位置。但基于公众服务的"接诉即办"改革，往往选择有利于满足诉求者需求的方案，这一定程度上会加剧公共资源的紧张。

其次，各个主体都具有适应"接诉即办"机制的能力和倾向，会产生大量出乎设计者意料的"涌现"。有些看起来微不足道乃至毫无影响的因素，可以在一定条件下"涌现"出来，经过迅速的自我强化后，就可以产生既不可预见又不可逆转的系统演化。从某种程度上说，这些"涌现"具有偶发性但也有必然性，很多机制的演变往往源于这种主体适应行为。这些行为会推动"接诉即办"不断变化，从而引发整个系统的演进。某些为人诟病的现象，本质上是主体的自适应行为，需要增设一些机制予以完善。由此而言，在强调源头治理、综合治理、系统治理、依法治理的今天，从应对挑战到预防问题，显然是城市治理者必须要考虑的探索方向。

再次，中国治理模式的特点，要求"接诉即办"向"未诉先办"转变。以中国共产党为轴心联结和动员广泛的外围，是我国构建现代国家的基本格局。"接诉即办"改革带有鲜明的党建色彩。在决策层，领导者定期开展点评会，根据"三率"考核结果形成自上而下的绩效压力，从而鞭策整个首都治理体系对"接诉即办"保持高度的敏感。在同级政府之间，会基于绩效结果开展竞争，从而保持改进工作绩效的自发驱动力。在基层则强调党建引领接诉即办工作，通过机制性改革大大增强基层党组织掌握资源、调动资源的能力。这些显示出"接诉即办"高度依靠党内权威的特点。基于绩效管理和党组织的职责，相关单位倾向于减少所辖区域内群众诉求量。

最后，高科技的广泛应用增强了系统治理、综合治理和源头治理能力。"接诉即办"的过程是积极应用高新技术的过程，信息技术的广泛应用拉近了各主体的关系，削弱了传统科层制的影响力，城市治理的多主体化愈发显现。同时，技术进步促使政府对城市情况科学感知、及时感知，能够更加精准地部署公共资源、规划城市发展蓝图、增强基层组织的统筹能力。对决策者来说，科技是成功实施"接诉即办"的必要保障。

（三）"接诉即办"面临的系统性挑战

作为复杂适应系统的城市是两种"流"结合的产物，"一种是维持并促进自身基础设施和居民发展的能源和资源流，另一种则是连接所有公众的社会网络中的信息流。这两种完全不同的网络整合和相互作用带来了基础设施的规模经济效应和城市经济社会生活的繁荣"①。如果将此理论带入首都这一复杂适应系统中，则会发现"接诉即办"自身面临更多方面挑战。

1. 个体理性选择加总造成的集体非理性

城市的复杂性，导致管理者很容易面临"囚徒困境"：从个体角度看，个人选择似乎都是理性的，但在城市巨复杂系统中，个体理性叠加的选择结果却容易造成集体的不理性。

2. 预测系统演进方向的困难

就系统本身而言，演进是无意识的；但对系统中的个体而言，其总是试图更好地适应系统。复杂适应系统理论认为，"个体之间相互影响是试图主动地适应彼此关系"②。而每一个选择，都可能导向不同的结果。正因为个体的主动性和关系链条的复杂性，微小的改变对后续的进程可能造成巨大的影响，复杂系统的演进才会难以预测。

3. 行政部门同其他主体的感知差异

实行"接诉即办"改革后，12345市民服务热线结合大数据分析和智慧城市管理等技术手段，分析能力和感知能力较以往有了很大提升。但也应当看到，行政部门对城市治理的感知、规划及选择，同公众乃至个体有着极大

---

① 〔英〕杰弗里·韦斯特：《规模：复杂世界的简单法则》，张培译，中信出版集团，2018，第302页。

② 阮平南、高杰：《基于CAS理论的网络组织演化研究》，《企业经济》2009年第10期。

的差异。一方面源自双方信息的不对称，另一方面不同立场导致更大范围的感知障碍。这就意味着即便是最优的公共政策，也无法保证不同主体都能够给予认可，而不同主体间认知和行为的差异，增加了系统协调的难度。

4. 认同性危机：技术治理的内在难题

"接诉即办"改革带有深刻的技术治理痕迹。但是所有的技术治理都面临着认同性危机，包括：对个人信息的使用是否会侵犯隐私权，"接诉即办"改革造成的基层负担过重，考核指标设置的正当性，跨部门之间数据交流的法律困难，人民群众对"接诉即办"实效的预期等。这一方面源于新的、陌生的技术和治理模式，在初始阶段容易造成疏离；另一方面则是对新技术的预期，无论是过高还是过低，都容易导致对技术应用的排斥。

5. 存在"接诉即办"悖论①

民盟北京市委分析 2018～2021 年"接诉即办"数据，发现即使有些问题确实得到了解决，但由于人民群众对"接诉即办"的认可度较高，吸附了一些其他渠道反映的问题或原先没有反映的问题，反而造成诉求量增加，即"接诉即办"具有较强的吸附能力，这就导致了"接诉即办"悖论②。但"接诉即办"接诉量并不能无限增长，其处理能力上限取决于基层的办件水平，而潜在诉求量的最低值则取决于城市整体治理能力。要避免"接诉即办"悖论的产生，就需要加强依法治理、源头治理、系统治理和综合治理，也即要解决产生问题背后的问题，"其实质是通过接诉即办来推动整个城市治理的学习、反思和改革，减少诉求产生的土壤和环境"③。

（四）实现"未诉 先办"面临的困难

其一，"未诉先办"不再以百姓诉求为最主要的信息来源，而是以百姓诉求、城市体检、大数据分析、社会统计调查等多种方式，准确地感知城市

---

① 李文钊：《北京市"接诉即办"的设计原理》，《前线》2021 年第 3 期。
② 即接诉即办越是效果显著、越是获得百姓认可，要承担的任务量就越多，基层负担就越重，而这又对接诉即办的正常运转带来挑战和风险。
③ 李文钊：《北京市"接诉即办"的设计原理》，《前线》2021 年第 3 期。

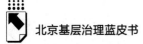

治理的短板，既需要技术手段的"智知"，也需要依赖人民的"人知"；既感知分散的个体诉求，也感知信息汇总后的整体规律；既要应对系统性、全局性风险，也要应对普通人的烦心琐事。

其二，"接诉即办"是后知后觉，而"未诉先办"是先知先觉，目前除了少量具有明显周期性、季节性因素的事项，例如供暖、防洪、防范烟花爆竹等，纷繁复杂的事项中所隐藏的深刻规律仍有待继续挖掘。

其三，大数据分析技术往往能准确挖掘出事物之间的相关性，但是在精准把握其因果方面还需要继续努力。技术治理不能完全替代人的治理，在掌握民心民意、针对性解决问题成因、防范风险扩散上仍需要其他手段配合。

其四，"未诉先办"需要动员更多的人力物力财力，以便从根本上解决问题，其所涉及的范围、领域、层次远远超过现有基层政府的能力。

三 "未诉先办"是首都全过程
人民民主实践的新探索

民主既是一种价值，也是一项目标，更是一类治理模式。但民主的实现形式不是单一的、排他的、静止的。民主的实现形式既有程序性，也有目的性。归根到底，民主是一种国家治理模式，是为了解决社会发展中人民要求解决的问题。"接诉即办"贯彻了以中国共产党为轴心引领广泛的外围这一思路，不仅体现为以高强度点评为特征的高层领导重视，也体现在各级党组织调动资源、动员社会，全力保障"接诉即办"顺利开展。因此，"接诉即办"不仅是一场针对行政管理的改革，更是一场党建引领、全民参与的社会动员和民主建设。

（一）"接诉即办"改革是全过程人民民主实践的重要创新

人民的民主权利不仅体现为具有选举权和被选举权，还体现为全方位参与公共事务的决策、协商、管理、监督等。中国特色社会主义民主政治素来有"议行合一"的特点。从价值、逻辑、实践等方面看，"接诉即办"同全过程人民民主具有统一性。其核心是"政府与民众通过对话、协商和谈判对公共事务及其治理达成共识，并且能够调动多层级、多部门、多组织和民众的积极性，最终实现问题有效解决，并进一步减少问题源。"① 首都"接诉即办"改革的意义在于，在一个人口超过千万的超大城市中，超越了传统熟人社会的简单关系网络，通过运用现代科学技术手段，通过"一网、一门、一号"，党和政府与千万级的民众之间有了紧密互动的新平台，上级和下级之间有了新的工作压力传导机制，实现了各治理主体间实时、有效、积极、持久、动态的互动，形成了全过程的人民参与，解决了人民群众希望解决的难题，扩大了党的群众基础，增强了政府的行政效能，提升了首都城市治理的实效。这是互联网时代城市治理改革的新路径，扩大了民主实践范围。

（二）"未诉先办"亟待实践超大型城市中的全过程人民民主

历史上，具有民主性质的政体往往是城邦性的小型国家，国家规模的扩大，必然带来社会系统的复杂，其内部管理难度随着社会事务的激增而呈现几何级数的增长。承担社会管理职能的部门对社会问题的感知和规范往往滞后于社会发展实际和人民群众直感，从而带来社会风险。伴随着信息技术的广泛应用，民主的参与范围和涉及领域都有了较大提升。要从"接诉即办"向"未诉先办"转化，就要从一事一办、一事一议的回应模式中跳脱出来，寻找共性、规律，提出最优方案、获得普遍共识，而这一切离不开在超大型城市中创造性地开展党建，增强党整合社会、动员社会、领导社会的能力，充分体现源头治理、综合治理、系统治理和依法治理要求。

"接诉即办"改革是一场在基层实践创新基础上，自上而下同自下而上相互作用的改革。"主动治理、未诉先办"始于居民诉求，又要超越居民诉求，一方面城市的治理者、规划者通篇布局、精心设计，另一方面不同领域、不同层次的主体在党的领导之下通过民主方式，真实、及时表达诉求，共同推动解决超大城市治理中的民生难题；不仅在形式上实现以人民为中心

---

① 李文钊：《接诉即办的北京经验》，中国人民大学出版社，2021，第11页。

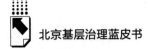

的超大城市治理创新，更在实质上提高人民获得感、幸福感和安全感。

"接诉即办"改革积极运用高新科技，在一定程度上实现了民主的全景式实践、实现了人民的全过程参与。一方面有效解决普通群众关心的切身问题，妥善处理了一批问题，消除了一批和人民群众利益相关的隐患，增强了社会的稳定性；另一方面通过引入"三率"考核，以群众诉求为导向、以百姓心愿为标杆，统筹上级对下级的考核和群众对政府的考核，将多方意志归拢为统一的压力传导链条，在某种程度上为基层治理的改进措施设置了外部指引目标。党组织强有力的考核举措，引导党政部门力量持久下沉，为基层事务办理和优化提供持续动力。

因此，在从"接诉即办"向"未诉先办"的深化中，推进全过程人民民主同深化"接诉即办"改革形成了共同体。从全过程人民民主建设角度看，"接诉即办"汇总了一批人民群众深切关心的问题，提出了一批深化社会治理改革的意见建议，对各级党政部门在社会治理方面的短板弱点进行了揭示，在各方面、各领域创造了深化改革、提升"德治""善治""法治"水平的条件。从"接诉即办"改革的角度看，首都治理的复杂性、广大人民群众诉求的多元性、公共资源的有限性，势必要求统筹各方力量而达到集约使用公共资源、提升治理实效的目的。换言之，需要选择良好的公共政策、设置精准的公共议题、集成多方资源。

四 "接诉即办"向"未诉先办"演进的路径分析

（一）推动从"群众诉求、政府办理"转向"群众诉求、多方办理"

党组织作为能汇聚较小、较低层次主体的共同体，能够有效形成力量聚集，为社会动员提供最强有力的组织保障。因此，加强党的建设，特别是增强基层组织战斗力、凝聚力、广泛影响力，是开辟"接诉即办"改革新局面的关键所在。要设置重点议题引导更广泛人员参与基层协商议事。特别是要提升青壮年、具有专业技能的市民服务基层的比例，让社会的中坚力量成为基层治理和动员的主要力量。

12345市民服务热线汇总的难点、热点、焦点问题，恰恰是民主协商重要议题。由于社会主体众多，呈现出利益多元的格局，为避免出现过于复杂的、带有尖锐矛盾性的冲突，统筹多元主体，要鼓励基层在不违反组织原则的前提下，形成更适宜本地的协商议事、社会动员机制。需要建立更有序、更高效的多级协商议事平台，形成自上而下和自下而上相互配合的基层治理模式，围绕基层和市民诉求，多级联动，通过有效设置议题和统筹更广泛的资源，形成治理共识和科学合理的解决方案，妥善解决热点问题、敏感问题。

（二）推动从"后知后觉"转向"先知先觉"

要综合应用城市体检、大数据分析、人工智能、智慧城市、舆情分析等方式方法，增强对城市运行的系统分析和科学感知。在现有的虚拟城市基础上，结合多单位汇总的数据，结合人群行为特征，充分考虑个体选择因素，将个体的适应行为纳入智慧城市学习，实现"人—境"的有机交互，预判城市发展运行中的堵点、弱点，为民众提供更趋精细化、智慧化的城市管理服务。

（三）推动从"个体感知"转向"整体感知"

由于非线性的关系，整体感知很难通过个体感知叠加的方式予以认识。从个体诉求到集体诉求再到对整个城市的感知，这是推动"主动治理、未诉先办"的先决条件。为此，大数据分析是重要的，但除此之外，城市的规划、日常运营和群众性工作同样意义重大。12345汇聚的数据是获知城市居民心声的听诊器，数据分析中要加强与群众的常态化沟通。从绩效反馈的角度，要重视考核基层组织同人民群众联系的质量、频次、实效；从城市发展的角度，要精准把握市民及社会组织对城市运营及公共服务的感受。

（四）推动从"专题治理"转向"系统治理"

"未诉先办"不仅要考虑到周期性的变化，通过反周期操作规避风险，更需要解决城市布局中的底层矛盾。一些专题类的问题，是系统隐患的折射；一些集中爆发的问题，需要常态化治理。"未诉先办"需要避免运动式的治理，在信息科技的支撑下，通过对城市运行的系统性梳理、日常性体检、实时性监测，不断发现风险隐患、不断解决人民可能遇到的问题。

要从"每月一题"等专项治理出发，探索跨领域、涉及多群体的综合治理方案。在坚持"三率"考核指标的同时，构建不用于考核的城市实时监控指标体系。通过动态监测、实时反馈，及时掌握城市运行隐患。通过构建城市发展模型，及时发现和解决一些涉及面广、影响深远、潜在风险高的问题。通过不断完善城市空间规划，推动城市有机更新，解决城市动态发展中存在的问题。

B.5
接诉即办的基本法理与地方性立法评估*

王敬波　宁晶　李锋　陈东华　马超　张泽宇**

摘　要： 在改革过程中制定的地方性法规《北京市接诉即办工作条例》，以法治为改革保驾护航，成为新时代城市治理模式创新的法治表达。研究发现，接诉即办改革是一次"法治化改革"，实现了"在法治轨道中开展改革、在改革过程中推进法治"的辩证统一；在行政组织法治层面实现了整体治理、协同治理、社会治理三个维度的创新；从民主管理、民主决策、民主立法三个维度践行了全过程人民民主的理念。评估结果表明《北京市接诉即办工作条例》整体质量优良，实施效果显著。

关键词： 接诉即办　行政组织　全过程人民民主　立法评估

本报告聚焦《北京市接诉即办工作条例》（以下简称《条例》）关键条文的落实效果以及重点制度的运行情况，对《条例》文本质量与实施效果进行分析，从理论层面阐发改革与法治的关系、行政法治的革新和全过程人民民主的理念。

---

* 本文是北京市社会科学基金规划项目"接诉即办地方性立法的实施及效果评估研究"（项目编号：22ZDA01）的阶段性成果。

** 王敬波，对外经济贸易大学副校长，教授，博士生导师，研究方向为法治政府等；宁晶，对外经济贸易大学政府管理学院讲师，博士，研究方向为技术治理与社会政策；李锋，中央党校政治和法律教研部副教授，博士，研究方向为大数据、国家治理；陈东华，对外经济贸易大学信息学院讲师，博士，研究方向为大数据、人工智能等；马超，对外经济贸易大学法学院助理教授，博士，研究方向为行政诉讼法、法律实证研究、政府治理等；张泽宇，中国政法大学法学院博士研究生，研究方向为行政法学。

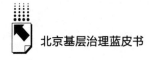

一 接诉即办中的改革与法治关系

接诉即办改革全过程在法治保障下进行，并促成一系列工作规范和地方性法规《条例》的制定。提升接诉即办工作的制度化、规范化、程序化水平，极大地推动了北京市基层治理的法治化进程，是一种"法治化改革"，为处理改革与法治的关系提供中国智慧和中国经验。

（一）在法治轨道上开展改革

接诉即办改革在法治轨道上开展：法治理念凝聚起改革共识，法治供给规范改革行为，最终通过立法固化改革成果、推动改革继续深化，发挥法治固根本、稳预期、利长远的保障作用。

1. 以法治理念凝聚改革共识

接诉即办改革过程中，始终坚持法治思维，在法治框架中进行，降低了试错成本。从党政机关、市场主体到普通群众，每一个个体、群体都能有意识地遇事找法，以法治化思维指导行为模式。不论是领导决策、工作人员办事，还是诉求人提诉求、主张权利总有观点不一、意见分歧，但最终能够在法治的共识下做到不逾矩，不突破法治底线。"法治能区分'改革试错'与'滥用权力'的界线，也能保证改革的目的正当、规则合理与程序正义"①，这在接诉即办的改革过程中体现得十分明显。接诉即办改革坚持法治凝聚改革共识的思维，以法治思维为主线，带动一系列机制与制度的建设。另外，北京市接诉即办改革与国家治理目标高度契合，为进一步优化地方政务服务热线改革进行了有益的探索。这样的高度吻合源于北京市接诉即办改革依照法治理念进行，突破地方与中央、地方与地方之间的差异性与距离，共识通过法治得以凝聚。

---

① 光明网评论员：《任何改革都不能偏离法治路径》，光明网，http：//guancha.gmw.cn/2014−03/01/content_10548067.htm.

2. 以法治供给保障改革推进

北京市先后制定出台相关工作制度 832 项①。《条例》的制定，明确了改革方向、核心要义、各方主体的权责边界和主要内容机制，极大促进改革的规范化，提高各项改革工作的效率（见图 1）。

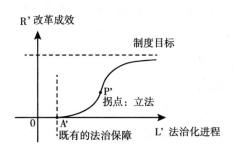

图 1　接诉即办改革与法治的关系

如图 1 所示，接诉即办改革过程中，改革与法治之关系的变化规律生动体现了在法治轨道上开展改革的正确性和优越性。改革伊始的 A' 点是建立在既有的法治保障基础之上的，而 P' 点的出现，即标志性的《条例》的出台，是法治轨道上改革进程的一个拐点——改革成效愈发显著，法治化进程快速推进。《条例》首先规定了接诉即办全闭环流程的标准化、规范化运行，其次对改革的展望体现了科学立法的前瞻性。在《条例》的规范与保障之下，改革成效更加显著，并向制度目标迅速接近。

（二）在改革过程中推动法治

接诉即办中的改革与法治之二者不分先后，没有孰优孰劣，而是辩证的统一，正如习近平总书记所指出的，二者"如车之两轮、鸟之双翼，相辅相成、相伴而生。"② 接诉即办因应改革进程的不断推进，相应的法治化水

---

① 这些制度包括《关于优化提升市民服务热线反映问题"接诉即办"工作的实施方案》《关于进一步深化"接诉即办"改革工作的意见》等。

② 习近平：《加强党对全面依法治国的领导》，《求是》2019 年第 4 期。

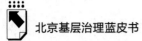

平也逐渐提高。在接诉即办改革进程中，改革与法治之间的关系清晰地贯穿始终——在改革过程中提高法治化水平。

1. 以实践反哺规范完善

一方面，《条例》出台之前充分考虑到了哪些条款需要通过规范性文件或配套立法补充，以及在执行中如何处理好与依法办理关系的问题。另一方面，以执法检查、立法后评估等方式检视《条例》的立法质量和实施情况，促进了法治化进程的推进。

2. 法治理念迭代进化

接诉即办改革通过践行法治理念推动法治水平的提升，主要表现为：一是对行政组织法理念革新的创造性启示；二是对公法权利理论发展的启发，包括公民获取公共服务是否构成公法上的主观权利，以及接诉即办制度是否会产生新的行政诉权。接诉即办改革在法治化框架中进行，法治的底线思维和相对完善的制度保障保证一切改革举措于法有据（见图2）。如图2所示，从 A' 到 P' 点，尽管也会因改革进程的推进，出现部分与当时实定法规范相左的情况，这是基于改革突破既有要素的客观规律所产生的，但其始终未突破法治的底线。而后随着《条例》的出台，法治化水平快速提高，改革的进一步深化也推动法治制度臻于良善，整体上法治化水平相较于改革之初，实现系统性的实质跃升，但并未影响到既有法治的稳定性和权威性。

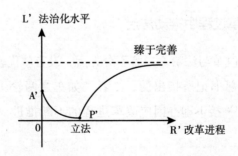

图2　接诉即办改革与法治的正向影响

（三）法治化改革实现的根基

中国的改革是一场渐进的改革，"中国的改革是史无前例的社会变革"①。接诉即办作为全面深化改革伟大进程中的一个案例，其成功具有相当的代表性。"在法治轨道中开展改革，在改革过程中推进法治"，接诉即办改革能够顺利推进的根基在于以下三个方面。

1. 坚持党的领导

接诉即办改革一个突出特质是党建引领下开展的改革。因此，政治上有引领与组织上有保障，成为接诉即办改革能够高效、稳定开展的巨大优势。一是"发挥党员先进性"，承担接诉即办具体工作的主要人员相当一部分是党员，将党建引领的"政治优势"与组织发动的"组织优势"相结合。二是"发挥我国党政同心、党政同责、党政同法的制度优势"。接诉即办推动各级党委、政府共同"向前一步"，树立起高效有为的政府形象。

2. 坚持以人民为中心

坚持"以人民为中心"的思想体现了中国共产党对《共产党宣言》基本思想的根本遵循。接诉即办改革找到"国之大者"从价值到实践的路径。接诉即办通过明确公民的权利义务关系，运用法治方式在个体间凝聚共识，将公共服务的供给与个体权利、自由、民主等相关联，运用法治思维提出具有可操作性的改革方案，实现真正的法治政治。

3. 坚持全面依法治国

接诉即办改革牢牢把握全面依法治国的核心内涵，一方面在法治框架中探索改革方案，即严格"依法"；另一方面对改革涉及的各个方面、环节、主体都以法治化为遵循和目标，突出改革子系统和各个系统之间的"全面性"。接诉即办改革的核心与最终目标始终围绕保障和促进社会公平正义，

---

① 王卓君：《渐进宪政的民主、法治和人权保障——以行政法为主线》，《中国法学》2004 年第 5 期。

改革各个环节、各个方面都秉持法治化的要求。接诉即办作为一次法治化改革，能够实现改革与法治关系的辩证统一，源头在于坚持法治观念、法治思维。无论是改革初始，还是改革常态化推进过程中、立法过程中以及立法之后的改革深化阶段，政府、社会、公民多方主体都能坚持在法治化轨道上平衡各自的权利义务关系，探求共建共治共享的更好方案。整个过程充分发挥法治的保障作用，比如公开征求意见、执法检查等，都是以法治为牵引，推动改革顺利进行。

二 接诉即办中的行政组织法治

（一）整体治理与行政组织法治

北京接诉即办工作是对整体治理理念的深刻践行，是整体性政府改革的生动实践。《条例》将接诉即办改革的优秀经验和实践以立法形式固化，为深化改革提供制度框架，极大地推动接诉即办的行政组织法治化，促进北京城市治理在法治轨道上运行。

1. 构建12345接诉即办平台的法理解释

在北京接诉即办改革过程中，政府主动将数字科技元素纳入城市治理中，以实际行动创造性地提出构建"12345 接诉即办平台"的新型治理理念。"12345 接诉即办平台"采取跨地区、跨部门、跨层级数据共享和业务协同的组织模式，与整体治理理论中"协同政府的不同层级和机构能够共同提供更为整体化的服务以满足公民的需求"[①] 相契合。北京市接诉即办改革是在"整体治理理念驱动下，以信息化为支撑，通过建立开放共享的数字管理服务平台，从行政机构物理整合到行政机制体制化学融合，为民众提出诉求提供最为便捷化的渠道"[②]。北京市"12345 接诉即办平台"是数

---

① 〔美〕斯蒂芬·戈德史密斯、威廉·D. 埃格斯：《网络化治理：公共部门的新形态》，孙迎春译，北京大学出版社，2008，第 8～14 页。
② 王敬波：《健全完善深化接诉即办改革的法规体系》，《前线》2023 年第 1 期。

字政府建设的生动实践，是数字化时代数字技术推动政府职能转变、厘定政府权责边界、实现资源有效配置的改革成果。

2. 12345的法律地位及其权能

北京市12345市民服务热线及其网络平台是"以市民诉求驱动超大城市治理"的重要载体，是建设服务型整体性政府的重要表现。目前，12345市民服务热线已成为"政府与公民之间"沟通和信息交流的重要桥梁，能够进一步提升政府回应有效性。2021年9月《条例》的公布实施，正式赋予12345市民服务热线及其网络平台作为"市民诉求受理主渠道"的法律地位。北京市接诉即办改革已实现以市民诉求数据驱动的城市治理，通过运用大数据分析手段，对海量的公民诉求相关数据进行系统分析，以此驱动城市治理变革。

（二）协同治理与行政分工

现代治理要求不同主体之间协同共治，北京市接诉即办改革通过加强上下联动、公检法司联动、央地联动、政社联动，构建党组织统一领导、各类组织积极协同、广大群众广泛参与的多元共治格局，汇聚多方力量，共破城市治理疑难复杂问题，主动化解基层矛盾问题，实现全面供求对接和多方协同共治。

1. 行政权限配置的基本原则

行政权限合理有效配置是行政组织法的重要问题。行政权限配置的基本原则如下。其一，配置法定原则。北京市通过《条例》的制定和实施，为行政机关的设置、职权来源、职权范围以及行使职权的方式提供法律依据。其二，配置明确原则。北京市通过《条例》立法的形式，明确政府内部机构、部门的职责，建立全方位的群众诉求受理机制。12345市民服务热线及其网络平台建立健全派单工作机制，即按照派单目录，根据职权法定、属地管理、分级负责原则进行派单。其三，配置合理原则。北京市在派单过程中，实现快速直派与派单协调的有机结合。其四，行政相对人权益保护原则。北京市"首接负责制""派单异议审核制""吹哨报到制""提级统筹

制"等制度设计，是贯彻行政相对人权益保护原则的具体实践。一系列行政内部机制设计旨在预防和应对行政权限配置冲突及不合理的情况，使公民诉求得到高效响应和解决。

2. 首接负责制与行政分工

北京市接诉即办改革中的"办"强调首接负责、协同办理、协同分工。在该过程中，不同部门之间协同配合，整合资源，优化治理模式，提升城市治理能力。首接负责制是克服传统基层治理或管理碎片化和服务分裂性弊病的创新性制度，通过整合服务而非部门的形式，直接对接公民诉求和办事主体。《条例》第十四条明确规定接诉即办工作实行首接负责制。该制度设计是行政部门之间协调配合、形成合力的体现，是整体性政府改革的重要成果。《条例》明确了不同行政部门之间的分工，同时接诉即办改革推进、12345市民服务热线及其网络平台派单协调机制构建和完善过程中也不断推动行政部门之间分工明确。

3. 从部门各自为政到部门协同

接诉即办改革创造性地提出"下沉街乡分级监管"机制，通过整合服务、部门协同，破解传统城市治理碎片化、条块分割的困境。从部门各自为政到部门协同，其内在价值理念是"协同共生"。"协同共生"是以人民为中心，以满足人民需求为目标，以民众参与治理全过程为重要方式，通过政府各部门之间、各级政府之间、政府与公检法司之间、政府与民众之间协同配合，由单一治理走向多元治理，由个性化思维转向人类共同体理念，以此实现共生治理。

（三）社会共治的法治保障

北京市接诉即办改革作为"全过程人民民主"的生动实践，是广泛了解民众诉求、认真办理民众诉求、强调人民群众广泛参与、社会主体共同参与城市治理的过程，是充分调动各方主体参与城市治理积极性的过程，是全链条、全方位、全覆盖的民主，是"人民城市"治理思想的生动体现。《条例》的制定实施，不仅建立在"全过程人民民主"这一价值理念基础上，同时为社会共治提供坚实的法治保障。《条例》第三条明确提出建立包括"社会协同、公众参与"在内的接诉即办协同工作体系，为构建共建共治共享社会治理格局提供法律依据。

1. 社会组织参与接诉即办的地位与权能

接诉即办改革推行政府主导共建共治，同时注重运用市场和社会力量综合治理，不断创新共建共治共享的为民服务方法，不断健全市场、企业、社会组织等多元主体参与的机制。《条例》第六、二十六条确定了社会组织参与接诉即办的法律地位和权责职能。《条例》第六条规定社会组织在接诉即办改革中的主要权能是"参与诉求办理和社会治理"。在接诉即办改革的生动实践中，社会组织不断发挥作用，协助社区治理，推动多元参与治理格局的构建、多元主体参与朝深度组织化方向迈进。例如，广外街道小马厂西社区破解老旧小区加装电梯难题正是社会组织"参与诉求办理和社会治理"的生动体现。

2. 内部治理与外部监督

当前，对外经济贸易大学、北京邮电大学、北京建筑大学等高校建立了接诉即办工作机制。这是北京市接诉即办改革延伸到各个部门与领域的重要表现。"接诉即办进高校"的生动案例，是对北京市接诉即办工作的充分肯定，也是北京市接诉即办改革实践和理论丰富的重要途径。在北京市接诉即办改革过程中，高校及诸多公共组织通过吸收接诉即办改革的优秀经验和成果，实现更大范围复制优秀经验，进一步推动改革持续深化。与此同时，诸多公共组织内部借鉴北京市接诉即办改革优秀经验的过程，也是提升治理能力和推动治理现代化的过程。《条例》第四章专门规定了外部监督的相关举措。《条例》实质上形成了四位一体的接诉即办改革外部监督体系，从法治层面保证接诉即办改革运行的高效性，将制度优势有效地转化为治理效能。在北京市接诉即办改革的生动实践中，"接诉"内容和"即办"过程，实质上丰富了社会对各级各类党政部门的监督渠道，保障了外部监督的有效性。

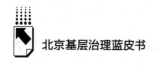

三　接诉即办立法后评估

（一）评估情况说明

1. 评估目的

聚焦《条例》关键条文落实效果及重点制度运行情况。具体评估目的包括：第一，接诉即办的法律定位是否准确；第二，接诉即办是否推动了社会治理现代化；第三，接诉即办的工作机制是否合理；第四，监督考核机制是否能够正向引导接诉即办发挥作用。

2. 评估方式

采用多渠道数据以及定量与定性相结合的方法对接诉即办立法效果进行评估，具体包括访谈法、调查法以及大数据研究方法。共回收公众问卷 137份，接诉即办工作人员问卷 285 份。大数据分析部分，采用北京 12345 微博号微博及其评论作为数据集进行研究。首先，获取北京 12345 微博号 2020年 10 月到 2022 年 9 月两年的微博数据，以《条例》实施时间点为分割线进行实施前后的效果评估。其中，2020 年 10 月到 2021 年 9 月共获得 3849 条微博，2021 年 10 月到 2022 年 9 月共获得 3647 条微博。每一条微博下的所有用户评论列表也被收集，两阶段的微博评论条数分别为 8877 条和19947 条。

3. 指标体系

接诉即办立法后评估指标体系共分为三级两个部分。第一部分为《条例》文本质量分析与评价；第二部分为《条例》实施效果调查分析。评估方法上，以定性分析与定量分析相结合，兼顾客观描绘与主观评判。立法后评估指标体系总体上立足《条例》文本进行设计，一级指标按接诉即办的行为逻辑搭建框架，二级指标实现了对《条例》规范内容的全覆盖，三级指标将指标观测点转化为可量化的评估点。第一部分是接诉即办总体评价指标体系（见表1），即对《条例》是否起到预期效果进行整体性评价。第二部分是接诉即办立法后实施效果指标体系（见表2）。从全面接诉、高效办理、权责明晰、协同督办、主动治理、考核评价、保障制度七个方面对接诉即办全生命周期的重点制度进行评估。

表 1　接诉即办总体评价指标体系

一级指标	二级指标	三级指标
总体评价	1. 立法目的（第一条）	1.1 巩固深化了党建引领基层治理改革,提升为民服务水平,规范接诉即办工作。
	2. 定义和适用范围（第二条）	2.1 为公众参与社会治理和公共政策制定提供信息渠道和有效途径;
		2.2 现有规定的内涵与外延是否清晰、全面、准确,是否能够指导既有和预期工作;
		2.3 现有 12345 市民服务热线及其网络平台是否能够发挥"主渠道"的作用;
		2.4 作为常态化处置渠道的 12345 市民服务热线和作为紧急事项处置渠道的紧急服务热线是否实现有效衔接。
	3. 基本原则（第三条）	3.1 坚持以人民为中心;
		3.2 遵循党建引领、改革创新、重心下移、条块联动的原则;
		3.3 健全党委领导、政府负责、民主协商、社会协同、公众参与、法治保障、科技支撑的接诉即办工作体系;
		3.4 形成共建共治共享的社会治理格局。
	4. 党委领导（第四条）	4.1 接诉即办领导体系和工作机制是否合理、有效;
		4.2 整体谋划、统筹推进的目标是否达成。
	5. 工作体系（第五条）	5.1 各主体权责明晰;
		5.2 工作体系可以推动接诉即办工作高效开展。
	6. 社会协同（第六条）	6.1 在市、区人民政府和有关部门支持和引导下,社会力量包括公众参与诉求办理和社会治理;
		6.2 报刊、广播、电视、网络等新闻媒体能够引导公众形成正确认识和合理预期。

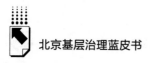

表2　接诉即办立法后实施效果指标体系

一级指标	二级指标
1. 全面接诉	1.1 接诉程序（第八条）
	1.2 诉求人义务（第九条、第三十七条）
	1.3 工单记录（第十条）
2. 高效办理	2.1 分类处置（第十一条）
	2.2 派单目录机制（第十一条）
	2.3 精准派单机制（第十二条）
	2.4 限时办理（第十三条）
	2.5 首接负责机制（第十四条）
	2.6 回访机制（第二十三条）
3. 权责明晰	3.1 承办单位职责（第十五条）
	3.2 街乡职责（第十六条）
	3.3 基层自治组织职责（第十七条）
	3.4 市、区政府职责（第十八条）
	3.5 企事业单位职责（第十九条）
4. 协同督办	4.1 条块协调解决机制（第二十条）
	4.2 京津冀协同机制（第二十一条）
	4.3 央地协调联动机制（第二十二条）
	4.4 综合分析与调度机制（第二十四条）
5. 主动治理	5.1 基层政府主动治理（第二十六条）
	5.2 承办单位主动治理（第二十五条）
	5.3 基层自治组织主动治理（第二十七条）
	5.4 数据治理（第二十八条）
	5.5 风险预防（第二十九条）
6. 考核评价	6.1 考评制度（第三十二条）
	6.2 双考核机制（第三十三条）
	6.3 外部监督（第三十四条）
	6.4 专项监督（第三十五条）
	6.5 容错机制（第三十六条）
	6.6 宣传激励（第七条）
7. 保障制度	7.1 数据保障（第二十八条）
	7.2 人力保障（第三十条）
	7.3 数据库（第三十一条）

（二）评估结论

评估结果表明，《条例》整体质量较高，实施效果显著。《条例》对接诉即办工作起到了应有的规范、保障和促进作用，使得接诉即办改革在法治轨道中稳健推进。同时，《条例》实施后涌现了一系列实施细则与实践创新，反哺了法治，凸显了制度优势，形成"法治-改革-法治"的良性循环，极大提升了改革的现实与理论意义。《条例》公布实施以来，接诉即办工作在法治化轨道中再上新台阶，市民诉求驱动超大城市治理模式不断完善，对全国城市尤其是超大城市具有引领作用和示范意义。

1. 接诉即办制度机制更加健全

《条例》实施以来，配套制度体系基本形成。针对分类处理、精准派单、主动治理、科学考评等关键环节出台配套文件35项，细化派单目录2395项，制定接诉即办公开工作试行办法，印发深入推进治理类街乡镇整治提升工作实施方案，修订完善考评办法。16区细化制度规范，共制定配套文件149项①。各区均按《条例》规定建立了"吹哨报到"双考核机制，督促"报到"部门履职尽责。《条例》对制定接诉即办工作制度、流程和规范作出规定。《条例》"14+N"配套制度体系基本完成，全市层面出台配套文件35项，各市级部门制定配套制度、方案等共计84项，各区共计1425项，其中区本级149项，区属部门683项，街（乡镇）593项，②重点涉及健全精准派单机制、推进首接负责制、完善主动治理制度和完善数据共享机制。

2. 深化主动治理提升治理效能

《条例》实施后，接诉即办工作通过加强风险研判、强化源头治理，努

---

① 数据来源于《北京市人民代表大会常务委员会执法检查组关于检查〈北京市接诉即办工作条例〉实施情况的报告》，北京市人大常委会门户网站，http：//www.bjrd.gov.cn/zyfb/bg/202209/t20220927_ 2824387.html。

② 数据来源于《关于贯彻〈北京市接诉即办工作条例〉实施情况的报告》，北京市人大常委会门户网站，http：//www.bjrd.gov.cn/zyfb/bg/202209/t20220927_ 2824447.html。

力将矛盾纠纷化解在基层、化解在萌芽状态;① 特别是以"下沉、赋权、增效"为重点,运用新时代"枫桥经验",采用赋能网格化治理等模式,强化街乡党组织在基层治理中的领导核心作用,深入推动治理力量和资源下沉,全力做到"小事不出村社区、大事不出街乡镇",② 加强主动治理,深化未诉先办。

3. 共治共享社会治理格局更加成熟

《条例》对支持和引导社会力量和公众参与诉求办理和社会治理作出规定。一是健全协同联动机制。完善央地联动、上下联动、多元参与、居民自治等机制。建立央产小区接诉即办共同治理议事协调机制,通过诉求告知、联席会商、数据共享等方式联动解决问题,央产小区居民诉求解决率和满意率从 2021 年初的 66%、72% 均稳步提升到 80% 以上。③ 二是"公检法司"全面融入改革。三是用好市场和社会力量。积极引入企业等市场主体,强化激励协同机制。

参考文献

1. 王敬波、张泽宇:《接诉即办:基层治理现代化的实践探索》,《行政管理改革》2022 年第 4 期。

2. 陈金钊:《"法治改革观"及其意义》,《法学评论》2014 年第 6 期。

3. 习近平:《加强党对全面依法治国的领导》,《求是》2019 年第 4 期。

4. 〔美〕斯蒂芬·戈德史密斯、威廉·D. 埃格斯:《网络化治理:公共部门的新形态》,孙迎春译,北京大学出版社,2008。

5. 张楠迪扬:《"全响应"政府回应机制:基于北京市 12345 市民服务热线"接诉即办"的经验分析》,《行政论坛》2022 年第 1 期。

---

① 王敬波:《健全完善深化接诉即办改革的法规体系》,《前线》2023 年第 1 期。
② 《以"接诉即办"为抓手 夯实网格化主动治理 做好新时代基层工作》,《中国改革报》2022 年 1 月 14 日。
③ 《关于贯彻〈北京市接诉即办工作条例〉实施情况的报告》,北京市人大常委会门户网站,http://www.bjrd.gov.cn/zyfb/bg/202209/t20220927_ 2824447. html。

6. 孟天广、黄种滨、张小劲：《政务热线驱动的超大城市社会治理创新》，《公共管理学报》2021 年第 2 期。

7. 马超、金炜玲、孟天广：《基于政务热线的基层治理新模式》，《北京行政学院学报》2020 年第 5 期。

8. 马超、孟天广：《"接诉即办"：北京基层治理新模式》，《决策》2021 年第 5 期。

9. 马亮：《数据驱动与以民为本的政府绩效管理》，《新视野》2021 年第 2 期。

10. 李文钊：《超大城市的互动治理及其机制建构》，《电子政务》2021 年第 11 期。

11. 王敬波：《健全完善深化接诉即办改革的法规体系》，《前线》2023 年第 1 期。

B.6
诉求办理中的若干法律问题研究[*]

王 磊　苏晖阳　林玉萍　任德锟[**]

摘　要： 诉求办理是基层治理纳入法治轨道的重要体现，是接诉即办改革向纵深发展的关键所在，是超大城市治理北京方案的主要创新之处。党在诉求办理法律机制中具有领导核心地位；人民群众是工作中心；人民政府是责任重心；市民热线服务机构是服务平台；基层自治组织和其他社会、市场主体则是该机制正常运转的必要组成部分。诉求办理法律关系存在个人利益型和公共利益型两类关系，诉求办理法律机制具备救济诉求人主观权利和监督承办单位履行客观法义务的双重功能。

关键词： 基层治理　诉求办理　接诉即办　诉求权利　依法治国

一　诉求办理法律运行机制研究

诉求办理是基层治理方式的创新之举。人民群众每一个诉求的成功解决，是党、诉求人、市民热线服务机构、承办单位、相关单位合力协调联动作为的结果。

---

[*] 本文是北京社科基金项目"诉求办理中的若干法律问题研究"（项目编号：22FXA001）的阶段性成果，项目负责人：王磊，北京大学法学院教授。

[**] 王磊，北京大学法学院教授，博士生导师，研究方向为宪法与行政法、港澳台法律；苏晖阳、林玉萍、任德锟为北京大学博士研究生，研究方向为行政法。

（一）党是诉求办理法律运行机制的领导核心

《北京市接诉即办工作条例》第四条规定了党在接诉即办改革工作中的领导核心地位。一方面，党具有总揽全局、协调各方的作用，党的领导具有战略性、全局性、统筹性；另一方面，党在工作中贯彻群众路线，坚持一切为了群众，一切依靠群众，从群众中来，到群众中去。党在诉求办理过程中对各方主体的法治引领和规范作用，主要体现在两个方面。

第一，提供人才支持、专业指导、项目引导和价值引导。诉求办理过程中党的领导切实反映了党对基层社会治理的柔性法治引领作用。作为接诉即办核心环节的诉求办理工作，正是牢牢把握党建引领这条主线，将"全心全意为人民服务"的政治理想、政治原则化为参与诉求办理的各方主体都需要遵循的法治原则和法治价值，并将之注入诉求办理的全过程，将党的领导细化至坚持领方向、聚焦保大事、注重建机制、着力促服务的具体举措和实际行动中。

第二，通过强化一种公共权力、资源支持社会自治和共治的"收放有度"的工作机制，党的领导在诉求办理过程中深刻体现了党对基层社会治理的刚性法治规范作用。面对诉求办理过程中基层治理体制条块分割的现实，党的领导的灵活性、统一性、超越性，有利于打破传统政府在多部门行政过程中的职能、层级、地域隔阂，使得不同层级、不同职能的政府或政府部门之间的配合阻力大大减小，"书记抓，抓书记"的做法也使得政府系统内部的主动性在党委统筹下得到了提高。在诉求办理过程中，各区委、街乡镇党委、社区村党组织普遍成立的党建工作协调委员会发挥着议事场所与沟通平台的作用，通过党建工作协调委员会来统合协调区域内各级政府单位以及其他组织，有效地克服了基层治理过程中经常出现的沟通协调困难、服务资源分散、不主动不积极作为等问题。

（二）人民群众是诉求办理法律运行机制的工作中心

在诉求办理过程中，诉求人是协调联动法律机制中不可或缺的一员。从

"多元共治"的角度来看，正是诉求人的参与使得基层治理获得了无与伦比的活力、动力、创新力。《北京市接诉即办工作条例》第八条规定，人民享有以任意形式，就宽泛事项提出诉求以及监督、评价诉求办理的权利，这鲜明地体现了"改革依靠人民"的价值取向。由人民群众自己提出诉求并对诉求办理全过程进行监督和评价，由政府等承办单位作为主要责任人加以回应和落实，极大凸显了"人民是国家主人"的宪法精神。同时通过人民群众提出诉求来发现问题，又大大纾缓了基层治理过程中政府等责任主体对真正的民生问题聚焦不足的困境，有利于政府等治理主体在更高水平上履行其法律治理责任。

（三）人民政府是诉求办理法律运行机制的责任重心

在我国制度下，作为承办单位的人民政府及其各部门是实际办理诉求的"主力军"。根据《北京市接诉即办工作条例》第五条和第二十一条、第二十二条的规定，在整个诉求办理法治实践中，共涉及五类政府主体：市人民政府、区人民政府、市政务服务部门、基层街道办事处和乡镇人民政府、北京市管辖范围之外的其他政府或政府部门。人民政府在诉求办理过程中要遵循合法行政、合理行政、程序正当等基本行政法原则。由于诉求办理在接诉即办中的核心地位，人民政府在承办诉求时还应特别遵循高效便民和权责统一两项法律原则，按权责统一原则调整基层责、权、利关系，在人、事、财上向基层放权赋权，通过赋予街乡镇相应职权、优化街道机构设置、充实基层人员力量等方式来增强基层的治理能力。

（四）市民热线服务机构是诉求办理法律运行机制的服务平台

市民热线服务机构是诉求办理的服务平台，是诉求人诉求"上传"和承办单位办理回复"下达"的枢纽，对诉求人和承办单位合法参与诉求办理过程起督促作用。2022年9月，北京市发布了《12345市民服务热线服务与管理规范》，给出了诉求办理流程，列出了流程图（见图1）。

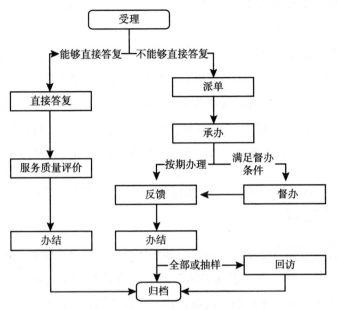

A. 1 12345 市民热线服务电话工作流程

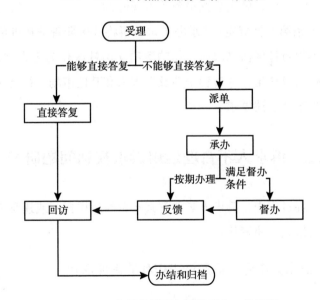

A. 2 12345 市民热线服务网络平台工作流程

图 1 诉求办理流程

资料来源：《12345 市民服务热线服务与管理规范》。

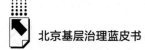

为确保诉求办理法律机制的顺畅运行，市民热线服务机构应做到以下几点：第一，准确及时反映诉求人诉求，适当对不合法、不合理诉求进行筛出或分流；第二，按照法定原则实现精准派单，派单制度应当遵循法定流程并注重办理时限；第三，市民热线服务机构在诉求办理过程中实现民生数据共享，推动诉求办理治理数据资源共享，完善乡镇（街道）与部门政务信息系统数据资源共享交换机制，注意保护诉求人的个人信息权，对数据进行收集、分析、加工、处理要尊重诉求人的意愿，坚持"知情-同意"原则予以处理。

（五）基层自治组织和其他社会、市场主体是诉求办理法律运行机制的必要组成部分

村委会、居委会等基层自治组织和其他市场、社会主体是诉求办理法治实践的重要参与者，是"多元共治"的新治理格局中不可或缺的主体。相关主体应建立健全工作机制，沟通协调，凝聚共识，协助承办单位处理其职责范围内的矛盾纠纷，解决公共事务等方面的诉求。《北京市接诉即办工作条例》第十七条第二款规定："承办单位不得将社区职责清单外的事项交由社区办理，不得将社区协助政府工作的事项交由社区作为主责办理。"当承办单位在履行自身法定义务过程中涉及诉求人和其他市场、社会主体等第三方时，其亦当遵守上述要求。

二 诉求人不合理运用诉求权利问题研究

在诉求办理过程中，诉求人必须就其不合理运用权利或违反义务的行为承担相应的后果或法律责任。

（一）诉求人不合理运用诉求权利的表现形式

1. 提出不正当诉求

根据《北京市接诉即办工作条例》第八条的规定，诉求人可以"为了维护自身、他人正当权益"提出诉求。诉求人一般并不会向市民热线服务

机构直接提出违反法律法规、违背公序良俗的诉求。但是，一些诉求人希望以接诉即办机制形成的强大制度压力，以及承办单位希望获得较高解决率和满意率的心态为筹码，提出一些"超纲"诉求来获取现行法律和政策不允许的利益。比如，有的投诉人高频次拨打12345热线，或者以各种名义拨打12345热线，通过给承办人员心理造成极大负担的形式来迫使承办单位满足其不正当诉求。有的诉求人为掩盖其不正当目的，获得有利于己的答复，也可能会通过歪曲事实、隐瞒真相的做法来捏造诉求内容。

2. 提出不合理诉求

与不正当诉求不同，不合理诉求本身从法律上来说有一定正当性，但接诉即办制度并非解决其问题的最佳渠道或最终渠道。比如，有的诉求本应或已经"进入诉讼、仲裁、纪检监察、行政复议、政府信息公开等法定途径和已进入信访渠道办理"（第十一条）或应最终通过市场、社会等其他渠道解决，承办单位只是履行协调、监督、指导作用，但诉求人出于不满其他渠道处理程序或处理结果等，坚持寻求在接诉即办制度下最终解决问题，否则就在评价诉求办理情况时刻意打出低分，甚至起诉承办单位。

3. 不配合诉求办理工作和重复提起诉求

即使诉求本身是合法合理的，但提起诉求的方式本身具有的"不义性"也可能导致诉求权利滥用。就诉求方式而言，《北京市接诉即办工作条例》规定了两种诉求权利滥用情形。其一，第九条第二款规定："诉求人应当配合诉求办理工作，尊重工作人员，维护工作秩序，客观评价诉求办理情况。"该条禁止的是，在诉求办理实践中诉求人秉持的"大闹大解决、小闹小解决、不闹不解决"的机会主义做法。其二，第九条第三款规定："诉求人不得恶意反复拨打或者无正当理由长时间占用市民服务热线及其网络平台资源妨碍他人反映诉求"，该条款禁止的是实践中"缠诉"类诉求权利滥用现象。

（二）诉求人不合理运用诉求权利现象的法律解决之道

1. 设置具有确定性的诉求终结环节

《北京市接诉即办工作条例》第十一条第三款第三项规定："正在办理

或者办理完毕，且诉求人没有新情况、新理由又提出同一诉求事项的，告知诉求人办理进展或者办理结果"，本条虽未出现"办结"或"办理终结"概念，但实际蕴含着诉求终结制度的雏形。同时，第十四条第二项明确使用了"办结"概念。诉求终结意指承办单位按照规定程序对诉求加以处理后，对相关诉求事项作出予以终结的决定，若无新情况、新理由，诉求人就同一事项不得继续通过市民热线服务平台向承办单位提出诉求。

2. 明确滥用诉求权利的法律后果和法律责任

首先，针对提出不真实诉求以谋求不正当利益的诉求权利滥用行为，诉求人应自行承担法律后果。比如，通过不真实诉求而获得的接诉即办答复结果，不具有法律效力，不能作为证据在诉讼中发挥证明作用等。其次，若诉求人滥用诉求权利行为侵犯了他人权利或违反公共利益，则应根据治安管理法规或刑法的相关规定追究其违法责任，或由受害个体依据民法追究其民事责任，相关单位可进行失信惩戒。再次，若诉求人存在条例第九条第二款、第三款规定的滥用权利行为，可视情况剥夺其在该诉求中的部分程序性权利，比如对诉求办理情况的评价权利。最后，针对某些在实践中出现较为频繁的滥用诉求权利行为，若其严重程度又不足以被认定为违反治安管理法规或刑法的[1]，可考虑在条例中设置独立的行政处罚。

3. 完善诉求办理考评制度

改进诉求办理考评制度，严格控制考评总量和频次，合理制定考核标准，在尽可能让诉求人满意的同时减轻基层负担，保护基层干部积极性。就目前来看，在现有的以"三率"为核心的考核标准中，响应率衡量态度、解决率衡量效率、满意率衡量结果。其中，响应率在任何情况下都是考评标准，而解决率和满意率则应根据不同诉求办理情况进行相对灵活的设置。

4. 针对复杂疑难诉求设置听证制度以防止权利滥用

对于一些情况复杂、争议较大、涉及单位较多、涉及利益范围较广的诉

---

[1] 在其他省市立法中，追究滥用诉求权的诉求人的法律责任时，一般要求同时构成对治安管理法规或刑法的违反。参见《潍坊市12345政务服务便民热线条例》第三十四条；《四川省12345政务服务便民热线运行管理暂行办法》第二十七条。

求，可通过听证制度来完成诉求终结。听证程序严谨、参与人员较多、气氛严肃，能够对滥用诉求权利特别是提出不正当、不合理诉求和无理缠讼的诉求人产生威慑作用，有利于其理性表达诉求。

5. 加强对群众的法律意识、社会责任意识的宣传教育

加强对群众法律意识、社会责任意识的宣传和教育。一方面，要防患于未然，告知群众滥用诉求权利的法律后果，引导其形成正确的社会责任观念。另一方面，对于已滥用诉求权利的诉求人，市民热线服务机构或承办单位要做好批评、教育和引导工作。

三 诉求办理法律机制功能研究

鉴于诉求办理法律关系的复杂性，以诉求办理所欲实现的目的或利益为主要的分类基准，并以参与主体数量为次要分类基准，对诉求办理法律关系进行类型化分析。

（一）个人利益型诉求办理法律关系

旨在实现个人利益的诉求可进一步分为涉及双方主体的诉求和涉及多方主体的诉求。如果诉求人为实现或维护自身利益，通过市民热线服务机构提出诉求，请求承办单位履行作为或不作为义务，这就属于涉及双方主体的诉求；如果诉求人因自身利益受到其他主体的侵犯，通过市民热线服务机构提出诉求，请求承办单位介入，则该诉求归属于涉及多方主体的诉求。

1. 涉及双方主体的、请求实现个人利益的诉求

（1）类型界定

该诉求办理法律关系实质上只有诉求人和承办单位二者作为参与主体。由于诉求人提起诉求所欲实现的个人利益具有多样性，相应地，政府基于诉求而作出的行为也有多样性。比如，位于朝阳区的某企业因为施工现场操作问题被朝阳区住建委罚款，其处罚信息在朝阳区人民政府网站公开。而该处罚信息已超过相关条例规定的公开时间，因此该企业通过 12345 热线请求撤下公示信息,① 在这一事例中,诉求办理法律关系的客体是政府信息公开行为。某诉求人提出办理个体工商户营业执照时,镇政府迟迟未盖章,希望12345协调办理,② 在这一事例中,诉求办理法律关系的客体是行政许可行为;石景山区某社区居民反映他是社区低保户,生活无法自理,希望通过12345热线得到救助,街道工作人员随即与民政局取得联系,为其申请了特困人员供养,在这一事例中,诉求办理法律关系的客体是行政给付行为③;朝阳区某企业准备将注册地址变更到海淀区,通过12345热线希望海淀区市场监管局协调办理注册地址变更问题,该事例中的诉求办理法律关系客体是行政登记行为。④

（2）救济机制

在该种类型的诉求办理法律关系中,诉求人是否能够通过行政诉讼机制起诉承办单位以获得救济,取决于他是否就被诉行为具备行政法第二十五条所称的"利害关系"。目前我国法院对"利害关系"的判断方法是寻找其是否对该行政行为享有行政法层面实体性的主观公权利——在《刘某明与张家港市人民政府再审行政裁定书》中,最高人民法院强调:"只有主观公权利,即公法领域权利和利益,受到行政行为影响,存在受到损害的可能性的当事人,才与行政行为具有法律上利害关系,才形成了行政法上权利义务关系"⑤。也就是说,"在这种诉求办理法律关系中,如果诉求人对诉求办理的实体结果不满,基于其法律上的利害关系,其有资格继续提起行政复议或行政诉讼。相应地,作为承办单位的行政机关除了根据《条例》对诉求人承担程序性的办理和回复义务,理论上亦应就实体性的办理结果向

---

① 参见北京12345微博《处罚信息已经撤销了》,2021年8月17日,https：//m.weibo.cn/2542011901/4671091291458147。

② 参见北京12345微博《用心服务企业,促进企业发展》,2022年1月11日,https：//m.weibo.cn/2542011901/4724503844754323。

③ 参见北京12345微博《扶贫帮困显真情,为民解忧暖人心》,2020年6月4日,https：//m.weibo.cn/2542011901/4512072787118519。

④ 参见北京12345微博《企业已完成注册地址变更登记》,2022年9月20日,https：//m.weibo.cn/2542011901/4815684045111461。

⑤ 刘某明诉张家港市人民政府行政复议案（2017）最高法行申169号行政裁定书。

诉求人负责"①。

如果诉求人就其诉求而言缺乏法律上的利害关系，即缺乏主观公权利，则诉求人从理论上来说并不享有实体性的诉求权，同时作为承办单位的行政机关并不负担在实体上对诉求加以办理以使得诉求人满意的客观法义务——它在法律上可以自由选择是否对诉求人诉求加以处理，若选择不加以处理或处理后的结果不能让诉求人满意，诉求人也不得就此提起行政复议或行政诉讼，原因如下。

首先，行政机关的诉求办理活动不是无成本的。行政机关如果为那些诉求人本应自己解决的问题而没有原则地支出成本，会面临人力和财政支出不堪重负的客观困境；其次，使用公共财政为个人利益埋单存在一定的正当性问题；最后，这种做法过度扩张了政府职能，出现政府、市场、社会、个人职责边界不清问题，不利于引导市场机制和社会力量解决问题。在诉求办理实践中，对于一些不合理的诉求，作为承办单位的政府往往也需要接诉并加以解决。例如，大兴区西红门镇某小区市民反映自家房屋漏水，导致墙面起皮，希望帮助维修；② 东城区某市民反映自家卫生间下水管铸铁锈蚀，年久失修导致漏水，希望帮助解决。③ 对于这类本应由市民通过市场和社会渠道自行加以解决的问题，除非有特殊情况，行政机关不宜实质性地介入，否则会使得部分群众形成"反映就有理""大闹多得利"的错误认识。

当然，在诉求办理实践中，尽管某些诉求人为实现个人利益而提出的诉求不享有主观公权利，但出于人道主义考虑，践行为人民服务理念，承办单位帮助群众解决困难是可以理解并值得鼓励的。比如收到派单后，丰台区民

---

① 当然，北京市第三中级人民法院的相关判例（《杨某与北京市人民政府其他一审行政裁定书》）认为在这种情况下诉求办理的结果应当归属 12345 平台而不是作为承办单位的政府部门。

② 参见北京 12345 微博《诚挚感谢金荣园社区工作人员，房屋漏水问题已解决》，2022 年 8 月 22 日，https：//m.weibo.cn/2542011901/4805325833637057。

③ 参见北京 12345 微博《迅速解决，立竿见影，为我们的政府骄傲自豪》，2022 年 8 月 23 日，https：//m.weibo.cn/2542011901/4805688158592467。

政局婚姻登记处派人上门为重度残疾的父母补办结婚证;[①] 通州区某小区居民反映父亲身患残疾，生活不能自理，自己平时上班无法照顾，中仓街道接诉后，通过社区协调安排人员错时送餐，并将配送费降至最低。[②]

2. 涉及三方主体的、请求实现私人利益的诉求

（1）类型界定

相对于涉及双方主体的诉求，涉及三方主体的诉求在诉求办理实践中相对常见，也更加复杂。三方关系型诉求办理法律关系产生于这样一个事实：为解决个人与第三人的矛盾或纠纷，诉求人通过市民热线服务机构请求承办单位向第三人作出某种行为，形成一个涉及三方主体的法律结构。

（2）基于行政法/民法上受保护的个人利益形成的三方性诉求办理法律关系及其救济机制

诉求办理实践中，以维护个人利益为目标的诉求——基于行政法上受到保护的个人利益和基于民法上受到保护的私人利益——可形成两种诉求办理法律关系。基于行政法上受到保护的个人利益而形成的诉求主要体现为一些因个人利益而进行的举报、投诉。比如，"顺义区赵全营镇赵全营村附近有一家非法加工厂，经常散发刺鼻异味，影响周边村民生活，村民请求行政机关加以取缔和处罚。"[③] 在这一情形中，作为违法行为受害人，村民在提起诉讼时不仅具有程序上的诉求权，并且因为其有行政法上的利害关系和主观公权利，其有权在对行政机关对违法行为的实体办理结果不满时提起行政诉讼。

另外，诉求人可基于与第三人的民事纠纷中的民事权利或利益受到损害，通过市民热线服务机构请求行政机关作为承办单位介入。据了解，社会秩序（经济纠纷）、教育（社会办学）、劳动和社会保障（薪酬纠纷）、企

---

① 参见北京 12345 微博《齐动手共出力，宜居环境同创建》，2022 年 3 月 3 日，https：// m. weibo. cn/2542011901/4742979993208698。

② 参见北京 12345 微博《为民解忧及时办，爱心送餐暖民心》，2021 年 12 月 13 日，https：// m. weibo. cn/2542011901/4713853080569321。

③ 参见北京 12345 微博《非法加工异味扰民，现场执法责令搬离》，2020 年 7 月 17 日，https：//m. weibo. cn/2542011901/4527766919451267。

业服务（市场经营管理、合同纠纷）在诉求办理过程中的占比呈上升趋势。在上述问题的办理过程中，基本都会牵涉与诉求人有民事纠纷的第三人。比如，"顺义区李桥镇某市民反映，邻居家枣树生长旺盛，根基和树枝已经延伸到自家院子里，李桥镇接诉后对双方进行了协商，最终邻居同意将枣树砍伐。"① 诉求人和第三人之间存在的是典型的民法相邻关系问题。在这一诉求办理法律关系中，客体是承办单位的行政调解行为，不落入行政诉讼法受案范围，诉求人若希望获得实质性救济，应直接向对方提出民事诉讼。

（二）公共利益型诉求办理法律关系

请求实现公共利益的诉求也可以分为涉及双方主体的诉求和涉及多方主体的诉求两种。

1. 涉及双方主体的、请求实现公共利益的诉求

（1）类型界定

涉及双方主体的、请求实现公共利益的诉求指诉求人从维护公共利益角度出发，请求作为承办单位的行政机关作出一定行为。这一般属于求助类或建议类诉求，比如，海淀区某街道交通信号灯出现故障，市民通过 12345 热线希望交管局加以修复；② 房山区市民反映某小区出口路面破损坑洼，严重影响出行，希望街道加以解决。③

（2）救济机制

尽管在很多情况下，承办单位就实现公共利益负有客观法上的义务，但公民若基于公共利益向承办单位提出求助、建议类诉求，是欠缺法律上利害关系的，因此即使他对承办单位的实体办理结果不满意，也不能提起主观性行政诉讼。然而，诉求人在基于维护公共利益的目的提起诉求时，尽管他对

---

① 参见北京 12345 微博《树木茂盛惹人忧，排除妨害被清除》，2022 年 9 月 9 日，https：//m. weibo. cn/2542011901/4811878977767933。

② 参见北京 12345 微博《交通信号灯故障，及时修复保畅通》，2022 年 9 月 18 日，https：//m. weibo. cn/2542011901/4815004567604119。

③ 参见北京 12345 微博《情系群众办实事，修路便民暖人心》，2022 年 9 月 18 日，https：//m. weibo. cn/2542011901/4815049870279428。

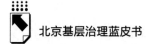
该事项欠缺主观公权利，不能就其处理结果提起行政复议或行政诉讼，但接诉即办的强大制度压力使得此类诉求在实际功能上起到弥补行政公益诉讼不足的作用，有利于行政机关积极有效地履行法定职责。

2. 涉及多方主体的、请求实现公共利益的诉求

（1）类型界定

涉及多方主体的、请求实现公共利益的诉求主要是诉求人出于维护公共利益而非法律上的个人利益的目的而提出投诉、举报，被投诉、被举报的人因此被牵涉进诉求办理法律关系中，构成诉求人和承办单位之外的第三人。比如，以举报类诉求为例，石景山区某街道一烧烤店被市民举报占用人行横道，影响通行，存在安全隐患，接诉后综合行政执法部门对负责人进行处罚；① 顺义区市民反映某街道路边存在违章停车现象，影响通行，市公安局接诉后对违停车辆进行劝离及处罚。② 若诉求办理法律关系的第三人是国家机关和国家机关工作人员，且诉求人以其存在违法失职行为提出举报、投诉类诉求，则承办单位应对第三人作出行政处分；若诉求办理法律关系的第三人是一般主体，则行政机关应对第三人作出行政处罚。

（2）救济机制

从该法律关系的内容看，诉求人对行政机关的处分或处罚行为只具有程序上的诉求权，即推动行政机关启动调查、处理和获得相应回复的程序性权利，他并不对上述行为享有实体上的诉求权，即不能以对行政机关的实体性处理结果不满为由对其提起行政复议、行政诉讼。理由如下。

第一，在投诉、举报类诉求的客体是内部行政行为或行政处分行为的情形下，行政法第十三条规定，人民法院不受理对"行政机关对行政机关工作人员的奖惩、任免等决定"提起的诉讼，故其不纳入行政诉讼的受案

---

① 参见北京 12345 微博《违规摆摊存隐患，及时协调得解决》，2022 年 9 月 14 日，https：//m. weibo. cn/2542011901/4813509752261622。

② 参见北京 12345 微博《表扬国展交通队，为民办实事，给交通队一个大大的赞》，2022 年 8 月 20 日，https：//m. weibo. cn/2542011901/4804631227536966。

范围。

第二，即便在上述类型下，投诉、举报类诉求的客体是纳入受案范围从而"可诉"的行政处罚行为，但该行为的"可诉"性也仅仅是针对在该种诉求办理法律关系中受到处罚的第三人而言的。对诉求人来说，由于他是出于维护公共利益的考虑提出投诉、举报类诉求，欠缺受法律保护的个人利益，他对于诉求的实体性处理结果欠缺法律上的利害关系，因此即使对承办单位是否进行处罚、如何进行处罚的实体性处理结果不满，也因他欠缺提起行政诉讼的"原告资格"而不能起诉。与此相反，如果提出举报、投诉的诉求人对举报、投诉的事项具有主观公权利，则其可以以承办单位为被告提起行政诉讼。

第三，诉求人在投诉、举报后，客观法对行政机关是否以及如何展开调查处理，往往都规定了行政裁量权，行政机关可基于对各项因素的权衡作出决定，诉求人也因此并不拥有要求行政机关针对诉求办理法律关系中的第三人采取某项具体举措或作出某项具体决定的权利。尽管诉求人出于维护公共利益而提出投诉、举报类诉求，不享有实体性的主观公权利，但作为承办单位的行政机关仍然负有进行实体性处理的客观法义务，虽然这种客观法义务无法通过行政复议或行政诉讼等途径来确保履行。但从这个角度来说，诉求办理制度恰恰填补了相对"空白"的地带：通过建立接诉即办响应和考核机制，不仅减少了行政机关的执法成本，更重要的是还给行政机关带来强大的制度压力，让人民群众能够在无法提起行政诉讼时仍能有效地督促行政机关履行其客观法义务。

（三）诉求办理法律机制的双重功能

诉求办理制度发挥着救济诉求人主观权利和监督承办单位履行客观法义务的双重功能。首先，针对我国行政公益诉讼等客观诉讼制度还不够完善的现状，诉求办理制度发挥着查漏补缺的作用。其次，相比于我国民事诉讼制度这一主观诉讼制度和呈现出主观诉讼特性的行政诉讼制度，诉求办理制度发挥着功能替代的作用。简单来说，诉求办理制度的双重功能就是：一方面，为有原告资格提起主观诉讼的诉求人提供了一条成本更低、效率更高的"捷径"；另一方面，诉求办理制度为欠缺行政诉讼原告资格而不能提起行政诉讼的诉求人提供了发声的机会，其形成的强大制度压力有利于承办单位精准、快捷地履行其客观法义务。

四　结语

《北京市接诉即办工作条例》的出台，推动北京市接诉即办工作实现了价值、结构和功能的有机统一。诉求办理是接诉即办的核心环节，是接诉即办将人民至上作为根本价值追求的集中彰显。在《北京市接诉即办工作条例》中，诉求办理作为第二章节，充分反映了诉求办理作为基层创新治理被纳入法治轨道，这是接诉即办改革向纵深发展的关键所在，是超大城市治理北京方案的主要创新之处。从诉求办理法律运行机制的角度来看，诉求办理法律程序的顺畅运转、人民群众每一个诉求的成功解决，都是党、诉求人、市民热线服务机构、承办单位、相关单位合力协调联动作为的结果。

不合理运用诉求权利的情形可以分为提出不正当诉求、提出不合理诉求、不配合诉求办理工作和重复提起诉求三种。针对上述问题，可以通过设置确定性的诉求终结环节，明确滥用诉求权利的法律后果和法律责任，完善诉求办理考评制度，针对复杂疑难诉求设立听证制度，加强对群众的法律意识、社会责任意识的宣传教育加以解决。

在我国行政诉讼体制下，诉求办理制度具有降低主观诉讼成本的功能。特别是在部分公共利益型诉求办理法律关系中，尽管基于公共利益提出诉求的当事人就其诉求办理的实质结果仍欠缺法律上的利害关系，因此也欠缺提起主观诉讼的原告资格，但诉求办理制度实际上仍提供了足够的制度压力来迫使承办单位履行其客观法义务，实际上发挥了客观诉讼的作用。

综上可见，通过出台《北京市接诉即办工作条例》，北京市已经在"立良法"和"促善治"方面迈出坚实一步。展望未来，"抓实施"和"行善治"将成为诉求办理下一阶段的重要目标。首都北京的诉求办理工作要更加注重以服务质效为导向，加强重点区域治理、协同推进源头治理、高效实施系统规范管理，推动接诉即办改革向纵深推进，站在科技赋能的时代前沿，大力推进接诉即办工作的智能化转型，实现数智发展和韧性建设的一体推进与协同发展。在诉求办理相关法律法规实施过程中，要坚持人民主体地位，充分体现人民意志、保障人民权益、激发人民创造活力，通过诉求办理工作提质增效，深入贯彻以人民为中心的发展思想，不断丰富"以人民为中心"的新时代意涵。

参考文献

1. 王敬波、张泽宇：《接诉即办：基层治理现代化的实践探索》，《行政管理改革》2022 年第 4 期。
2. 张革、张强主编《北京接诉即办改革发展报告（2021～2022）》，社会科学文献出版社，2022。
3. 薛刚凌：《行政公益诉讼类型化发展研究》，《国家检察官学院学报》2021 年第 2 期。
4. 张强：《谱写新时代首都政务服务新篇章》，《前线》2022 年第 10 期。
5. 闫傲霜：《在"接诉即办"立法中践行全过程人民民主》，《中国人大》2022 年第 12 期。

B.7
从党政任务驱动到市民诉求
驱动的治理逻辑转换
——以北京市接诉即办改革为例*

陈 锋 王泽林**

摘 要： 以人民为中心的发展思想在基层治理实践中推动了自上而下的党政任务驱动向自下而上的市民诉求驱动转变，形成了全域中心工作的治理逻辑。以市民诉求驱动的全域中心工作的治理逻辑得以可能，主要依赖市民诉求为先导的社会动员机制、技术平台为支撑的数字治理机制，以及政治统合为协调的整体性治理机制。这些机制有效衔接市民诉求、上级政府与基层组织之间的关系，克服了基层治理的全域性与领导注意力有限性之间的张力，建立了一套快捷响应民众诉求的治理体系，并不断从倒逼式治理向主动治理转变，推动基层治理体系与治理能力现代化。

关键词： 全域中心工作 市民诉求 接诉即办 基层治理

一 引言

接诉即办工作成为新时期北京市的中心工作。接诉即办通过持续推动对

* 本文是北京市社科基金重点项目"市民诉求驱动超大城市治理的驱动机理研究"（项目编号：Z2022465）的阶段性成果。项目负责人：唐军，北京工业大学文法学部教授。
** 陈锋，北京工业大学文法学部教授、北京社会管理研究基地研究员，博士生导师，研究方向为政治社会学与农村社会学；王泽林，北京工业大学文法学部社会学系研究生，研究方向为政治社会学。

群众诉求的快速响应、高效办理和及时反馈，突出群众的主体地位，人民群众成为治理问题的发起者、治理过程的参与者、治理成效的获得者和治理情况的监督者。借助 12345 市民服务热线系统的便捷与整合功能，海量市民诉求被收集吸纳进政府治理的视野，并辐射带动各级政府部门的广泛关注，标准化处理流程和强要求的"响应率""解决率""满意率"考核机制力推对诉求的高效解决和及时处理。从学理层面而言，本文要回答的问题是当前北京市接诉即办改革成效背后所呈现的治理逻辑转变，以及所形塑的全域中心工作的特点是什么？市民诉求驱动全域中心工作的实现机制是什么？

当前中心工作模式逐渐由自上而下的任务驱动型的运动式治理向自下而上的市民诉求驱动型的接诉即办治理转变，以法治化改革从运动式治理推动中心工作向常规性治理转变。与以往运动式治理中心工作逻辑不同，接诉即办包含双重逻辑，先是由市民诉求牵引实现对社会的充分动员，再由党政体系进行压力传导，通过行政体制内部协调和整合明确诉求解决的主体，使权力、信息和绩效三者空前地相互推动。在诉求解决过程中，政府通过社会动员、数字支撑及政治统合三种机制扩大中心工作辐射范围，聚集党委、政府、民众等多元治理主体参与治理过程。接诉即办作为一项中心工作，无论是工作范围、工作时限还是动员范围和监督考核程度都不同于以往，并在信息技术的支撑下产生压力的乘数效应。

二　接诉即办中市民诉求驱动的全域中心工作的特点

对于市区政府来说，中心工作模式能够有效地集中治理资源，在规定时间内完成中心工作任务。按照中心工作涉及范围，可以将中心工作分为全域中心工作和局部中心工作。"前者是涉及市域范围内经济社会发展的中心工作，它需要调动市域范围内所有乡镇和政府部门的资源。局部性中心工作是指那些涉及某些部门和领域的治理事务，一般只需要调动相关部门的资源就可以完成"①。本研究中以接诉即办为案例展现的全域中心工作，主要特征有：以市民诉求作为先导，借助技术系统的引入，考核更为高效和便捷，压力传导更为迅速，通过体制内外的双重高度动员完成工作目标。

（一）全域中心工作范围：全域性与外部性

接诉即办中心工作以民众诉求解决为核心，将自下而上的社会动员产生的任务目标当作治理的重心，且工作范围涉及经济发展、城市建设、社会管理、公共服务、民生需求等，具有全域性的特征。以近三年群众反映集中的前二十类问题为例，包括疫情防控、市场管理、住房、城乡建设、交通管理、公共服务、社会秩序、卫生健康、教育、劳动与社会保障、农村管理、环境保护、物业管理、市容环卫、市政、供暖、公共安全、知识产权、民政事务、企业服务等。具体以街道为例，F街道2021年2月20日至3月20日受理诉求可以分为交通管理、公共服务、物业管理等重点类别和垃圾分类、邻里纠纷、办事效率等常规类别（见图1）。在所有诉求中，占比最高的是物业管理51%，其次是公共服务8%和交通管理6%。与2019年前相比，除物业管理、疫情防控类别外，其余诉求类型均与基层政府常规工作内容重合，属于常规治理的范畴，但因接诉即办被纳入中心工作后，政府回应积极性大幅提高，这些工作在边界上要远超先前的单一领域内的中心工作。与以往任务来自行政内部不同，接诉即办的民众诉求来自政府外部，因此具有较强的外部性和不确定性。

（二）全域中心工作时限：全时性与紧急性

从时间划分角度看，12345热线接诉即办属于长期性中心工作，具有全时性特点，一天24小时、1年365天都有可能接到市民诉求。尽管市民不同诉求在解决时限上略有差异，但整体时限要明显短于传统中心工作。一方

---

① 杨华、袁松：《中心工作模式与县域党政体制的运行逻辑——基于江西省D县调查》，《公共管理学报》2018年第1期。

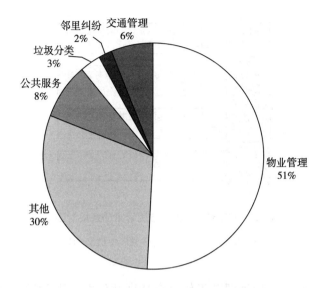

图 1 F 街道一个月的诉求类型分布情况

资料来源：调研中 F 街道提供。

面是由于诉求回应的时效性，另一方面也是由于热线系统的引入改变了诉求人和承办单位的信息传递机制，诉求的回应、解决效果更为直观。这种诉求回应任务的紧急性要求，与中心工作的重要程度形成了乘数效应。

12345 热线具有从急回应的特点，按照行业标准和事项类型，实施四级限时响应反馈机制（见图 2）。各单位在时限要求下自我加压创新响应模式。如朝阳区三里屯街道对突发事故、不稳定因素以及可能造成群众生命财产损失的诉求"接诉速办"，1 小时内反馈情况；水电气热等群众基本生存保障类诉求"接诉快办"，20 小时内反馈情况；其他事项按照轻重缓急"接诉研办"，6 天内反馈情况。派单系统会自动检测事项的办结进度，在接近限时或限时到期当天进行自动催办和督办，包括人工督办，这导致基层工作人员长期处于快节奏的紧张状态当中。

（三）全域中心工作动员范围：全员性与整体性

接诉即办工作机制首先引入了行政组织外公众和社会力量参与，以市民

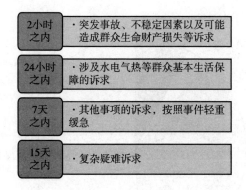

2小时之内	·突发事故、不稳定因素以及可能造成群众生命财产损失等诉求
24小时之内	·涉及水电气热等群众基本生活保障的诉求
7天之内	·其他事项的诉求,按照事件轻重缓急
15天之内	·复杂疑难诉求

图2　北京市不同类别市民诉求的解决时限

资料来源:北京市接诉即办考核工作相关文件。

诉求为导向,意味着接诉即办工作具有高度开放性。从2019~2021年数据来看,市民诉求呈现递增趋势,2019年仅为695.1万件,2021年已上升至1335.0万件。这意味着北京市人均诉求量超过0.5件。而从日均拨打量来看,2019年日均拨打1.9万次,2020年日均拨打2.9万次,2021年日均拨打已达4万次。

接诉即办工作在以市民诉求作为驱动先导的情况下,进一步推动政府内部的压力传导,打造整体性政府,进而实现对市民诉求及时响应且有效解决。市委通过市委书记每月召开区委(部门党组)书记月度工作点评会等方式,坚持"书记抓、抓书记",既抓工作部署,又抓具体事项督办,实现一级抓一级,层层传导压力、压实责任,形成从市、区到街乡各级"一把手"领导、指挥、协调、督办工作机制,并形成工作的整体联动。

(四)全域中心工作的考核形式:全程性与双重性

接诉即办工作考核以响应率、解决率、满意率为主要指标,突出过程指标与结果指标、客观指标与主观指标的双考核。在"三率"中,响应率占10%的权重,解决率占50%,满意率占40%。响应率重点体现基层组织在工作过程中的态度。解决率是诉求获得最终解决的结果导向体现,同时也是对接诉即办效果最直接的检验。满意率则引入主观指标，这既考评基层组织解决问题的过程，也考量问题解决与否及解决效果。值得注意的是，以满意率为考核指标体现了当前以人民为中心的治理逻辑，但由于民众对于满意的感知和接受程度的差异，以满意率作为主观指标考核大大增加了考核结果的不确定性，也对基层组织提出更高的要求。

三　市民诉求驱动全域中心工作的实现机制

从市民诉求驱动全域中心工作的特点来看，其工作范围、工作时限、动员范围与考核形式都有新的"升级"，对整个治理体系与治理能力提出了重大挑战。市民诉求驱动全域中心工作需要以技术为支撑实现体制内外动员机制的快速衔接。

（一）市民诉求为先导的社会动员机制

接诉即办工作从信息收集和意志激发两方面进行民主实践，增强了政府直接回应民众诉求的能力，通过鼓励公众提出诉求实现以人民为哨源的一次动员和以"三率"为核心的人民监督的二次动员，调动公众参与积极性，使公众成为诉求提交和评价的主体，实现了市民全员参与社会治理。接诉即办在前期宣传上，便积极鼓励民众参与，典型体现为"12345，有事找政府"这一深入人心的宣传标语，这契合"为人民服务""服务型政府"等以人民利益为中心的政治传统。随着民众发现12345市民服务热线回应问题及时且解决效率较高，12345很快便深入人心且改变了民众诉求提交的偏好。接诉即办工作鼓励公众提交诉求与积极的回访激发了公众参与的兴趣，在与政府人员处理诉求的互动过程中，公众的诉求得到解决、价值得到认同、情绪得到疏解，公众与国家的政治关联得到强化。

12345接诉即办让公众成为治理质量的"最终考核者"，既有结果指标也有过程指标，既有客观指标也有主观指标，保障了市民参与社会治理的中心地位，倒逼基层组织从被动回应走向主动治理，增强了干部与群众之间的联结关系。因此，接诉即办工作机制一方面通过热线及时向政府输送海量的治理信息，另一方面将市民监督评价传导到体制内部，以市民诉求为驱动的社会动员构成全域中心工作开展的先导机制。

（二）技术平台为支撑的数字治理机制

2019年，北京市人民政府便民电话中心更名为北京市市民热线服务中心，10月开通企业热线功能，整体扩充到650个座席，正式启动接诉即办工作。信息技术的发展为吸纳和整合市民诉求提供了基本支撑，不仅包括电话热线的不断扩展和整合，还包括向网络平台延伸。与此同时，对12345反映的居民诉求，政府除了及时回应和解决之外，更是建立了基层治理的大数据系统，实现了对北京市城市治理的周期性体检，使居民诉求反映出的个别问题上升为类别问题，进一步推动体制机制的改革，从治标向治本转变。"每月一题"即是运用大数据开展城市治理的典型体现。2022年，通过对2021年12345热线大数据的分析，政府形成了2022年重点解决的事项，包括老旧小区加装电梯问题、物业服务不规范问题等17个民生痛点①。通过"一方案三清单"的工作方法，"每月一题"的重点问题在牵头市领导的统筹规划下，主责部门与配合部门明晰职责，使工作能够有计划地切实在市级、区级和街乡层面得到推进。

更为关键的是，12345市民服务热线受理平台能够精准追踪诉求单的响应流程，建立起群众诉求办理的闭环运行机制，不同诉求被派发至不同承办单位，且主要诉求直派街道乡镇，每月对各街乡、各区、市级部门、承担公共服务职能的企事业单位进行考评，并通报排名。由于技术的支撑，从诉求

---

① 老旧小区加装电梯问题、房产证办理难问题、居住区电动自行车集中充电设施建设问题、中小学教学管理问题、新就业形态劳动者劳动保障问题、物业服务不规范问题、住宅楼内下水管道堵塞问题、道路积水问题、农村污水治理问题、社区健身设施建设与管理问题、农村地区煤改清洁能源后期运行管护问题、集中供暖不热问题、公交运营调度优化问题、信号灯问题、餐饮行业食品安全问题、噪声扰民问题、0~3岁婴幼儿普惠托育服务资源不足问题。

直派到诉求督办再到诉求考核，在诉求响应过程中都能实现便捷而高效的运行。这也意味着技术构建了国家直接连通基层与民众的快速通道，并且实时实现任务的传达和压力的传导。技术平台构成接诉即办改革的基础条件，同时赋能社会动员与行政动员，在时间和空间上扩展了中心工作的实现范围，推动单任务为主的中心工作向全域中心工作转变，进而克服了基层治理的全域性与领导注意力有限性之间的张力。

（三）政治统合为协调的整体性治理机制

为适应接诉即办工作在全领域内的体系化治理，党建引领的接诉即办工作机制通过双派和"吹哨报到"两条路径实现了行政组织内部的机构协调和资源统合。对于点位清晰、内容明确的诉求，由市市民热线服务中心直接派单至街乡，在区一级"过站不停车"；对复杂疑难诉求在派单前进行会商研究，优化退单流程和标准，避免程序空转影响群众诉求办理时效，各区、诉求量较大的市级部门和承担公共服务职能的企事业单位选派专人"驻守"12345市民服务热线，确保群众诉求派发准确、流转顺畅、处置迅速，在缩短群众诉求流转周期的同时，便于区委区政府加强统筹调度，缩短"条""块"衔接周期，形成工作合力。[①]

围绕接诉即办改革进行行政体制内部的职权和机构配置调整，推动城市治理的重心和配套资源向街乡下沉，推动街乡、社区（村）成为基层治理的基本单元。市民诉求处置部门在各级政府中的建立构建起上下联动的接诉即办工作体系，区级职能部门向街道下放职权，街乡职责规定的完善则使街乡拥有更多自主权，在处理市民诉求的过程中实现权责匹配，努力做到"看得见的管得了"。北京市的"吹哨报到"机制是在基层实现政治统合的另一重要路径，"吹哨报道"机制在两个层次上触及行政体制变革。一是增强下级政府对职能部门的联动能力，在明确不同主体职责的情况下，

---

① 参见北京市政务服务局研究报告《坚持人民至上，深化党建引领城市治理体制机制创新——北京接诉即办改革报告》。

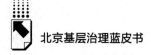

各方可以围绕复杂诉求开展协调治理，增强街乡话语权，推进部门积极主动报到，有效解决问题。二是乡镇政府的职权扩充。《北京市接诉即办工作条例》的实施，为接诉即办从运动式治理走向常态化提供了法治保障。

四 结论

伴随着以人民为中心的发展思想在京华大地的生根实践，北京市接诉即办改革使市民诉求成为驱动基层治理的关键变量，并作为中心工作倒逼政府治理体系变革与基层治理逻辑转换，形成了全域中心工作的治理逻辑。这一全域中心工作的治理逻辑是借助技术支撑实现了体制内外的高频度和高强度动员。技术平台则构成接诉即办改革的基础条件，技术平台为支撑的数字治理机制，同时赋能社会动员与行政动员。当然，快速响应和解决诉求的核心仍有赖于政治统合为协调的整体性治理机制，通过党建引领接诉即办，依托双派和"吹哨报到"两条路径实现了行政组织内部的机构协调和资源整合，依托"下交村评"等形式激活基层组织活力实现了行政外部基层自治组织的有益补充。接诉即办这一类型的全域中心工作，以市民诉求驱动为先导，通过技术赋能，党政统合为保障，有效衔接市民诉求、上级政府与基层组织，建立了一套快捷响应民众诉求的治理体系，为推动基层治理体系与治理能力现代化提供了重要经验。

参考文献

1. 马超、金炜玲、孟天广：《基于政务热线的基层治理新模式——以北京市"接诉即办"改革为例》，《北京行政学院学报》2020年第5期。
2. 张楠迪扬：《"全响应"政府回应机制：基于北京市12345市民服务热线"接诉即办"的经验分析》，《行政论坛》2022年第1期。
3. 马亮：《数据驱动与以民为本的政府绩效管理——基于北京市"接诉即办"的案例研究》，《新视野》2021年第2期。

4. 孟天广、黄种滨、张小劲：《政务热线驱动的超大城市社会治理创新——以北京市"接诉即办"改革为例》，《公共管理学报》2021年第2期。

5. 陈锋、宋佳琳：《技术引入基层与社区治理逻辑的重塑——基于A市12345政府服务热线的案例分析》，《学习与实践》2021年第4期。

6. 李文钊：《超大城市的互动治理及其机制建构——以北京市"接诉即办"改革为例》，《电子政务》2021年第11期。

7. 冯仕政：《中国国家运动的形成与变异：基于政体的整体性解释》，《开放时代》2011年第1期。

8. 郝诗楠：《理解运动式与常规化治理间的张力：对上海与香港道路交通执法案例的比较》，《经济社会体制比较》2019年第4期。

9. 杨华、袁松：《中心工作模式与县域党政体制的运行逻辑——基于江西省D县调查》，《公共管理学报》2018年第1期。

10. 文宏、杜菲菲：《借势赋能："常规"嵌入"运动"的一个解释性框架——基于A市"创文"与营商环境优化工作的考察》，《中国行政管理》2021年第3期。

11. 杜鹏：《农村社会动员的组织逻辑与治理效能》，《天津社会科学》2022年第4期。

B.8
接诉即办的治理功能[*]

李文钊[**]

摘　要： 从社会学家默顿提出的显功能和潜功能的视角出发，结合个人、组织和系统三个层次，可以总结出接诉即办的十二大治理功能，接诉即办的问题解决功能；接诉即办的能力提升功能；接诉即办的人心凝聚功能；接诉即办的作风改善功能；接诉即办的全面回应功能；接诉即办的应急管理功能；接诉即办的赋能基层功能；接诉即办的预警前瞻功能；接诉即办的部门协调功能；接诉即办的推动改革功能；接诉即办的信息收集功能；接诉即办的城市体检功能。

关键词： 接诉即办　治理功能　超大城市治理　首都样板

一　从功能视角看接诉即办改革

接诉即办如何牵引超大城市治理从而形成"首都样板"，这是当前接诉即办改革需要回答的根本性问题。我们认为要探索形成以接诉即办为牵引的超大城市治理"首都样板"，其核心是作为子系统的接诉即办在完成自身目标的情况之下能够与超大城市治理系统进行良性互动，推动首都治理体系和

---

[*] 本文是首都高端智库项目"市民诉求驱动北京超大城市治理的理论实践研究"（项目编号：2022A-07）的阶段性成果。

[**] 李文钊，中国人民大学首都发展与战略研究院副院长，公共管理学院党委副书记、纪委书记、教授，研究方向为治理理论、政府改革、制度分析、公共政策、政策评估等。

治理能力现代化。为更好地理解作为子系统的接诉即办和作为系统的超大城市治理之间的复杂互动关系，我们引入功能分析视角，讨论接诉即办的治理功能，从而厘清接诉即办的自身运行逻辑和它作为子系统的运行逻辑。简而言之，接诉即办通过多种"治理功能"的发挥，来实现它作为子系统的独立运行，以及作为系统组成部分的子系统运行，前者是讨论接诉即办的子系统功能，后者是讨论接诉即办的系统功能，两者相辅相成、协同共生。

功能分析一直是社会学和公共管理学的重要研究传统，它构成了社会系统运行的重要解释框架。社会学家默顿在对功能的概念进行梳理时，指出了社会学和生物学对于功能的不同理解。前者强调社会系统中的"相互依存"、"相互关系"或"相互依赖的变化"，如帕森斯的 AGIL 模型提出社会系统存在"适应功能"、"目标达成功能"、"整合功能"和"模式维持功能"。后者强调"有助于维持有机体的生命过程或有机过程"，即"重复发生的生理过程之功能就是该过程和有机体的需要（即存在的必要条件）之间的协调"。由此可见，生物学意义上的功能是满足生物体的需求，这和满足社会系统的需求具有类似性。公共管理学者也十分重视功能研究，如早期学者对政治与行政功能的区分，以及通过厘清行政功能的内涵与边界来重构学科的身份与标识。无论早期巴纳德讨论经理人员的职能，还是此后对政府职能的讨论，以及对政府与市场、社会之间关系的讨论，都受到功能学派影响。

对于接诉即办治理功能的研究，可以结合系统论，以及默顿有关显功能和潜功能的区分，形成治理功能的分类谱系，由此总结出接诉即办的十二大治理功能（见表1）。为了研究方便，我们区分了个人、组织和系统三个层次。这里的显功能和潜功能区分标准在于功能是否为设计者所预期、主要目的和客观结果是否一致。显功能是有助于系统调适、为系统参与方所期望和认可的客观结果；潜功能是无助于系统调适、系统参与方不期望也不认可的客观结果。当然，潜功能也可以进一步区分为潜正功能和潜负功能，前者强调对所指定的系统具有正功能的后果，后者强调对所指定的系统具有负功能的后果。潜功能强调非意图的后果，显功能则关注意图的后果。当然，显功能和潜功能两者并非孤立关系，而是存在相互转换的可能性。当潜功能被系统方认可，其就有可能转化为显功能。表1所列的治理功能都是从正面的角度讨论，有些是意图中的功能，有些则在早期是非意图中的功能，但是随着功能的发挥而逐步转化为意图中的功能。为了方便讨论，我们还是将接诉即办最直接的功能定位为"显功能"，而将延伸出的功能、再开发的功能或非意图的功能定位为"潜功能"。

表1　接诉即办的治理功能分类

	显功能	潜功能
个体	问题解决功能 能力提升功能	人心凝聚功能 作风改善功能
组织	全面回应功能 应急管理功能	赋能基层功能 预警前瞻功能
系统	部门协调功能 推动改革功能	信息收集功能 城市体检功能

资料来源：作者自制。

二　接诉即办的个体层面功能

接诉即办的个体层面功能主要是讨论其对市民和公务员的效用，核心问题是接诉即办对他们的态度、价值、认知、评价和行为带来了什么改变？北京市在设计接诉即办改革时，最初的意图是快速回应市民诉求，提升民众的获得感、幸福感和安全感。事实上，接诉即办改革也是贯彻和落实习近平总书记对北京考察讲话精神的具体举措，切实践行"人民城市人民建，人民城市为人民"的理念。2017年2月23日至24日，习近平总书记在考察北京时指出："要坚持人民城市为人民，以北京市民最关心的问题为导向，以解决人口过多、交通拥堵、房价高涨、大气污染等问题为突破口，提出解决问题的综合方略"①。很显然，接诉即办改革就是实现"以北京市民最关心的问题为导向"的具体举措，并且正在成为"解决问题的综合方略"。因此，对于接诉即办的治理功能讨论，离不开个体层面视角，功能需要在市民和公务员两个微观主体中发挥。对于市民而言，接诉即办改革以来，他们自身的诉求和问题是否得到处理，对政府的认可和信任度是否提升，是否更容易与政府合作开展集体行动？对于公务员而言，接诉即办改革以来，他们的公仆意识、为民情怀是否得到增强，能否形成让人民满意的工作作风？对于这些问题的回答，构成了接诉即办个体层面功能研究的关键议题。接下来，我们将分别从显功能和潜功能的角度，讨论在个体层面接诉即办的四种治理功能，即问题解决功能、能力提升功能、人心凝聚功能、作风改善功能。

接诉即办改革以 12345 市民服务热线为主渠道，回应市民诉求实现问题解决。问题解决功能是接诉即办的首要治理功能，这也是其存在正当性和合法性的基础。接诉即办的问题解决功能包含多个层次、多个维度和多个领域，其中既包括个体问题和类型问题，又包括系统问题和未来问题。正是问题解决功能中的"问题空间"的多维定义，赋予了接诉即办改革的持续生命力。而"问题空间"的多维定义，源于北京市民通过 12345 市民服务热线等多种渠道反映的诉求，这些诉求依据政府职能和市民期望而被建构成不同类型的问题。市民诉求存在不同类型，这也意味着其问题解决方式、手段和途径也存在差异性。对于市民的很多咨询类诉求，12345 市民服务热线可以直接通过提供咨询服务给予答复，而专业性比较强的问题则需要转给相关部门。对求助、投诉、举报、建议类诉求，市民热线服务工作机构需要根据职权法定、属地管理、分级负责的原则，按照派单目录，即时派单至承办单位。通常而言，求助、投诉、举报类诉求的解决，需要投入较多的人力、物力、财力，存在一个问题解决的过程。可以说，所有考核、吹哨

---

① 转引自梁家峰《北京"接诉即办"的哲学思考："接诉即办"改革是"改造世界"的生动实践》，《北京日报》2022 年 5 月 16 日。

报到、"每月一题"等制度变革，都是问题解决治理功能派生的产物，或者说是为了实现问题解决功能而衍生出其他治理功能，它们都是为了促进问题解决。

接诉即办改革对于公务员而言，发挥了能力提升功能。接诉即办改革作为一种治理范式变革，它必然会重新调整公务员与市民之间关系模式，也会对公务员的能力和素质提出更高要求。2020 年 10 月，习近平总书记在中共中央党校（国家行政学院）中青年干部培训班开班式上的讲话中强调，"干部特别是年轻干部要提高政治能力、调查研究能力、科学决策能力、改革攻坚能力、应急处突能力、群众工作能力、抓落实能力"①。这些能力提升需要依托一定的治理场景，通过具体的治理实践来实现，干部在能力提升中推进治理问题解决。接诉即办改革使得各级政府部门的公务员直接面向基层一线，要到基层解决问题。由于这些问题是以市民诉求为基础，这使得可能的"问题框"各种各样，所面临的"人群类型"也差异很大，这就需要公务员既具备快速应对问题的能力，还有与人打交道的能力，尤其是针对不同身份、地位和偏好的人采取差异化沟通策略。接诉即办改革涉及范围广、部门多、问题复杂，这使得几乎全市所有公务员都需要在回应市民诉求中提升治理能力。简而言之，接诉即办作为一种不同于常规治理、应急治理的第三类诉求治理，起到了撬动和杠杆作用，实现了问题解决与能力提升的双向互动。事实上，很多政府和部门意识到要办好接诉即办工作，需要较高的能力和素养，故通过案例分析、标杆学习、现场研讨、专题办公等方式来提升问题解决能力。治理能力提升可能表现为一个倒"U"形曲线，开始会提升较高，到一定程度之后，边际收益会下降，当然，如果不重视提升治理能力，有可能会再次快速下降。从这个意义上看，要保持接诉即办治理绩效的高水平，就需要在能力提升上持续下功夫。

---

① 《习近平 2020 年 10 月 10 日在中央党校（国家行政学院）中青年干部培训班开班式上的讲话》，学习强国平台，2020 年 10 月 22 日。

从潜功能的角度看，接诉即办会发挥人心凝聚功能，让市民更好地认同党和国家的治理。2021年2月20日，习近平总书记在党史学习教育动员大会上表示，"我们党的百年历史，就是一部践行党的初心使命的历史，就是一部党与人民心连心、同呼吸、共命运的历史"①。党和国家的治理要赢得人心，就需要与人民心连心、心交心，切实站在人民的立场来想问题、做决策和干工作。接诉即办改革始于诉求回应和问题解决，随着工作的持续开展，一定会上升到心灵治理层面，它涉及公务员和民众之间情感共鸣，他们需要共同认知、共同学习、共同理解和共同信任，通过认知共识和价值共识来实现共同行动。正是因为接诉即办发挥了人心凝聚功能，所以可以解释尽管很多时候市民反映的问题没有得到解决，在对绩效进行评估时，市民仍然会给出满意的评价，满意率高于解决率就是人心治理的体现，说明市民开始尝试理解党和政府的治理行动。人心政治和心灵治理既不能一蹴而就，也不能一劳永逸，它需要各级治理主体在持续回应市民诉求的同时，能够从人民的立场出发推进治理，实现治理的"人民在场"。北京市的接诉即办改革之所以难能可贵，一方面在于它的坚持，从2019年开始到目前已经持续4年多；另一方面通过制定《北京市接诉即办工作条例》来将改革成果固化，避免虎头蛇尾。

接诉即办改革要发挥人心凝聚功能，离不开作风改善功能的实现。接诉即办中的作风改善需要较长时间的努力才会见到成效，它是公务员群体在治理实践中不断进行反思而形成的一种治理自觉。这意味着，只有接诉即办改革持续推进，公务员不断与市民打交道，双方在多样性场景中持续互动，公务员才能够将接诉即办工作从"要我干"转而视为"我要干"，从而使得接诉即办工作成为一种治理文化、治理习惯和治理传统，干部工作作风切实转变。事实上，所有的外在激励都会存在机会主义行为，并且也会随着上级领导和部门的注意力转移而懈怠，这也是很多创新项目最后不具有可持续性的原因所在。要让创新可持续，要实现接诉即办的自我运

① 转引自《我们党的百年奋斗史就是为人民谋幸福的历史》，《光明日报》2021年6月28日。

转，就需要在文化、习惯和价值上下功夫，让诉求回应、问题解决、主动治理和未诉先办成为一种自觉和习惯。简而言之，只有接诉即办的作风改善功能得以实现，各级治理主体才会自觉回应市民诉求，实现接诉即办从一种自上而下和监督惩罚主导下的治理行为向自下而上和内在自觉主导下的治理行为转变，这也是更深层次的治理变革。一方面，作风改变不容易；另一方面，作风改变之后持久保持也不容易，它需要在动态适应中保持韧性。

三　接诉即办的组织层面功能

接诉即办的组织层面功能主要讨论其对各级政府及其部门的效用，核心问题是接诉即办对政府职能产生了什么影响？它是如何补充、优化或者强化政府职能的？1978 年以来的中国改革开放史就是政府职能转变和调整的历史，政府职能转变成为政府机构改革和国家治理变革的桥梁和中间环节。一方面，政府职能转变是重新调整政府与市场、政府与社会之间关系的过程，它涉及国家与社会之间边界的调整。在很长一段时间，政府职能转变目的是适应中国从计划经济向市场经济转型，这使得发展型政府成为政府职能转变的主要解释框架。而随着经济逐步从计划向市场转型，在这一过程中出现了民生、社会、生态等各种问题，它要求发展型政府向服务型政府转变，政府需要平衡不同的治理目标，实现经济社会生态协同发展。在这样的背景之下，政府逐步形成了较完整的职能体系。另一方面，政府职能转变也是政府机构改革的主要动因，通过"定机构、定职能和定编制"来重新明确各级政府和部门的职责定位，使得它们能够适应快速变化的经济社会发展趋势。政府机构改革总是与政府职能转变联系在一起，新的职能会创立新的政府机构，职能的转变也会导致机构调整等。接诉即办改革在组织层面的功能体现为完善、优化和发展政府职能，除了促进各级政府和各类部门职责明确、清晰之外，它还发挥了如下四项治理功能，即全面回应功能、应急管理功能、赋能基层功能、预警前瞻功能。

接诉即办改革强化了全面回应功能，它实现了从单向度行政向互动治理转变。传统的行政是政府到民众的单向度行政。民众需要按照政府的规定和要求办事，官僚主义、形式主义比较严重。与此同时，由于采取自上而下的等级体制，各级政府部门通过"层层加码"来推进工作，这也导致了基层负担过重。基层组织又会将这些压力和命令传导给民众，由此，自上而下的科层体系所形成的"压力叠加"会以官民之间恶性互动集中体现，这也使得基层治理成为各级政府和主政者不得不面临的治理难题。要改变这种单向度行政，就需要从凸显政府的回应性功能开始，政府需要回应民众来提供更高质量的公共服务，实现公共福祉整体水平提升。事实上，通过回应和反馈来改善治理和提升服务水平，一直是企业的标准行为，互动学习和互动创新也是企业提升竞争力的策略选择。接诉即办改革最大的特点就是增强了北京市各级政府、部门、机构和组织的回应性，使得所有公共组织都需要直接回应市民诉求，直接到一线解决问题。事实上，接诉即办的全面回应功能得以实现，主要是基于信息、情感、绩效的多维双向持续互动，尤其是政府与民众围绕诉求、问题解决、职责权限等进行沟通和辩论，使得超大城市治理系统从封闭走向开放。政府的全面回应功能的回归，既是善治的体现，也是政府改革的要求。接诉即办改革通过 12345 市民服务热线这一渠道，找到了政府和市民良性互动的路径。

接诉即办改革凸显应急管理功能，它成为常规管理和应急管理之间的连接器。2019 年北京市推行接诉即办改革以来，应急管理功能的凸显至少体现在两个方面，一是各单位直接参与应急管理，二是提升了各级组织从事应急管理的能力。在北京市推行接诉即办改革一年之后，就面临新冠疫情的冲击和治理大考，12345 市民服务热线成为回应市民涉疫诉求的主渠道，接诉即办在疫情防控中发挥着重要作用。根据北京市 2021 年 12 月发布的数据，2020~2021 年涉及疫情诉求达到 400 多万件，属于前十类问题中的第一大问题。2022 年 6 月，北京市接诉即办工作表彰大会指出，"在疫情防控中，北京以'接诉即办'为抓手，做好规模性疫情应急处置资源能力储备和机制建设"。与此同时，12345 市民热线服务中心还通过接诉即

办渠道报送《疫情快报》700 余期，并与政策发布部门一体联动，第一时间向市民提供最新政策指引。接诉即办改革除了使各单位直接参与应急管理之外，还通过发挥能力提升功能，切实增强了各级组织从事应急管理的能力。应急管理能力需要依托一定的治理场景进行培养，接诉即办中的很多诉求也具有应急特点，把这些诉求处理好，本身就是习得应急管理技艺的过程。

从潜功能的角度看，接诉即办还发挥了赋能基层功能和前瞻预警功能，这些功能属于政府全面回应功能和应急管理功能的派生功能。接诉即办起到了赋能基层的作用，让多级治理主体参与基层治理并使基层组织实现能力提升。从北京市发布的近 3 年接诉即办相关数据来看，区级部门承办占比37.8%，街道乡镇承办占比 36.0%，市属机构承办占比 16.1%，国有企业承办占比 7.4%，电商企业及其他单位承办 2.7%。这些数据说明，接诉即办推动了所有治理主体到基层一线解决问题，这一方面会减轻基层负担，告别属地管理所带来的避责行为；另一方面也会让相关治理主体更好懂得基层的特点，为未来政策制定提供基层经验基础。事实上，接诉即办改革也提供了一个基层组织反映基层问题的途径，它们在诉求办理中进一步厘清基层可能存在的难点，并且可以通过制度化途径及时向上级部门反映。接诉即办改革提升基层组织治理能力，既表现为促使基层组织在解决问题中提升能力，这是经济学中所强调的"干中学"，又表现为通过"吹哨报到"机制对基层赋能，让基层切实拥有更多资源、权力和手段来解决问题。当然，推动所有治理主体到基层一线解决问题和提升基层组织问题解决能力两者并非完全对立，相反两者相辅相成、相互促进。

接诉即办激活了各级治理组织的前瞻预警功能，这使得面向未来的治理雏形实现。各级政府和部门之所以日渐重视前瞻预警功能，一个很重要的原因就是它们不太想总是事后回应，所有回应都是被动的，而只有提前采取行动避免问题产生，才可能减少事后回应的频率。为此，各级政府和部门就需要在治理规律上进行探索，通过把握事物运行规律和治理过程运行规律，采取预防行为，降低问题产生的概率，实现前瞻治理。接诉即办改革通过对民生大数据的再开发、治理主体直觉的培养和政民良性互动重新激活了前瞻预警功能，实现主动治理、未诉先办。接诉即办改革形成了一个民生大数据的"富矿"，它是超大城市治理的"晴雨表"，这些大数据基于人工智能和算法技术可以生成"未来问题"，可通过提前采取行动，避免"未来问题"真正成为问题。可以预期，对于接诉即办实时大数据的开发，将会是实现前瞻预警功能的关键。与此同时，各级治理主体和治理组织会在不断处理市民诉求中形成一些治理直觉、本能和领悟力，这些直觉、本能和领悟力可能就会使得他们能够提前对治理问题进行预警，并且通过及时采取行动而降低风险。此外，接诉即办也会促使更多的政府和民众互动，这种互动也会使得双方在交往中化解风险、协商解决问题和形成共识。

四　接诉即办的系统层面功能

　　接诉即办改革的系统层面功能主要是讨论其对首都超大城市治理系统的作用，其核心问题是接诉即办给治理系统带来了什么改变。如果不能够推动超大城市治理的系统性、根本性和全局性变革，以接诉即办为牵引的超大城市治理"首都样板"这一命题就不可能成立。当我们讨论接诉即办改革的系统层面功能时，其核心至少包含两个层面的内容：一是作为超大城市治理系统的子系统，它发挥了什么功能；二是作为超大城市治理系统的子系统，它对整个系统而言发挥了什么功能。事实上，这两个层面的功能是紧密联系在一起的，只有发挥好子系统的功能，才能够对整个系统功能的优化和完善发挥作用。从某种程度上看，前面关于接诉即办改革的个人层面功能和组织层面功能都可以归属于子系统层面功能。简而言之，个人和组织是子系统得以运行的基础。同样，接诉即办改革通过发挥个人和组织层面功能，正在整个超大城市治理系统中创造一种新的治理功能，它是一种面向诉求任务的治理功能，不同于常规任务的治理功能，也不同于应急任务的治理功能。为此，我们接下来讨论接诉即办改革的系统层面功能，重点是关注作为子系统的接诉即办对首都超大城市治理系统运行的价值。我们将分别从显功能和潜功能的角度，讨论接诉即办改革的四类系统层面功能，即部门协调功能、推动改革功能、信息收集功能和城市体检功能。

接诉即办改革发挥了部门协调功能，使得为民服务的整体性政府成为可能。专业化分工和部门间协调既是组织的核心问题，也是治理的核心问题，前者主要关注组织内协调与整合，后者主要关注组织间协调与整合。此前，针对组织间协调与整合，政府已经采取了一些措施，如通过机构整合、跨部门协调机制等来促进政府部门间协同。应该说，这些协同取得了一定效果，但是仍然面临很多挑战。接诉即办改革开启了一种基于问题促进部门协调的机制，它是对超大城市治理系统进行优化的重要举措。这意味着，接诉即办改革发挥的部门协调功能是问题驱动，尤其是复杂问题驱动。面对棘手难题，一方面基层政府通过"吹哨报到"实现部门协调，另一方面市委市政府通过"每月一题"实现部门协调。事实上，无论是"吹哨报到"，还是"每月一题"，它们作为问题驱动的跨部门、跨层级和跨领域协调机制，为推进整体性政府建设提供了新举措。"吹哨报到"作为一种赋能基层的机制，之前由于需要街道乡镇吹哨、区级部门报到，这种机制在自上而下的科层体制之下会面临着"管理困境"。简而言之，下级很难经常对上级"吹哨"，这与自上而下的科层逻辑不符合。但是接诉即办改革的推进，使得"哨声源"由基层转为市民，相当于基层代表市民对区级部门进行"吹哨"，这是一种权力的再平衡机制。当然，"每月一题"机制则不涉及下级给上级"吹哨"，它是一种自上而下的围绕问题实行的跨部门协调机制，这也使得协调绩效更好衡量。

接诉即办的另外一项重要功能就是推动改革，这也是接诉即办被赋予改革内涵的原因所在。事实上，接诉即办的推动改革功能包含双重含义：一方面，接诉即办本身就是一项改革，通过接诉即办改革，市民诉求得到快速回应，问题得到有效解决；另一方面，接诉即办是推动改革的诱因，很多问题因为接诉即办而被发现，这些问题被列入改革的议事日程。接诉即办之所以能够推动改革，原因很简单，市民诉求并非都可以在现有的制度和框架之下得到解决，有一些诉求具有合理性，但是依据现有的制度和政策又没有办法得到解决。这就意味着，如果要解决市民诉求，推动问题解决，就需要改革，在规则得到改变的情况之下，很多问题就可能得到解决，否则就可能会陷入进退维谷的状态。以北京市的房产证办理为例，北京市要推动50多万套房的房产证的办理，由于各种原因，按照现有的法规和政策，没有可能办理房产证。但是要满足市民的合理需求，就需要在改革上下功夫，通过改革来解决房产证办理中存在的问题，促进历史遗留问题妥善解决。与房产证办理相类似的，还有新型问题的监督，对于新出现的问题，没有规则可以遵循，就需要通过改革来建立新规则。事实上，"每月一题"中涉及的很多问题需要通过改革来解决，这也正是这些议题需要由更高层级的市级政府和部门来推动的原因。

从潜功能的角度看，接诉即办作为超大城市治理系统的"信号"机制，发挥着对系统运行的信息收集功能和城市体检功能。接诉即办改革对于超大城市治理系统发挥着信息收集功能，其关键是诉求作为"信号"显示了超大城市治理运行的整体状况。对于市民而言，"诉求"是一种抱怨、意见、建议等，但是对于系统而言，"诉求"可以被建构成一种从市民角度来评价超大城市治理的"信号"。这种"信号"不同于对物理系统的客观感知，它是一种市民主观感知所形成的信息，其中人在"信号"的生产、传输和反馈中发挥关键作用，这也使得依托人的诉求所形成的信息具有重要价值。为此，民生大数据所形成的信息聚集可以不断地与超大城市治理系统进行匹配，从而形成不同的价值判断，实现从数据到信息再到判断和决策的转变。事实上，数据只有被使用，才可能转化为信息，进而为决策提供参考，否则没有什么价值。与其他资源相比，数据资源可以被反复使用，并且在不同维度中得到使用，一个人的使用并不会影响其他人的使用。这意味着，未来我们要从数据治理的角度重新挖掘接诉即办改革的价值，开发其信息收集功能，更加全面、准确和系统地进行数据的接收、整理、存储和使用等。一旦要发挥接诉即办的信息收集功能，那也就对其科学性、准确性和完整性提出

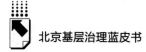

更高要求。

当前，接诉即办的信息收集功能得以发挥的一个途径就是形成对超大城市治理系统的评价，这种评价是城市体检功能的呈现。接诉即办的信息既包括事实信息，即诉求的对象和问题，又包括价值信息，即诉求主体的评价和判断。接诉即办的信息既包括个体信息——每一个市民对自身诉求和问题进行反映所形成的信息，又包括加总信息——对很多个体信息进行加工之后形成的关于一个地区、一个部门和一段时间的信息。接诉即办的城市体检功能就是根据这些信息对不同层级政府和部门的治理能力进行评价，以数据的方式展现市民关注的主要议题是什么，哪些职能需要加强，哪些程序需要完善，哪些短板需要强化。从这个意义上看，接诉即办所收集的信息相当于对超大城市治理系统的反馈，这些反馈又作为评价和判断的基础。在对不同政府和部门进行城市体检时，接诉即办所发挥的信号源作用会在多个维度、多个时间和多个标准层面给出评价。例如，接诉即办所形成的城市体检报告，既包括"七有""五性"情况，又包括疫情防控情况，还包括职能部门履责情况；既包括总量信息，又包括质量信息；既包括纵向比较，又包括横向比较。这些信息以立体方式对不同层级政府和部门的治理绩效进行呈现，也会对超大城市治理的整体绩效进行呈现。

参考文献

1. Parsons T., *An Outline of the Social System*, New York：Fress Press，1961，pp. 30-41.

2. 〔美〕弗兰克·J. 古德诺：《政治与行政：一个对政府的研究》，王元译，复旦大学出版社，2011。

3. 《立足提高治理能力抓好城市规划建设　着眼精彩非凡卓越筹办好北京冬奥会》，《人民日报》2017 年 2 月 25 日。

4. 《习近平在中央党校（国家行政学院）中青年干部培训班开班式上发表重要讲话强调年轻干部要提高解决实际问题能力　想干事能干事干成事》，《人民日报》

2020 年 10 月 11 日。

5. 《习近平在党史学习教育动员大会上强调　学党史悟思想办实事开新局　以优异成绩迎接建党一百周年》，《人民日报》2021 年 2 月 21 日。

6. 北京市委全面深化改革委员会"接诉即办"改革专项小组：《坚持人民至上　深化党建引领城市治理体制机制创新——北京接诉即办改革报告》，http：//www. beijing. gov. cn/ywdt/zwzt/jsjbggsjz/jsjbbg/index. html#book7/page1。

B.9
坚持党建引领　探索超大城市
有效治理路径[*]

——党建引领北京基层治理的路径研究

王大广　尤文虎　杨翔宇　曹天一[**]

摘　要： 北京市持续推进以"街乡吹哨、部门报到"、接诉即办、主动治理为主要内容的党建引领城市基层治理体制机制创新，坚持党的政治引领，确保基层治理的正确方向；坚持组织引领，推动组织体系与基层治理体系深度融入、有机融合；坚持能力引领，全面提升各级党组织和党员干部抓基层治理的能力水平；坚持机制引领，推动制度优势转化为治理效能。北京市以高质量党建引领高水平治理，形成了落实以人民为中心发展思想的生动实践，探索了以接诉即办为牵引的超大城市有效治理的北京路径。

关键词： 党建引领　接诉即办　基层治理　北京路径

北京市深入学习贯彻习近平总书记关于基层治理的重要论述和对北京一系列重要讲话精神，适应新时代首都治理面临的新形势新任务，持续推进以"街乡吹哨、部门报到"（简称"吹哨报到"）、接诉即办、主动治理为主

* 本文是首都高端智库决策咨询项目"党建引领北京基层治理的路径研究"（项目编号：2022BJDJ001）的阶段性成果。项目负责人：王大广，北京市党的建设研究所所长。

** 王大广，北京市党的建设研究所所长，研究方向为党的建设、基层治理；尤文虎，北京市党的建设研究所副所长，研究方向为党的建设；杨翔宇，北京市党的建设研究所干部，研究方向为党的建设；曹天一，北京市通州区市场监管局干部，研究方向为市场监管、社会治理。

要内容的党建引领城市基层治理创新，以高质量党建引领高水平治理，形成了落实以人民为中心发展思想的生动实践，探索了以接诉即办为牵引的超大城市有效治理的北京路径和"中国之治"的首都样板。

一　北京党建引领超大城市治理的
实践探索和主要成效

北京市从推进"吹哨报到"改革，到完善接诉即办机制，再到抓"每月一题"，推进主动治理、未诉先办，党建引领是一以贯之的主线。北京市不断强化党的政治引领、组织引领、能力引领、机制引领，凝聚起推动首都治理体系和治理能力现代化的智慧和力量。

（一）坚持政治引领，确保基层治理的正确方向

北京市立足首都作为全国政治中心的特殊定位，始终把政治引领摆在首位，把坚持和加强党的领导贯穿基层治理各方面全过程，坚持从政治上定位、谋划和推进基层治理，把准政治方向，坚持政治领导，压实政治责任，确保政治效果。

一是把准政治方向。北京市深刻认识"首都工作具有标志性、指向性，直接关系党和国家工作大局"，坚持把"两个维护"作为最高政治原则和根本政治规矩，市委每月坚持理论学习中心组集中学习，通过交流研讨、辅导报告、调研学习等形式感悟习近平新时代中国特色社会主义思想伟力，带动全市各级党组织强化思想武装，锤炼对党忠诚；立足党中央确定的北京城市战略定位，编印《习近平关于北京工作论述摘编》，组织带领全市党员干部深入学习贯彻习近平总书记关于基层治理和北京工作的重要论述，统一思想、统一意志、统一行动，确保首都基层治理始终保持正确的政治方向。

二是强化政治领导。北京市把坚持和加强党的全面领导作为谋划首都基层治理的坐标原点和根本原则，把党的领导贯穿研究谋划基层治理工作思

路、确定工作部署、推动政策落实的全过程、各方面。充分发挥市委全会、市委常委会、市委全面深化改革委员会领导决策作用，每次市委全会必对党建引领基层治理重点任务作部署，市委常委会定期听取基层治理情况汇报，3年研究基层治理议题96项。在市委深改委增设"接诉即办"改革专项小组，顶层设计、统筹谋划、整体推进全市接诉即办改革工作。把党建引领基层治理纳入各级党委抓党建主体责任清单、年度全面从严治党考核、各级书记抓党建述职评议考核内容，层层传导压力，带动全市各级党委把党建引领基层治理列入重要议题，加强常态化谋划部署、调度推进，确保了党对首都基层治理的领导全面覆盖、持续加强、一贯到底。

三是压实政治责任。市委书记每月主持召开区委（部门党组）书记月度工作点评会，带动区委书记每月召开街乡镇党（工）委书记点评会，听取基层治理情况汇报，通报接诉即办月度排名，协调解决重点问题。明确各级各部门"一把手"是基层治理第一责任人，推动各级书记强化主责意识，既当"指挥长"，又当"施工队长"；既抓工作谋划部署，又抓重点任务督办推进，一级抓一级，层层传导压力、压实责任，形成了市、区、街乡镇、社区村四级书记抓基层治理的制度性安排。针对基层治理重点难点问题，建立"每月一题"机制，9位市领导分兵调度16个工作专班，加强统筹调度、督促落实，12个主责部门统筹54家单位，聚焦12类27个基层治理高频重点问题，市级层面完成603项任务、出台116项政策，各区办好8934项民生实事，仅房产证办证难一项问题的解决就直接惠及居民超过16万户，一批久拖未决的"硬骨头"被"啃"了下来。

四是确保政治效果。教育引导全市各级党组织和党员干部，善于"抓住人心讲政治"。在推进基层治理体制机制改革中，聚焦"七有""五性"需求，把"两个负责"①高度统一起来，始终做到"民有所呼、我有所应"，把人民群众的小事当作大事，从人民群众最关心、最直接、最现实的利益问题入手，努力把以人民为中心的发展思想落实为首都基层治理的具体

---

① 即对党负责和对人民负责。

举措，体现为人民满意的实际成效，用政治效果检验政治能力。居民脸上的微笑、群众送出的锦旗、不断提升的满意率，成为首都践行"人民至上"理念的最好注脚。有学者表示，北京通过党建引领基层治理，让党员干部在破解群众难题的奔忙中不断强化为民造福的责任心，在百姓的信任和支持中体味到为民尽责的获得感；让市民群众切身感受到身边党员干部的为民情怀，发自内心地说出"共产党好"，实现了政治效果、治理效果和社会效果的高度统一。

（二）坚持组织引领，推动党的组织体系与基层治理体系深度融入有机融合

北京市在推进党建引领城市基层治理创新的过程中，始终坚持以党的组织体系建设为重点，持续健全完善覆盖广泛、组织有力的市、区、街乡镇、社区村四级基层治理体系，优化组织设置、强化组织功能。

一是健全优化组织体系。市级层面，结合市级组织机构改革，实行社会工委与民政局合署办公，推动党委工作机关和政府管理部门在组织机构、职能定位和干部队伍上有机融合，实现政出一门抓基层治理。新设市政务服务管理局，作为吹哨报到、接诉即办工作的主责部门，负责组织协调、政策制定、指导监督；将市人民政府便民电话中心更名为市市民热线服务中心，纳入市政务服务管理局归口管理。健全完善承担公共服务职能的市区两级国有及国有控股企业直接参与接诉即办的工作体系。区级层面，结合区级组织机构改革，依托现有城市管理工作体系，将各区城市管理指挥机构调整规范升格为正处级事业单位，明确为接诉即办工作的主责部门，按规定配强工作力量，推动建立健全全市统一的群众诉求办理机构和人员力量体系。街道乡镇层面，推进机构改革，明确赋予街乡镇城市管理、基层治理职能，设置市民诉求处置中心，配备专门工作力量，市、区、街乡镇三级形成了上下贯通的基层治理体系。

二是加强区域化党建。做实区、街乡镇、社区村三级党建工作协调委员会，将物业管理、垃圾分类、小区停车等基层治理难题纳入议事范畴，建立

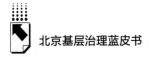
"三个清单""四个双向"① 机制,吸纳 1.4 万余家中央和各级驻区单位共抓基层治理。深化党建引领物业管理,构建社区党组织领导下的居委会、业委会和物业企业协商共治机制,全市共成立业委会(物管会)7807 个,业委会(物管会)组建率、物业服务覆盖率、党组织覆盖率分别达 95.1%、95.3%、98.7%。完善党建引领多元主体参与生活垃圾分类长效机制,党员带头桶前值守,带动群众广泛参与,垃圾分类居民知晓率、参与率和准确投放率分别达 98%、90% 和 84%。

三是强化社区党组织功能。结合换届,进一步提升社区党组织整体功能,到 2021 年底,全市社区"一肩挑"比例达 93.7%,社区书记平均年龄 45.7 岁,大专以上学历占比 96%,全面加强社区党组织对基层治理的领导。深化党建引领民主协商,指导基层修订切实可行的居民公约,完成 150 个社区议事厅示范点和 300 个楼门院治理试点建设,发挥群众自治议事协商作用,组织居民协商解决社区范围内的诉求。深化党建引领网格治理,依托社区划分治理网格单元,推进"热线+网格"模式,把 1.6 万名街巷长、3.6 万名小巷管家和协管员、社区工作者、志愿者等基层力量统一纳入网格化工作体系,统一调度使用,将问题发现、化解在社区,努力实现小事不出社区。

(三)坚持能力引领,全面提升各级组织和党员干部抓基层治理的能力水平

北京市在推进党建引领城市基层治理创新的过程中,始终坚持把街道、社区作为城市基层治理的关键枢纽和基本单元,聚焦打通党的领导落实到基层的"中梗阻"和"最后一公里",做强街道、做优社区、做实队伍,为基层治理放权、赋能、增效。

一是明责放权,推动街道乡镇从"行政末梢"转化为"治理枢纽"。聚焦党的领导落实到基层的中间段,着眼打通"中梗阻",深化街乡镇大部制

---

① 即资源、需求、项目三个清单,需求征集、服务提供、沟通反馈、评价通报四个双向机制。

改革。明确街道 111 项、乡镇 129 项职责，构建简约高效的基层管理体制。街道综合设置"6 室 1 队 3 中心"①，乡镇综合设置"8 室 1 队 5 中心"，实现扁平化管理，建立起面向群众、简约精干的基层组织架构，确保街乡镇聚焦主责主业，集中精力抓党的建设、公共服务、城市管理、社会治理，实现由行政管理型向基层治理型转变。推动区级职能部门将城管执法、卫生健康、生态环境等共计 431 项行政执法职权下放至街道乡镇集中行使，赋予街乡镇通过"吹哨报到"机制组织调度区政府职能部门和公共服务企业快速解决辖区内群众诉求的权力，让街道乡镇真正成为统筹基层治理的"一线指挥部"。

二是下沉赋能，确保基层治理有人抓、能干好。把城市管理监督员、治安巡防队员等 13 个部门 16 类协管员队伍 13 万余人从市、区职能部门下沉到基层一线，由街道乡镇统筹指挥调配。深化"双报到"，推动全市 76 万名机关企事业单位在职党员回社区报到、参与基层治理，每年为群众办实事 80 余万件。坚持党建带群建，推动 81 万名团员常态化回社区参与志愿服务。在全市 42 家党群服务中心建立新就业群体综合服务平台，引导 21.5 万名快递小哥等结合职业特点，深度融入基层治理。把党建引领基层治理纳入党员干部教育培训体系，在市、区两级党校开设专门课程，开发现场教学点和现场教学课程，每年对街道社区党组织书记开展市级示范培训、区级全员轮训；每月组织举办基层治理"月讲坛"，受众累计超 10 万人次。9.9 万个基层党组织"进千门走万户"、办好换届后"开门一件事"，完成实事项目 20.1 万个。各级党政机关和党员干部坚持"眼睛向下""脚步向前"，把群众反映的痛点难点问题作为强化基层治理的着力点，直奔一线摸实情、直面难题解民忧，实现了上级围着下级转、部门围着街乡转、街乡围着社区转、干部围着群众转，解决了一大批群众身边的烦心事操心事揪心事，拉近了与群众的距离，密切了党群干群关系。

---

① 即党群工作、民生保障、城市管理、平安建设、社区建设和综合保障 6 个内设机构，1 个综合执法队，窗口类、平台类和活动类 3 个事业单位。

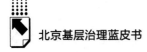

三是减负增效，把社区村党组织打造成有效实现党的领导的坚强战斗堡垒。聚焦打通党建引领的"最后一公里"，强化社区村党组织政治功能和服务功能，推动"吹哨报到"、接诉即办、主动治理向社区村延伸，把群众诉求解决在家门口。梳理社区工作事项，完善工作清单，严格社区工作准入事项，持续开展社区减负行动（见图1），建立社区工作准入机制，确保社区村聚焦主责主业，将主要精力放在解决群众诉求、为群众办实事上。抓好社区治理20条措施落实，稳步推进912个老旧小区改造，完工小区居民满意度达90%以上；重点治理短板弱项，实现全市2627个"三无"小区清零。市财政每年为每个社区党组织安排40万服务群众专项经费，以社区党组织为主渠道统筹整合上级下沉的资金资源；优化社区服务站结构、人员配备和服务职能，推行"综合窗口""全能社工"，实现社区服务7×24全时响应，确保社区聚焦主责主业，有精力、有资源、有能力抓基层治理、为群众办服务。市民纷纷反映，家门口的事有人管、有人办了，发自内心地为身边党员干部点赞。

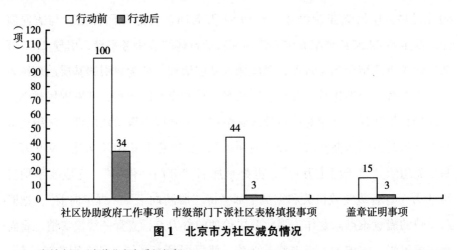

图1 北京市为社区减负情况

资料来源：中共北京市委组织部。

（四）坚持机制引领，持续推动制度优势转化为治理效能

北京市注重运用法治思维，推动"党建引领"入法、配套、成制，细定权责、细化措施，探索管用举措，打通治理堵点，完善运行和保障机制，

实现法律、政策、机制深度有机衔接，推动制度建设和治理效能更好转化融合。

一是推动"党建引领"入法。2019 年以来，北京市先后出台五部基层治理的地方性法规（见图 2），明确写入"以党建引领基层治理创新""构建党建引领社区治理框架下的物业管理体系""文明行为促进工作应当坚持以党建为引领""巩固深化本市党建引领基层治理改革""坚持党建引领'街乡吹哨、部门报到'、接诉即办"等内容，明确规定各级党组织在党建引领基层治理中的权利义务，在全国率先实现"党建引领"入法，为党建引领基层治理赋予权威依据，匡正党组织在基层治理中的行动边界，实现了体制和法治的有机衔接。

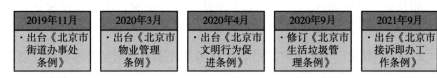

图 2　北京市出台党建引领基层治理地方性法规情况

资料来源：课题组自制。

二是健全配套政策。坚持系统严密、务实管用，推进政策与法律衔接，在地方党委政府法定职权范围内，认真论证评估，广泛征求意见，集体研究审议，先后出台系列政策文件①，对重大改革任务提出原则路径、做出工作部署、强化组织保障，明确各方职权职责、权利义务。市、区、街道乡镇三级围绕落实地方性法规、市委政策文件要求，进一步健全完善配套制度，细化明确具体职责、具体任务、具体措施，先后出台配套制度 830 多项②，细化、补充了上位法规定，初步构建起衔接配套、系统集成、务实管

---

① 包括《关于加强新时代街道工作的意见》《关于深化党建引领"街乡吹哨、部门报到"改革的实施意见》《关于进一步深化"接诉即办"改革工作的意见》等。

② 这些配套制度包括《关于优化提升市民服务热线反映问题"接诉即办"工作的实施方案》《关于构建"七有""五性"监测评价指标体系的实施方案》《关于进一步完善市级部门"三率"考评工作的实施方案》等。

用的党建引领基层治理政策体系，实现了政策与法律的有机衔接。

三是优化完善运行和保障机制。在加强党的全面领导上，建立区委（部门党组）书记月度工作点评、月中专题调度机制，实现"书记抓、抓书记"；建立改革专项小组月度例会、重点任务台账式管理、难点任务专班推进机制，实现"重点抓、抓重点"。在督查督办上，建立市、区两级党委政府督查督办联动机制，健全配套机制①，盯紧重点工作、持续跟踪问效抓落实。在激励约束方面，建立分级分类差别化考评、月度排名通报、组织部门约谈、定期表彰奖励、容错纠错以及监督问责机制，确保责任落实到人、到事、到底。在增强基层党组织功能上，做实党建工作协调委员会、在职党员和党组织"双报到"、党员干部常态化下沉、党组织领导下的业委会（物管会）和物业企业协商共治、社区民主协商议事等机制，逐步构建起党组织领导下的多元共治格局。

2019~2021年，北京市12345市民服务热线来电数量呈递增态势，而市信访办接待来访总人次、集体访人次连续3年实现两位数下降。据市统计局调查，2021年全市党建引领基层治理满意度为95.5%，居民对党建引领疫情防控、垃圾分类等工作好评度超过98%。北京市通过加强党建引领，探索了超大城市基层治理的新路径，形成了贯彻以人民为中心发展思想的新实践，走出了新时代群众路线的新范式，实现了党和政府应考能力的新提升，以人民满意的实际成效书写着人民至上的"首都答卷"。

二 经验启示

经过4年多的不懈探索，党建引领基层治理已经成为首都各级党组织和广大党员干部的共识，正在引发首都超大城市基层治理体系和治理能力的系统性、全局性变革，改革过程中积累的宝贵经验、蕴含的深刻启示值得深入总结。

---

① 配套机制主要包括日常联合督办、月度会商研判、季度抽查核验、"回头看"等。

（一）政治引领是方向引领、旗帜引领

"提高社区治理效能，关键是加强党的领导"。北京市在推进党建引领基层治理改革中，始终牢牢把握坚持和加强党的领导这条主线，确保了正确政治方向，取得了良好政治效果。实践证明，党建引领基层治理，政治引领是方向引领、旗帜引领，始终坚持把党的领导贯穿基层治理全过程、各方面，从政治上定位、谋划和推进基层治理，坚持政治领导，把准政治方向，确保政治效果。

（二）组织引领是基础引领、体系引领

党的力量来自组织，组织能使力量倍增。北京市在推进党建引领基层治理改革中，持续健全覆盖广泛、组织有力、有机融合的基层党建工作体系和基层治理组织体系，有效发挥了组织的力量倍增作用。实践证明，党建引领基层治理，组织引领是基础引领、体系引领，必须坚持以党的组织体系建设为重点，横向纵向一起抓，推动基层党建与基层治理有机结合、深度融合，为基层治理提供坚强保障。

（三）能力引领是核心引领、关键引领

北京市在推进党建引领基层治理改革中，始终坚持以能力建设为切入点和突破口，推动基层党组织的领导力、服务力、影响力不断提升，基层党员干部队伍提振了精气神，焕发了新活力。实践证明，党建引领基层治理，能力引领是核心引领、关键引领，必须强化问题导向和干事创业导向，推动各级党组织和党员干部自觉提升能力，勇于直面问题，想干事、能干事、干成事，不断破解治理难题。

（四）机制引领是长效引领、根本引领

北京市在推进党建引领基层治理改革中，始终注重总结实践经验、固化基层创新，着力从体制机制层面理顺关系、强化责任，为基层治理提供了长

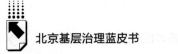
效支撑。实践证明，党建引领基层治理，机制引领是长效引领、根本引领，必须坚持法治思维，将制度机制建设贯穿基层治理的全周期、全领域，用制度机制固化成功经验、汇聚实践成果、推动工作落实，以制度机制的刚性确保基层治理规范有效、行稳致远。

参考文献

1. 全国党的建设研究会编著《中国化的马克思主义党建理论体系概论》，党建读物出版社，2021。
2. 北京市党的建设研究会主编《北京党的建设研究报告（2021）》，社会科学文献出版社，2021。
3. 北京市党的建设研究会主编《北京党的建设研究报告（2020）》，社会科学文献出版社，2020。
4. 北京市党的建设研究会主编《北京党的建设研究报告（2019）》，社会科学文献出版社，2019。
5. 北京市党的建设研究会主编《北京党的建设研究报告（2018）》，社会科学文献出版社，2018。

B.10

接诉即办数智化转型的
北京实践与发展路径[*]

孟天广　常多粉　严宇　李珍珍[**]

摘　要： 政务热线数智化是我国国家治理体系和治理能力现代化建设的必然要求。北京市政务热线数智化转型已采取拓展"网上12345"、提升热线系统智能化运营水平、运用大数据辅助科学决策和精准施策等措施，实现了全面感知民意、强化协同治理和辅助决策施政，未来将朝着全面接诉、全程支撑、全链提升和全量分析的方向迈进。本报告从接诉、办理、评估、治理四个环节系统梳理了北京市政务热线发展面临的挑战，分别对应诉求的接听、工单的流转与处置、诉求办理的质量检查与考核激励，以及基于热线数据的问题诊断与辅助决策。未来需搭建完善的政务热线数智化运营体系、建立政务热线数智化的决策辅助体系、开拓完整的政务热线数智化应用场景和实施坚实的政务热线数智化保障措施等。

关键词： 接诉即办　数智化转型　北京实践　辅助决策

---

* 本文是北京社科基金项目"接诉即办数字化转型研究"（项目编号：22ZGA001）的阶段性成果。

** 孟天广，清华大学社会科学学院副院长、数据治理研究中心执行主任、长聘教授，研究方向为中国政府与政治、大数据政治学等；常多粉，清华大学社会科学学院博士后、中心项目研究员，研究方向为大数据政治学；严宇，清华大学社会科学学院博士后、中心项目研究员，研究方向为大数据政治学；李珍珍，清华大学社会科学学院博士后、中心项目研究员，研究方向为大数据政治学。

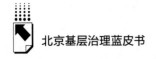

一　政务热线数智化是治理能力现代化的必然要求

国务院《关于加强数字政府建设的指导意见》（国发〔2022〕14号）强调"充分释放数字化发展红利""全面开创数字政府建设新局面"[①]。政务热线是我国数字政府建设最为成功的一个实践，发挥着政民互动的"连心桥"和社会治理的"连接者"的作用，同时，海量热线工单也逐渐成为辅助政府决策的重要数据富矿。政务热线发展需要各方的通力合作，将新兴数字智能技术与政务场景深度融合，打造出智慧、高效、便捷的现代城市治理"总客服"。

回顾政务热线的发展历程，大体可分为三个阶段：信息化阶段、数字化阶段、智能化阶段。"信息化孕育阶段的政务热线主要作为倾听民众声音、处理居民难事的渠道，但热线数据背后治理价值较少被挖掘。"[②] 数字化发展阶段的政务热线数据背后的社会价值开始得到重视，并用以发现社会问题，辅助政府科学决策。智能化升级阶段的政务热线强调智能算法的赋能，充分释放数据红利，推动传统城市治理向精细化、精准化和智能化全面升级。

随着互联网、物联网、人工智能等新一代数字技术的快速迭代与普及推广，技术赋能逐渐融合数字化和智能化的双重特点，在政务热线发展过程中起到重要推进作用。政务热线数智化强调资源整合，优化政民互动形式，创新治理模式，重塑服务流程，发挥着社情民意的"传感器"、协同治理的"接驳器"和决策施政的"信息港"等作用。

二　北京市政务热线数智化转型面临的挑战

北京市实施的是以接诉即办为依托的"人感城市"治理模式，凸显数

---

① 参见国务院《关于加强数字政府建设的指导意见》，2022。
② 孟天广、黄种滨、张小劲：《政务热线驱动的超大城市社会治理创新——以北京市"接诉即办"改革为例》，《公共管理学报》2021年第2期。

字化时代北京市数字政府建设和数据治理的特色。接诉即办改革贯穿"以人民为中心"的城市治理理念,以"民诉""民情""民意"等"人感数据"作为理解城市运行规律、启动社会治理改革、评估治理改革、深化治理改革的动力源,构建出不同于物感城市的新型智慧城市类型——人感城市。政务热线业务流程可大致分为接诉、办理、评估、治理四个环节,分别对应诉求的接听、工单的流转与处置、诉求办理的质量检查与考核激励,以及基于热线数据的问题诊断与辅助决策。

(一)接诉

政务热线承担着城市政务服务"总客服"的角色。当前,热线在诉求承载能力的科学分配、诉求接听和诉求识别等方面仍然面临一系列挑战。

第一,诉求量激增,增加了政务热线负荷。一方面,单一渠道、信息过载,弱化了政民互动能力,跨部门和跨地区热线归并有待推进。另一方面,政务热线网络渠道运用不足,建设缺乏总体规划,导致各渠道管理标准不一致、渠道之间融合度低等问题。数字弱势群体(如老年人和残障人士)对电话式的传统热线更为依赖,热线归并和网络渠道运用不足、客观上增大了热线电话的接入压力。

第二,存在话务服务供需矛盾、座席设置和工作方式机械化等管理问题。座席人员配备不足,接线员服务质量参差不齐,部分接线员存在专业知识与接听技能缺失的问题,接线员流失率较高,导致话务服务供需矛盾增大。座席设置和适应性调试能力弱,座席班次相对固定、周期性密集诉求预备不足,易出现热线接入挤兑、增大接诉压力。

第三,热线的政策知识库建设存在疏漏导致诉求识别不准等问题时有发生。一方面,政策知识库精细程度和更新效率不足,政策知识库存在着分类标准不清晰、不全面的问题,且部分政策知识库更新不及时,导致出现热线办理与政策规范相冲突的状况。另一方面,合理、规范识别诉求的压力持续增加。随着政务热线更为广泛地应用于社区和乡村事务的解决,大量非合理诉求和倾诉进入。

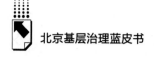

（二）办理

政务热线的服务工作通常可以分为咨询类和办理类。咨询类服务大多是对市民的政策疑问告知解释，可在座席侧闭环完成。办理类服务则需要通过座席转派至各委办单位具体处理。

第一，全面准确把握诉求地理信息难度较大。由于热线没有来电点位自动标注功能，市域地理信息庞大，接线员在实际服务过程中与来电人核对细节耗时长。同时，很多工单无法一次派发完成，还需要承办单位进一步转发给下游单位，这个过程称为转单。转单过程并不在政务热线的业务范围以及指导干预能力之内，因此一旦涉及转单，服务质量与闭环处理的保障难度就更大，可控性更弱。

第二，市民诉求与办理部门之间的对接仍存在多个薄弱环节。许多诉求内容需要多部门协同处理时，难以精准定位最合适的办理部门，且各部门在承接政务热线转办诉求后无法形成有效联动。"各部门各层级间数据共享度低，信息传递不畅，对最新政策的更新步骤不统一"①。政务服务热线与紧急事件求助热线的衔接工作仍存在挑战。

第三，回访环节目前面临不少技术层面的挑战，无法真实有效地反馈政务热线的办理质量。目前回访问题主要由简单问题构成，然而现实中热线诉求的办理可能涉及多种情况，市民难以通过回答简单问题来全面表达对办理工作的意见，回访过程中存在一定数量的针对相关业务部门或工作人员的"恶意反馈"，导致回访机制的功能效应减弱。

（三）评估

评估包含对接线员提供服务的质量检验和对委办单位在工单处置方面的绩效考核。

---

① 马超、金炜玲、孟天广：《基于政务热线的基层治理新模式——以北京市"接诉即办"改革为例》，《北京行政学院学报》2020 年第 5 期。

第一，受人力成本制约，热线质检不仅在及时检查接诉服务过程上存在明显缺漏，在对接诉服务进行事后总体质量评估上也有着许多不足。如难以对接诉服务过程开展及时质量检查，热线服务数据是以语音为主要内容的非结构化数据，在缺少先进质检技术的情况下，需要质检人员依据个人经验进行评估，完全不具备批量扫描质检的可行性；难以对热线服务体系进行全量质检评估，目前政务热线系统主要依靠抽检的形式对话务进行质检评估，难以避免抽样偏误。第二，政务热线诉求中存在不少涉及政府督办的重要线索材料，对社会稳定和政府执政隐患排除有着重要意义。面对海量诉求，重要线索的前置提醒功能十分重要，有助于督办单位在众多诉求中发现群众"急难愁盼"事项，推进重点事项优先处理，保障难点事项有序治理。热线考核评估体系权威性不强，在民生服务方面，由于不同区域、不同部门的职能设计客观上存在明显的差异，因而在没有行政一把手的强力支持下，以热线数据为基础、统一考核指标体系在实施方面仍存在反对意见。

（四）治理

基于热线数据治理的相关挑战存在于问题诊断与辅助决策两个方面。

第一，政务热线数据汇集度低、数据质量不高、数据挖掘能力有限等问题制约了当前热线数据价值的充分发挥。调研显示，在归并过程中仍存在数据归口不统一的困难。行业热线的分类标准与统一热线的分类标准存在差异，导致行业主管部门需要在两套分类标准之间进行"转译"，降低服务效率。市民通过热线反馈问题时，向政务热线接线员提供有偏误、不准确的信息，同时接线员也有可能标记错误。自动化分析深度受限。多数城市虽采购了自动化数据分析解决方案，但其落地运行仍有明显的不足之处，如分析主题固化，仅能够对市民来电进行简单计量分析，缺乏典型案例等。

第二，"根据紧急和重要程度两个维度将诉求问题划分为紧急且重要、短期难以解决但重要、紧急但影响小、不紧急且不重要，根据问题类型优化调整政府的资源分配和议程设置，让能办的问题必须办，难办的问题催着

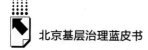

办,办不清楚的问题明白办。"① 政务热线充分赋能城市管理决策,除了对政策热线数据进行深度揭示,还需要借助公共管理和政治学的理论分析框架,以及参考委办部门包括基层的治理经验。融合数据、理论和经验三个方面的知识,才能提出具有针对性、理论性和实操性的决策建议。只有准确把握风险的概念内涵,才能得到可量化的风险值。

三 北京市政务热线数智化转型的发展路径

面对政务热线发展存在的挑战,数智化转型已成为热线系统突破当前发展瓶颈、实现整体提质增效的重要手段。数智化转型要求激活"技术赋权""技术赋能"和"集体赋智"三大机制:技术赋权即推进数字技术对社会大众赋权,提升大众社会参与和协同能力;技术赋能是利用海量数据帮助政府提高科学决策、预测研判和精准施策能力;集体赋智是政府与社会力量协同共治,借由充分沟通和协商民主的机制,形成破除复杂治理难题的解决方案。

(一)搭建完善的政务热线数智化运营体系

政务热线数智化运营体系涉及技术升级、人员管理、标准体系等多个维度,北京市政务热线数智化转型可涵盖语音助手、知识库建设、智能座席管理、智能派单等多个方面。

1. 智能语音助手

智能语音助手是以自然语言处理为核心模块的文字转换、语义判断、内容自动提取工具,实现对来电人口头表达的即时文字转换。该技术可以自动识别来电人的基本信息,支持自动提取关键字段以供接线员进一步筛选、编辑、点选,大幅提高接线员的填单效率。智能语音助手还可识别来电人的语

---

① 孟天广、黄种滨、张小劲:《政务热线驱动的超大城市社会治理创新——以北京市"接诉即办"改革为例》,《公共管理学报》2021年第2期。

义和语境，自动为接线员实时给出话术指引，自动启动跨语种实时翻译功能，启动适老化、适残化应用（比如自动提高外放音量或话筒音量），提供虚拟手语翻译等，以提高特殊场景下的服务效率。

2. 智能知识库

智能知识库是政务热线的数智化基础设施。智能知识库利用"互联网+热线"建设，向社会公众开放智能查询服务，实现咨询智能应答和群众诉求"一键查询"。智能知识库基于来电人的历史查询日志，对来电人提出的问题场景、关键字等进行标注，生成来电人的个人资料库，热线平台后续也可根据来电人的历史信息对其进行精准的个性化知识推荐。通过与社会服务、市政企业等日常生活场景中的知识信息系统联动，通过将群众需求与社会服务、市政企业进行精准匹配，在典型生活领域发展就近智能派单，在某些专题领域实现与社区、家政等直接联动，提高社会服务效能，密切政府、市场、社会多主体互动关系。

3. 智能座席管理

智能座席基于智能算法结合专业的劳动力管理模型，根据呼入量规律、班次人力模板，形成动态的月度排班计划。班组管理方面，智能座席可以实现对时段、功能、作业全过程的动态管理。在工作期间，智能座席还会实时关注话务接通率、在线答复率、工时利用率、知识库利用率等关键性业务指标，及时发现管理薄弱点，采取有效措施。员工管理方面，智能座席系统支持员工在系统上申请加班、申请休假、预置班次、自行换班等，减少排班者工作量。系统还支持管理者查询员工排班计划和休假计划，通过日程表的形式直观展现员工到岗情况，便于管理者从容应对人员需求的意外变化。

4. 智能辅助派单

智能辅助派单技术的核心是自动生成派单点位和办理单位的推荐概率，当推荐概率达到设定阈值时，系统将自动派单到某一点位的相应办理单位。智能辅助派单技术主要涵盖派单数据预处理和派单模型训练两大功能。派单数据预处理主要解决智能派单模型所依赖的数据质量问题，对精确数据的预

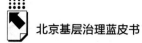

处理可以最大限度提高派单模型的精准度，尤其是派单点位和承办单位的精准性。派单模型训练在派单数据预处理的基础上，用几种常见的算法对数据进行模拟测试，以确定配适度最高的算法模型。该功能的核心目的是利用不断更新的数据和配适的算法模型保证系统推荐派单点位和承办单位的精准性，从而减轻人工座席的服务压力，提高人工介入的办理质量。

5. 智能联动

智能联动技术利用算法处理前期业务系统中积累的诉求数据，形成精准度最高的诉求内容识别机制，重点包含内容紧急程度识别、情绪识别和模糊内容的优先要素识别三大功能。具体而言，内容紧急程度识别主要是指利用算法对诉求文字或语音进行处理，识别出诉求背后的真正风险和问题。在所接收的诉求内容输入后，系统会在算法处理后形成预警提示，对于风险性达到阈值的诉求，系统会直接将其转至紧急事件求助热线，以提高相关部门介入的效率，降低不良后果的发生概率。内容优先要素识别旨在将一个相对复杂的诉求对接至一个最为核心的办理部门，并向该部门推荐其他协作部门。算法可以针对内容复杂的诉求，生成围绕某个核心办理单位的办理网络图，系统将自动派单至中心单位并向该单位推荐相关配合单位，减少因诉求问题复杂出现派单难情况。

6. 智能回访

智能回访技术是依托人机交互系统，对来电人进行"点对点"回访。回访计划管理旨在利用人工智能技术对来电人反馈的语音或文本进行识别，通过对历史大数据进行算法处理，自动形成一系列回访步骤和话术，包括恰当的回访时间点、合适且有效的回访问题等。当来电人反馈的内容简单明确时，反馈信息将直接进入工单办理结果系统；当内容复杂且触发办理单位的责任时，系统将基于反馈信息进一步生成更多细节问题；当系统无法继续回应来电人的反馈时，将触发人工回访机制。回访计划管理功能通过设置匹配来电人诉求内容的回访计划，使来电人在得到完整的办理服务后再进行意见反馈。

7. 智能质检

智能质检的发展有助于构建热线接诉办理的标准化操作流程。其不仅能评估接线员的操作水平，还可以识别出他们的业务知识短板，进而为个性化的话务培训提供基础。在技术选择上，智能质检通常采用语音转写技术+策略辅助模式来实现通话录音全量质检，质检内容包含关键词识别技术、情绪检测技术、静音检测技术、语速检测技术等。但就技术应用而言，在全国范围内，多数城市的政务热线质检水平仍停留在人工质检阶段，尚未向智能质检转型。场景化质检目前仅在部分头部科技公司的热线进行前期实验，是最新的一代智能质检，可以识别顾客在每通对话中的全部意图，并根据顾客线索信息自动判断出最优方案。场景化质检是智能质检的最前沿探索，对智能技术与热线知识库建设都有极高的要求。

8. 智能督查

智能督查以提高服务效能和群众满意度为核心目的，利用智能技术建立民意跟踪监测机制，实现对热线工单的分级分类管理。智能督查主要包括两个方面的内容。一是彰显热线督查效能，基于热线诉求办理与市民反馈情况，督促承办单位提速提质，对回访结果为不满意的工单自动发回承办单位重新办理。二是彰显政府督查效能，及时发现线索问题工单，在对诉求分级分类的基础上，建立日常督办、重点督办、专班调度、执纪问责等分级督办机制，通过搭建督查单位与承办单位之间的实时联结，及时弥补政府治理缺失、提高政府办事效率。

（二）建立政务热线数智化的决策辅助体系

政务热线数智化的决策辅助体系主要包括考核体系、数据驾驶舱和数据分析报告等方面，从而起到循数感知、依数决策的作用。

1. 标准化热线考核体系

在热线考核体系构建实践中，由于各个职能单位存在较为明显的基础条件差异，对热线考核体系的指标设置与权重分配大多也存在明显区别。因此，热线考核体系虽已建立但仍不能完全起到对承办单位的督导作用。总的

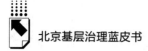

来看，除了地方党委政府领导的重视程度外，热线指标合理与否是标准化热线考核体系能否最终得到职能部门认可的主要因素之一。更为全面的标准化考核体系需要参考诉求处置的难易程度、委办单位的治理基础条件等多个维度，形成指标权重，同时争议性工单需引入智能+人工申诉复核机制，以确保最终考核成果有效。

2. 数据驾驶舱

数据驾驶舱把热线系统各环节的运行数据采集汇总，借助自身的经验知识库、关联分析能力、数据建模能力、数据可视化能力，对诉求发生的规律进行快速分析研判，推动各环节业务协同快速运转，支撑领导决策。数据驾驶舱主要涵盖几大功能。一是基于大数据的业务画像分析，即以公众投诉和咨询数据为基础，对区域、单位、投诉人、座席等进行分析，从中发现业务问题。二是仿照地理信息系统，在地图中展示各种诉求的热度，让统计更直观。三是挂图作战，即基于全域诉求受理、处办情况数据，建立指标分析模型，将数据形象化、具体化，便于领导面向各层级进行指挥调度。四是社会舆情分析，即通过汇聚互联网、电话等渠道的市民诉求数据，自动摘要有价值的信息并线索化，进一步聚焦舆情热点、捕捉传播路径，从而帮助政府实时了解市民舆情动态。

3. 常态化数据分析报告

数据分析报告通常包括常态化分析报告与专题分析报告，其中常态化分析报告的数智化技术应用程度较高。利用大数据分析技术对数据加载、清洗、分析、机器描述等做自动化处理，高效完成诸如日报、周报等常态化报告的自动化撰写。对于常态化报告的形式，业务专家可以根据不同业务场景及相应的背景知识制作并建立报告模板。数据分析系统根据报告模板，对多模态数据进行加载与预清洗，并使用报告模板配置中的要求，对数据进行不同维度的统计分析，得出报告需要的结构化结果数据。然后，系统将结果数据传递到数据可视化模块，进行更直观的可视化呈现。最后，系统借助自身的语料库、模型库、知识库等，导出一份由业务专家定义出的分析报告。

（三）开拓完整的政务热线数智化应用场景

从北京市的实践来看，政务热线数智化环节及其核心模块大同小异，但是不同层级和不同区域的政务热线数智化建设存在一定差异。从层级来看，各区街乡镇政府的数智化需求重点不一样。首先，市级热线侧重跨区的监督考核，通常不负责业务的受理，即使有受理，也仅配备少量的话务员，且其主要负责一些跨区业务的受理。因此，热线数智化主要涉及建设监督考核系统，对不同区根据热线统计结果进行排名。其次，北京市数智化转型探索早、发展成熟，而且大多涉及接听、办理、审核、回访等业务环节，已初步实现这些环节的数智化。最后，北京市个别区率先设立了独立热线，相对其他区县形成突出的比较优势。区县热线及其数智化的重心是赋能基层治理，打通服务群众的"最后一公里"。相比于市级热线通常只链接到区县或者街道，区县热线系统能直接链接到社区和网格员，帮助一线处置单位和人员实时查收信息、现场勘察、及时处置，让群众诉求在区县热线系统中闭环处理，不用进入地市热线系统。

政务热线及其数智化治理场景分为两类，即常态化治理场景和应急性治理场景。常态化治理场景指营商环境、交通管理、教育管理、社区服务、劳动与社会保障等非紧急领域。对市民长期反映的共性问题和难点问题，政府可以借助热线数据的数智化分析结果，开展集中治理与攻坚治理。应急性治理场景指发生疫情、自然灾害或者社会不稳定等紧急情况下的治理领域。这些领域可能会出现市民突然高频反映风险问题，需要通过科学的指标体系筛选出风险线索和不稳定因素，帮助政府及时响应、有效处理。实现两类场景治理并行不悖，是政务热线及其数智化转型的重点领域。

（四）实施坚实的政务热线数智化保障措施

政务热线已经开启数智化转型并取得初步进展，但是仍存在一些问题需进一步改进。

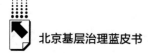

进一步加大北京市政府对数智技术与大数据的特性理解。北京市政务热线作为推进政民互动、提升政府吸纳能力与回应能力的重要渠道，能够通过民情感知、考核倒逼的方式，提升政府治理效能。政府需要认识到政务热线的数智化硬件系统部署并不能一劳永逸地解决热线发展所面临的问题。以智能辅助派单为例，智能派单算法的"精准性"常常建立在"正确"的数据集基础上，政府根据自身的职权清单和事项清单，对来电"打标签"以得到准确的训练集，据此进行智能派单。

进一步促进北京市跨企业、组织、环节的技术标准对接。政府需从以下三个方面应对这些挑战。一是统一技术服务标准，将不同政务热线购买的不同公司技术服务进行统一和对接，避免热线归并过程中的技术标准打架状况。二是在政务热线建设过程中，保证运用一体化标准管理后续技术整合问题。避免不同建设环节被分包给不同市场主体引发组织对接问题。三是促进不同代际技术之间的标准和管理模式兼容，坚持平台建设、技术发展等已纳入的全新技术标准，舍弃或升级旧有的平台和数据。

进一步通过社会招聘增加北京市政务热线座席，降低客服团队离职率。目前，北京市政务热线将座席客服的招聘和管理委托给第三方服务机构，并向其支付一定费用。此类用工模式对政务热线服务的数智化应用带来一定挑战，客服人员流动率高。不断加强对新员工的培训和考核，降低离职率，有利于减少客服团队的管理成本，提高客服团队的服务质量。

进一步建立合理规范的北京市政务热线数智化评估指数体系。北京市政务热线数智化水平应在测量与比较基础上，发现数智化转型方向设定、过程执行、技术嵌入和场景应用等方面的具体问题，从而提出详细的解决方案和发展建议。政务热线行业的数智化评估指标体系能够为政务热线数智化水平的测评提供基本框架，不同层级、区域的政务热线可结合评估结果和自身发展侧重点，有针对性地进行数智化转型。

参考文献

1. Hu, Q., Zheng, Y., "Smart City Initiatives: A Comparative Study of American and Chinese Cities", *Journal of Urban Affairs*, 2021, 43 (4): 504-525.

2. Ma, L., Christensen, T., Zheng, Y., "Government Technological Capacity and Public-private Partnerships Regarding Digital Service Delivery: Evidence from Chinese Cities", *International Review of Administrative Sciences*, 2021.

3. Meng T., Yang Z., "Variety of Responsive Institutions and Quality of Responsiveness in Cyber China", *The China Review*, 2020, 20 (3): 13-42.

4. Schwester R. W., Carrizales T., Holzer M., "An Examination of the Municipal 311 System", *International Journal of Organization Theory & Behavior*, 2009, 12 (2): 218-236.

5. Welsh W., "Integrators Answer the Call for 311 Services", *Washington Technology*, 2001, 16 (13).

6. Zeng Y., Zhang Q., Zhao Q., Huang H., "Doing More among Institutional Boundaries: Platform-enabled Government in China", *Review of Policy Research*, 2022.

7. Zheng, Y., Ma, L., "How Citizen Demand Affects the Process of M-Government Adoption: An Empirical Study in China", *Electronic Commerce Research*, 2021, 22 (4): 1407-1433.

8. 北京大学课题组、黄璜:《平台驱动的数字政府:能力、转型与现代化》,《电子政务》2020年第7期。

9. 黄璜:《中国"数字政府"的政策演变》,《行政论坛》2020年第3期。

10. 马超、金炜玲、孟天广:《基于政务热线的基层治理新模式——以北京市"接诉即办"改革为例》,《北京行政学院学报》2020年第5期。

11. 马亮:《数字政府如何降低行政负担?》,《行政管理改革》2022年第9期。

12. 孟天广、黄种滨、张小劲:《政务热线驱动的超大城市社会治理创新——以北京市"接诉即办"改革为例》,《公共管理学报》2021年第2期。

13. 张革、张强主编《北京接诉即办改革发展报告(2021~2022)》,社会科学文献出版社,2022。

14. 郑磊:《城市数字化转型的内容、路径与方向》,《探索与争鸣》2021年第4期。

B.11

数字化视角看"接诉即办":
数据驱动的城市社会治理创新[*]

孟庆国　张　楠　吴金鹏[**]

摘　要： 北京市多年来持续探索社会治理的数字化转型实践，形成了独具特色的接诉即办模式，通过政务数据的汇聚、共享、利用，提升政府治理能力，驱动城市社会治理创新。接诉即办通过热线整合、机制创新、数据分析、考评制度方面的数字化创新，实现社会治理赋权、赋能、赋智和回应性、服务性、整体性政府建设。接诉即办改革中的"热线+网格"模式是以数据共享促进主动治理，通过统筹管理、业务联动、风险预警的运作机制，实现城市治理的智慧化和主动性。未来发展应该遵循系统性战略统筹、整体性机制改革、协作性技术优化三条路径。

关键词： 接诉即办　数据驱动　社会治理

一　引言

党的十八大以来，我国持续从"社会管理"转向"社会治理"。随

---

[*] 本文系北京市社会科学基金重大规划项目"热线+网格融合机制研究"（编号：22ZDA02）阶段性成果。本研究得到清华大学城市治理与可持续发展研究院首都高端智库经费资助。

[**] 孟庆国，清华大学公共管理学院教授、博士生导师，清华大学计算社会科学与国家治理实验室执行主任，研究方向为数字治理与政府创新；张楠，清华大学公共管理学院教授，清华大学计算社会科学与国家治理实验室副主任，研究方向为数字政府与政策信息学；吴金鹏，清华大学公共管理学院博士后、助理研究员，主要研究方向为城市治理。

着大数据、云计算、人工智能等技术的快速发展，引入数字技术优化社会治理方式成为政府改革创新的首要选择。2015年国务院发布的《促进大数据发展行动纲要》提出将大数据应用于社会治理创新，建立"用数据说话、用数据决策、用数据管理、用数据创新"的管理机制。2021年7月，中共中央和国务院发布《关于加强基层治理体系和治理能力现代化建设的意见》，强调"加强基层智慧治理能力建设"。2021年12月，《"十四五"推进国家政务信息化规划》提出坚持数据赋能，提高治理效能。2022年6月，《国务院关于加强数字政府建设的指导意见》提出"建立健全大数据辅助科学决策机制……充分汇聚整合多源数据资源"。数字技术驱动社会治理改革从"提供技术支撑"向"重塑社会治理体系、赋能政府和社会主体"转型。

北京市多年来持续探索社会治理的数字化转型实践，形成了独具特色的"接诉即办"模式。"接诉即办"经历了"吹哨报到""接诉即办""未诉先办"三个阶段，当前改革进入以大数据汇聚和分析实现主动治理、预防治理的关键时期。庞大的诉求量占用大量的行政资源，造成公众诉求与政府可承载力之间的矛盾，基层治理面临巨大挑战。在此背景下，北京市探索建立"热线+网格"为民服务模式，围绕"七有""五性"检测评价指标体系，以市民诉求为导向、以网格平台为依托，发挥源头治理、主动治理、科技赋能优势，从源头减少市民投诉，提升市民满意度。"热线+网格"融合的社会治理模式，本质上是通过政务数据的汇聚、共享、利用，来提升政府治理能力。北京市"接诉即办"改革为数据驱动的城市社会治理创新，提供了可资借鉴又极具推广意义的重要思路和手段。

二 "接诉即办"中的数字化创新

"接诉即办"改革经历了从"吹哨报到"到"未诉先办"的跃迁，数字化创新起到了关键支撑作用。街道和社区在社会治理的最前沿，往往最了

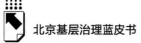

解老百姓各种诉求，也最容易接触到基层的问题，但在解决百姓诉求的时候也最缺少行政资源和执法权力。街乡"吹哨"，市级、区级的相关职能部门"报到"，依托12345数字化平台，便形成了"接诉即办"基层诉求快速响应、上下联动工作机制，进而提升居民获得感和满意度。

（一）北京市"政务热线"的数智化发展

1. 政务热线整合与网络渠道扩展，实现群众诉求全渠道受理

北京市建设12345数字化平台。一是整合热线资源。12345市民服务热线整合了包括市场监管热线12315、知识产权热线12330、各区各街乡原有的咨询热线在内的64条政务便民服务热线，将全市16区、65个市级部门、343个街乡镇、48个公共服务企业和60个"绿通"企业全部接入，开通企业服务热线功能，实现全市全口径的群众诉求事项的数据统一。二是打造网上平台。开通微博、微信、北京通等15个网络受理渠道，完善涵盖政府网站、政务新媒体的统一互联网"接诉即办"工作平台，构建起统一全面、高效联动的"接诉即办"网上工作体系。热线整合与网络渠道有利于实现全渠道受理群众诉求，市区街相关单位24小时支持服务，"接诉即办"的互动力服务力不断提高。

2. 业务平台数字化升级，实现精准派单和实时督办

北京市12345数字化平台利用AI引擎，实现多部门同步承接诉求。按照管辖权属、职责清单，实现诉求分类派单，派单精准度大幅提升。完善12345业务受理系统，提升应答、派单、回访等业务全流程的智能化水平。受理子系统包括来电自动弹单、历史工单关联、多条件工单查询、多格式工单导出、工单明细流转查看等功能。派单子系统包括派单管理、退回审核管理、回复审核管理、疑难工单管理等功能，支持诉求直派街乡镇、逐级派单、派单跟踪等。办理反馈系统包括工单回复申请、延期申请、退回申请、办理信息填报、工单转派、定制回复模板等功能。回访子系统包括回复任务分派管理、回访处置管理、回访查询管理等功能，支持对接语音回访、短信回访、网络回访，支持回访话术提醒、回访结果快捷记录。催办督办子系统

包括工单到期前催办管理、超期后督办管理、协同告知管理等功能，实现日常督办、实时督办、"随交随督"等工作的自动化，以及挂账进度线上公示等。2020年建设智能辅助工作平台，其中，座席360°导航仪系统包括智能分类推荐、快捷话术推荐、关键词提取、地址自动补全等功能，能够完成1000多种三级分类的问题推荐，实现毫秒级响应。标签管理系统包括市民标签、客服标签、承办单位标签等功能，目前已建立24个市民一级标签、461个二级标签，92个客服标签和110个承办单位标签。问答知识库系统包括知识门户、知识创建、知识互动、知识检索等功能，累计创建13类128项知识分类，涉及14.57万条知识条目。

（二）"接诉即办"机制创新，提升社会治理效能

1. 优化数据收集和分析，加强社情民意感知

北京市12345汇聚电话和网络渠道的海量数据，形成市民反映问题、诉求的数据库，丰富基础性治理资源。有效分析政务热线海量数据有利于辅助政府管理和决策。一是坚持和完善"日通报、周汇总、月分析"机制，并围绕诉求热点、突发事件和基层治理痛点开展调研分析，如以职能交叉、权属不清、多头无头类诉求为"小切口"形成改革措施意见。二是借助大数据和人工智能技术，增强数据分析和应用的精准性。如2019年上线挂图作战平台，包括三率指标模型、决策分析模型模块、决策分析算法模块、指标体系管理模块、决策可视化展示模块、内容编排管理模块、诉求综合统计模块，辅助政府治理。

2. 完善运作和考评机制，实现协同治理

12345数字化平台研发多部门同步承接诉求的功能，按照管辖权属、职责清单进行分类派单，缩短"条""块"衔接周期。实施首接负责制，对于市民反映的问题，通过吹哨报到工作机制和"部门+行业"考评，使市级行业主管部门发挥统筹协调、业务指导作用，使各单位闻风而动、接诉即办，形成服务群众的快速响应机制和"难事条块共同办"的工作格局。

2020年上线监督平台。其中，多级评价子系统包括市级座席员考评、

各区分中心考评、各公服企业考评、各街乡镇考评、各委办局考评展示等功能。热线管家子系统包括诉求承办情况展示、重点类别诉求展示、各单位承办情况展示、工单详情查看等功能。座席监控台子系统包括热点诉求展示、典型案例展示、诉求集中敏感词云图、诉求分布热力图展示等功能。

（三）"热线+网格"融合，实现向"未诉先办"转型

北京市"接诉即办"取得积极成效的同时，也存在不少共性的、疑难的"硬骨头"，如"七有""五性"民生难题解决率有待提升，接诉总量快速增加造成政府工作量过大。2021年12月，《关于推动主动治理未诉先办的指导意见》印发，"接诉即办"改革进一步深化，转向"未诉先办"和"主动治理"，这要求政府必须提升发现和解决问题的能力，"热线+网格"融合应运而生。2020年12月，北京市城市管理委员会和政务服务管理局联合印发《关于建立"热线+网格"为民服务模式的指导意见》，确立协同治理、主动治理、智慧治理和长效治理的工作内容，推出加强组织领导、落实各项保障、制定工作方案、强化宣传激励的保障措施。2021年9月，《北京市接诉即办工作条例》实施，提出"在接诉即办工作中应充分发挥网格化管理作用，及时发现问题，主动解决问题"。2022年2月，首都精神文明建设委员会办公室、北京市城市管理委员会和市政务服务管理局联合印发《关于深化"创城+热线+网格"联动创建机制的指导意见》，提出通过主动治理、联动治理、长效治理，实现"接诉即办"、"未诉先办"和专项整治的协同推进，建设更高水平的文明城市。北京市政策出台后，各区积极响应，因地制宜地开展"热线+网格"治理实践。如通州区于2020年率先出台《通州区"热线+网格"为民服务工作实施方案》，顺义区于2021年出台《顺义区"热线+网格"为民服务工作实施方案》。

网格化治理将特定行政区域划分为若干网格作为基本治理单元，建立网格化信息平台和管理队伍。通过网格员巡查机制和智能监控机制，在网格单元内发现、上报问题，发挥主动监督作用，使街乡一级政府能在第一时间掌握辖区动态，有利于将问题解决在基层。然而，城市治理是一个复杂的系统，

在网格化管理模式中，难免存在管理泛化的问题，网格巡查员很难识别一些深层次的问题，出现"蜻蜓点水"式巡查；而城市运转过程中的突发问题具有偶发性、随机性，网格员往往难以及时发现、及时处置。"接诉即办"机制支撑下的12345市民服务热线为民众提供便捷的诉求反映通道，保障社会问题信息的准确性、时效性，保障办理过程中的部门协同、高度透明和快速高效，为网格化治理提供兜底机制。总结而言，北京市"热线+网格"模式借助12345市民服务热线广泛受理市民诉求，有效考核各条块部门，发挥网格化管理主动发现、流程标准、高效处置的优势，通过优势互补、双向赋能机制，缩短城市问题处置时间、提高解决问题效率、从源头减少市民投诉，已成为北京市"接诉即办"改革迈向"未诉先办"的关键举措。

三 "接诉即办"数字化创新的价值意涵

（一）"接诉即办"实现社会治理赋权、赋能、赋智

"接诉即办"实现了向基层居民"赋权"。居民不需要清晰地知道政府的组织架构和职责，通过统一的12345平台向政府部门提出诉求，就能够便捷高效地获得基层部门提供的各类服务。"接诉即办"的绩效标准是"三率"，即居民诉求的响应率、解决率和满意率。加强"三率"考核不仅保障了居民获得城市公共服务的权利，也维护了自身在各类事件中的权益，同时赋予了居民评价权和监督权。"接诉即办"实现了向基层部门"赋能"。基于数字化技术创新和"吹哨报到"工作机制的改革，以街乡为基点，打破条块分割的壁垒，实现了跨层级、跨部门协同，上级职能部门将行政资源和授权重心下移至街道，提升基层部门快速响应和解决问题的能力。"接诉即办"也实现了向基层社会治理"赋智"。居民诉求数据化，形成了解居民诉求和基层运行的大数据。基层部门借助数据挖掘技术可以更好地使用这些数据，从而洞察居民的各类需求，帮助政府识别潜在社会治理难点和重点问题，进而开展主动治理。

（二）"接诉即办"促进回应性、服务性、整体性政府建设

"接诉即办"通过赋权市民、促进公众参与、加强政府与公众互动，建设"以人民为中心"的数字政府。北京市"接诉即办"的一大特色是"全面接诉、不设门槛"，即全面覆盖所有诉求人依法通过相关渠道提出的所有诉求，不预先剔除"不合理诉求"，所有诉求都予以处理，充分体现了治理的"参与性""回应性"特征。公众在"接诉即办"中扮演了双重角色。一是充当发现问题、反映问题的吹哨人，12345 热线机制为公众参与和诉求表达提供了一个平台，而数字化的方式为居民提供了线上的参与渠道和更好的参与体验。二是充当政府治理绩效的考核者，"接诉即办"以响应率、解决率、满意率为考核标准，激发了政府回应的积极性，以外部驱动的方式，督促相关部门快速、有效解决民众问题。

"接诉即办"有利于优化政府社会治理方式、提升治理能力，以数据驱动智慧治理和主动治理。"接诉即办"具有信息反馈即时性和信息沟通便捷性，可以将居民诉求即时反馈给相关政府部门，缩减政府回应流程，让政府更有责任，让老百姓更有获得感。各级政府采取各种方式倾听公众心声、解答群众质询、回应群众的需求，其过程是政府与公众互动的过程。"接诉即办"重塑基层治理者和治理对象之间的关系，从原来的一种自上而下的、单向的方式，转向双向的、自上而下和自下而上结合的方式。"接诉即办"的数字化发展和大数据分析，通过加强社会问题信息收集和应用，实现城市治理的智慧化和增强主动性。

"接诉即办"有利于促进政府部门之间的信息数据共享和业务协同，优化政府自身的组织体系，建设整体性数字政府。回应性和参与性从外部对政府内部的跨部门、跨层级的业务协同提出了更高的要求。我国政府组织形态具有突出的"条块分割""职责同构"特征，数据共享、业务协同、部门合作存在一定难度。"接诉即办"的数字化发展通过政务数据打通共享、工作机制优化协调，实现业务上的协同和联动，进而打造整体性政府。

四 以"热线+网格"数据协同实现"主动治理"

"目前我国电子政务进入数字政府建设阶段，数据驱动从政务服务扩展到更广泛的城市治理、政府决策领域，以数据定义和重构业务模式，构建'数字空间'政府形态"①。"政府数据共享主要指政府体系内跨层级、跨地域、跨部门的数据流通，有利于驱动内部和外部利用服务的各种治理新形态，建设整体性、协同性、系统性国家行政体系，助力政府改革从以组织为中心向以公民为中心转变"②。

（一）走向"主动治理"的数据障碍

一直以来，我国持续推进政府数据共享工作，这也是我国"十四五"期间的重点工作。2017 年《加快推进落实〈政务信息系统整合共享实施方案〉工作方案》和《关于开展政务信息系统整合共享应用试点的通知》印发。2019 年，国办印发《关于依托全国一体化在线政务服务平台加快推进政务服务和监管平台数据共享工作的通知》。"十四五"规划专门提出促进我国数字政府建设，强调"公共数据开放共享"和"政务信息化共建共用"。2022 年，国办印发《全国一体化政务大数据体系建设指南》，提出"完善政务大数据管理体系""共享交换一体化"。国际上亦就数据共享驱动服务创新、效率的重要性达成共识，并通过出台数据战略指导和保障数据共享，如美国推出《联邦数据战略与 2020 年行动计划》。

然而，政府数据共享困境普遍存在、长期存在、高频出现，且在新时期以新的问题样态出现。如数据管理部门与业务部门权责关系不顺、"小马拉大车"；数据"聚而不通、通而不用"；政务数据目录、资源两张皮；数据供需对接不足、不匹配；技术割据、难以跨平台运行，"信息孤岛"演变为"平台孤岛"

---

① 孟庆国：《数字化转型中政府治理的机遇与挑战》，《山东经济战略研究》2020 年第 10 期。
② 张楠、赵雪娇：《理解基于区块链的政府跨部门数据共享：从协作共识到智能合约》，《中国行政管理》2020 年第 1 期。

"系统孤岛"等①。政府数据共享存在障碍的主要原因，一是"条块分割"的政府结构反映到数字政府建设上，通常会导致数据资源的分散，形成数据烟囱或数据孤岛；二是系统、平台的技术异构性、标准差异性突出。12345热线数据和各级"网格"数据是典型的孤岛数据，不仅所依托的技术平台异构，数据的标准差异巨大，又属于不同的部门管辖，数据难以共享共用。要使"接诉即办"走向"未诉先办"，首先就应该破除数据壁垒，实现互联互通。

（二）"热线+网格"模式以数据共享促进主动治理

"政务热线的数据来源为单一的市民诉求，网格化管理的数据来源包括网格员发现、监控感知和水电通讯数据等"②，"热线+网格"数据共享能够构建起反映基层诉求和城市运行管理的全量数据库。

"热线+网格"数据共享涉及数据的拥有方和数据的使用方，要明确城管委和12345市民服务热线在政务数据的管理和使用中的权责。一是在管理体系上，建构相应的制度规则来予以规范；利用技术手段，如基于智能合约和区块链技术，建立起可信的、制度化的"热线+网格"数据共享交换体系。二是在共享方式上，采取物理和逻辑汇聚相结合的方式。物理汇聚是把数据物理集中起来，进行统一的管控和使用。逻辑汇聚是把数据纳入同一个体系下进行管理，有融合需求时，可以通过共享交换实现数据调用。目前北京市12345市民服务热线向市城管委实时推送153项定制类的市民诉求反映数据，通过接口对接、系统联调等方式将421项市民反映数据实时推送至市城管执法部门。三是将城市管理网格中问题类别与12345市民服务热线的分类标准逐步对接，形成统一的事项对应标准，同事同标，以实现数据关联匹配和汇聚整合。

---

① 江小涓：《加强顶层设计　解决突出问题　协调推进数字政府建设与行政体制改革》，《中国行政管理》2021年第12期。

② 孟天广、黄种滨、张小劲：《政务热线驱动的超大城市社会治理创新——以北京市"接诉即办"改革为例》，《公共管理学报》2021年第2期。

（三）"热线+网格"模式的运行机制

"热线+网格"为民服务模式有利于拓宽主动发现问题渠道，通过汇聚和分析热线数据和网格数据识别并破解重难点问题，促进城管系统与12345系统联动协同解决问题，其运作机制可以概括为三点。

1. "热线+网格"融合的统筹管理机制

"热线+网格"具有行政化和技术化特征，涉及多层级、多部门主体之间的行政互动和协作过程。在组织层面，"市级协调、区级统筹、街道联动"的三级政务体系决定了协作机制的层级色彩和治理网络中的角色权重。在业务层面，以"党建统筹，多元共治"为特征的工作机制体现了统筹管理下的不同主体之间的明确分工和响应过程。在技术层面，以移动互联网、即时通信工具和信息平台为技术工具，实现了基层治理的信息流通和有效反馈。

2. "热线+网格"融合的业务联动机制

本研究将"热线+网格"的业务联动机制总结为三点。一是"接诉即办"围绕市民诉求和问题，通过整合热线而非部门，解决了管理碎片化、条块分割等问题。通过明确政府职责边界、推进政府职能转变，实现政府流程再造和建设整体性政府。二是北京市通过网格化管理增加政府以业务为基础的整体合力，通过网格精准对接相关部门具体人员，提升部门协同治理效能。三是通过党建引领，整合人大、政府、政协、法院、检察院、人民团体，以及各类社会组织等多元主体，协调配置政治、行政、法治、市场等多种资源。

3. "热线+网格"融合的风险预警机制

"热线+网格"融合有利于提高社会治理风险识别预警能力。一是提升社会风险信息收集和识别能力。政务热线数据与网格化管理的统一，有利于广泛搜集风险信息。收集风险信息数据是识别、监测、处理风险的基础，通过"热线+网格"融合，实现线上线下统一，多方获取信息，提高工作效率，避免有所遗漏。政务热线所提供的地方性知识能够弥补智能摄像头等信息技术的不足，提升风险识别和检测能力。二是提升社会风险预测能力。政府通过汇聚、分析个体诉求数据预测城市运行共性风险。通过大数据分析，用集成

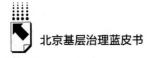

模型把个人的风险特征和局部网络、全局网络上建立的风险特征结合在一起，提升风险预测效果。另外，身边的网格员能以更快的速度、更高的效率替居民们解决问题，居民们有了问题就不需要再通过政务热线投诉。这样减少了居民反映问题的环节，提高政府处理问题的效率。

五 "热线+网格"模式驱动城市社会 治理创新的优化路径

实现政务热线和网格化管理的深度融合，是特大城市提高社会治理能力的必然要求，需要注意的是两个数字化治理系统的融合往往会因为不同的构成要素相互作用涌现出新的复杂问题，未来发展应遵循以下路径。

（一）以系统性思维进行战略统筹

数字政府发展初期，往往存在"重建设、轻规划"的局限，造成重复建设、标准不统一，"热线+网格"模式涉及两套数字化治理体系的融合，更需要规划先行、高层统筹。首先，在观念上，市城市管理委员会和市政务服务管理局两大主体准确理解"热线+网格"建设的内涵和价值，认识到"热线+网格"建设有一个转型、升级的过程，超越原有的数字治理基础。而这一过程的实现，不是一蹴而就的，需要组织、政策、技术等融合发展。其次，在政策规划上，应当继续将"接诉即办""热线+网格"改革纳入北京市全面深化改革规划，并开展前瞻性政策制定，因地制宜实行差异化的发展战略。"热线+网格"涉及技术优化、数据共享、业务调整等各方面的问题，需要出台相关工作指引推进标准化、规范化的改革创新，尤其对所共享数据的类型、范畴、处理方式、保护措施、风险防范等内容进行细化规定。

（二）以整体性原则推进体制机制改革

数字政府建设的前端表现为"一网通办""一网统管"的服务一体化，后端则是要实现条块协同的整体性政府建设。"热线+网格"模式涉及治理主体间彼此依靠和协作,必然会形塑新的权力架构,因此需要在体制机制上进行整体性改革。首先,进一步梳理城管部门和热线部门"热线+网格"相关业务职能的界限,厘清两部门的职责权利,进行科学合理的职责设置。其次,强化组织联动,加强部门职能的重塑,推进体制机制从整合、聚合向融合的跃升。再次,扩大参与"热线+网格"的多元治理主体,充分调动其他条线职能部门的行政资源,提高协同治理效果。最后,网格化管理和政务热线在监督考核、组织建设等保障机制方面是相通的,要积极推进其衔接互补,如坚持北京市 12345 市民服务热线有力有效的考核机制。

(三)以协作性框架优化技术应用

升级大数据、云计算、区块链等信息技术是数字政府建设的重要基础,其作用发挥从技术支撑转向赋能治理主体和推进治理体系变革,这需要在应用信息技术时进行统筹设计,采用协作性技术框架,避免技术割据。"热线+网格"建设在技术层面的发展方向是要构建分布式的数字化系统,通过分散的子系统全面采集城市运行的信息,通过节点间的数据共享高效整合形成完善的城市管理数据库,以提高应对复杂社会治理问题的效率。在北京市发展"一网统管"、城市管理数字化系统升级的背景下,应优化"热线+网格"建设的信息架构和界面设计,一方面形成"横向到边、纵向到底"的"热线+网格"平台,合理布局各功能模块,提高操作便捷度,另一方面提高热线和网格之间的功能衔接度、切换流畅度及交互速度。

B.12
接诉即办工作体系的
改革方向和完善举措[*]

王文举　孙杰　周丽　解进强　郭茜　韩嵩　杨柳依依　李大卫[**]

摘　要： 构建接诉即办"9+X"工作体系，需围绕组织领导、办理反馈、响应联动、协调督办、风险防范、考核评估、队伍建设、法治保障、主动治理以及工作体系变量"X"开展调查研究。未来需进一步完善接诉即办工作体系，构建"全链条"运行机制，精准利用科技赋能，营造"大服务"文化认同氛围，推动首都治理体系与治理能力现代化。

关键词： 接诉即办　智慧治理　大服务

一　接诉即办"9+X"工作体系的路径完善

根据《北京市接诉即办工作条例》规定，结合各区调研实际，本报告

---

* 本文系北京社科基金项目"接诉即办工作体系中的问题与对策研究"（项目编号：22GLA001）的阶段性成果。

** 王文举，北京物资学院党委书记，教授，研究方向为博弈论与数量经济；孙杰，北京物资学院党委常委、党委宣传部（教师工作部）部长，研究员，博士，研究方向为意识形态等；周丽，北京物资学院教务处处长，教授，博士，研究方向为优化理论与方法；解进强，北京物资学院科研处副处长，教授，博士，研究方向为企业管理、人力资源管理；郭茜，北京物资学院教务处副处长，教授，博士，研究方向为物流统计与标准、区域物流研究；韩嵩，北京物资学院经济学院教授，博士，研究方向为经济统计、物流统计和数据挖掘；杨柳依依，北京物资学院商学院讲师，研究方向为思政教育；李大卫，北京物资学院助理研究员，研究方向为社会治理。

将接诉即办工作体系归纳总结为"9+X",即完善"党建引领、高位部署"的组织领导体系;探索建立"速接民意、及解民忧"的办理反馈体系;研究健全"四级联动、四级响应"的响应联动体系;优化完善"指导监督、重点跟进"的协调督办体系;研究制定"数智运行、五位一体"的风险防范体系;探索构建"三维考核、差异评价"的考核评估体系;探索打造"专职为主、专兼结合"的队伍建设体系;研究完善"服务改革、有法可依"的法治保障体系;推动形成"未诉先办、不诉自办"的主动治理体系。同时,随着外部环境发展变化、不确定性因素的增加,接诉即办工作也需要借助各方民主协商、社会协同、公众参与的力量,并将此作为工作体系变量"X",推动形成共建共治共享社会治理格局。

(一)"党建引领、高位部署"的组织领导体系

整体上,北京市接诉即办"党建引领、高位部署"组织领导体系较为完善,在落实以人民为中心发展思想上凝聚广泛共识,取得良好成效。随着"接诉即办改革推向纵深,党的政治引领、思想引领、组织引领功能愈发凸显"。通州区永顺镇探索矛盾纠纷多元化解新路子,构建"永顺幸福+"基层治理模式,以人民幸福为出发点,以基层治理为落脚点,打造党建引领"三多三共三服务"①的基层治理体系,提升基层治理矛盾纠纷化解水平。永顺镇积极利用微信公众号等新媒体,做好政务公开、信息发布、舆论引导和公共服务。永顺镇以一站式多元解纷中心的启用为开端,吸纳更多社会力量加入,通过发挥司法专业优势,汇集多元解纷力量,从源头上减少矛盾化解纠纷。

(二)"速接民意、及解民忧"的办理反馈体系

北京已基本实现各区接诉即办大数据中心覆盖。密云区开发了一套数据

---

① "三多"即政府、村居、社会组织、企业、个人、"两代表一委员"、专家学者等多方参与;司法、公安、执法、综治、规划、金融等领域多元融合;科技赋能、纠纷化解、协商议事等多措并举;"三共"即依托党建协调委员会实现共建,依托基层协商议事实现共治,依托一站式多元解纷中心实现共处;"三服务"即整合公共服务、社会服务、志愿服务资源。

翔实、动态可视的接诉即办工作系统，确保办理反馈体系运转顺畅。经过学习、反思与改革，各区派单、办理、回访时间均进行了因地制宜、因事施策的改革创新，倒逼惠民政策出台，促进了基层治理模式的转型升级。针对新老交织的复杂问题，部分急难愁盼的"硬骨头"，密云区在镇街（地区）接诉即办月度点评会上，固定增加"每月关注"内容，根据近年"密云区12345服务热线管理平台"的数据分析情况，形成了密云区"一防寒二抗雪三月大风天，四防火五抗旱六月考生盼，七防汛八抗暑九月忙入学，十防堵十一供暖年尾解欠款"的月度重点，实现了春夏秋冬十二个月的"未诉先办、主动谋划"，构建动态化基层管理体制。

（三）"四级联动、四级响应"的响应联动体系

当前各区响应联动主要依靠的路径如下。一是"吹哨报到"式，诉求内部解决，将问题集中在社区、乡镇一层解决，主动治理解决问题；二是"网格治理"式，建立网格党小组、网格员队伍，横向到边覆盖每一位老百姓，全面搜集意见建议，即时解答疑难困惑；三是"热线办理"式，依托12345热线、网络平台留言等形式办理工单。不难看出，前两种方式均为"热线办理"衍生的基层治理行为，却逐渐成为乡镇、社区（村）一级的主要问题解决渠道，横向推动了基层治理单位主动作为。密云区将开展接诉即办工作与"密云先锋"活动相结合，推行"1+10"党员联系群众机制，在全区范围要求机关、村社区、"两新"党员全行动，联系群众全覆盖，形成"党（工）委、村（社区）党支部、网格党小组、党员联系户"纵向贯通各级党组织、横向联动党员群众的四级工作机制，涌现出河南寨镇党员户"挂牌"、上河湾社区建楼门党小组等典型案例。因此，为健全"四级联动、四级响应"的响应联动体系，需要全面推行市、区、街道（乡镇）、社区（村）四级联动工作体系，针对不同诉求类型，实施四级响应，持续提升治理效能。密云区以"吹哨报到"为轴，以接诉即办和未诉先办为"两轮"，打造区、镇、村纵向贯通，热线、网格、"吹哨报到"横向联通的"三纵三横"热线管理平台，将原本只到镇街（地区）、各部委办局的热线管理网络

延伸至每个行政村（社区）和职能科室，实现区中心、受理单位、受理部门（人员）的三级贯通，管理网络直插到底，热线工单直派一线、办理结果从一线上报，有效压实村居一级工作人员职责。

（四）"指导监督、重点跟进"的协调督办体系

协调督办的重任一般落在各区接诉即办指挥调度中心，其综合协调和调度指挥接诉即办工作，"把群众反映的痛点、堵点、难点问题作为强化基层治理的'指挥棒'，加强群众电话诉求的派单、协调和督办，进一步激活接诉即办神经末梢"[1]。伴随着接诉即办日益受到老百姓的认可，不在"七有""五性"范围内的诉求越来越多，其中夹杂着不少政府权责之外的诉求。为积极贯彻落实接诉即办工作要求，促进接诉即办工作提质增效，需要建立"指导监督、重点跟进"的协调督办体系。市规自委接诉即办工作专班牵头，各规自分局多次梳理办结工单，就工单行业分类、答复明细、回访结果、申报剔除等工作细节开展"回头看"，分析研判和及时发现高频问题、共性问题、规律性问题，在厘清工单是否存在扣分风险、确保市区两级回访和考评成绩不脱节的同时，推动承办部门尽职尽责为民众办实事，高效解决民众诉求。

（五）"数智运行、五位一体"的风险防范体系

截至 2022 年 10 月底，累计受理 8428 万件民意诉求，诉求解决率、群众满意率分别从 2019 年 1 月的 53%、65% 提升至 94%、95%。接诉即办蕴含着公众参与基层治理的数据"富矿"，为政府借助大数据技术洞察民意动态、提升治理效能、防范治理风险提供了综合平台。随着北京市接诉即办工作的深入推进，政务热线呈现集约化发展态势，每月产生的数十万条接诉回访记录构成市民诉求大数据，因此，接诉即办数字化转型的重点，应放在分

---

[1] 安娜：《"接诉即办"工作机制进一步增强对群众诉求的关注度、解决力度、投入力度——群众需求在哪里 基层工作就跟到哪里》，《中国社会报》2020 年 8 月 13 日。

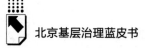

类加工、深入分析、有效利用市民诉求大数据上，经过实践探索，推动构建专项治理、综合治理、前瞻治理、源头治理、协同治理的"五位一体"新格局。

（六）"三维考核、差异评价"的考核评估体系

北京市将评价接诉即办的权利交给人民群众，设置响应率、解决率、满意率"三率"评估指标，"七有""五性"指标体系，运行效果显著。考核结果对推动诉求办理、基层治理能力提升、干部作风改善、干群关系优化等具有重要影响。也有部分区反馈，在接诉即办评估体系实际运行过程中，不同区域具体情况不同，产生的效果也不一致。如某些乡镇人口稀少，历史遗留问题少，"三率"排名一直靠前，但经济发展落后，缺乏资源支持，最需要上级部门指导和资源配给；还有一些乡镇人口众多，甚至出现外来务工人员人口倒挂现象，加之是城中村集合，历史遗留问题复杂，"三率"排名靠后，很难在短时间内得到提升，需要上级部门给予时间而不是批评。因此，需要进一步细化接诉即办评估、考核、激励机制，实现三维考核、差异评价。

（七）"专职为主、专兼结合"的队伍建设体系

接诉即办工作队伍主要由专职工作队伍、兼职工作队伍、协同工作队伍三支力量组成。专职工作队伍是负责"热线办理"的核心力量，依托 12345 热线、网络平台留言等形式，全面负责接诉即办工作；兼职工作队伍是"网格治理"的骨干力量，如社区志愿者、网格员在辖区巡查过程中，发现路边井盖破损，存在安全隐患，第一时间上报镇级事件管理平台，"吹哨"相关部门现场查看，及时修复。群众在哪，网格员工作的靶向就在哪。为了及时发现并解决问题，通州区永顺镇充分发挥网格员主动巡查作用，使网格员化身"民意收集员""服务监督员""治安巡逻员""矛盾调解员""政策宣传员"等，第一时间收集上报小微问题，拓宽社情民意知晓渠道，从主动担当入手。目前，永顺镇群防群治力量近 4351 人，组建了以党员为核心

的志愿服务者队伍，并且设置楼长和楼门长，持续推动未诉先办，使解决
"跑"在诉求前；协同工作队伍是负责"吹哨报到"的主要力量，结合不同
部门职能，依托党建实现协同共建，依托基层协商议事实现共治，依托一站
式多元解纷中心实现共处。"打通基层最后一公里"的人员由社区志愿者、
"网格员"组成，与"朝阳群众""西城大妈"发挥共治功能不同的是，
"网格员"带着上级任务，只有将权利义务与个人主观能动性相结合，才能
够真正做到对人、地、事、物、组织的管控和看护，形成系统化的人防体
系。但现实操作中，网格员多为外包人力，工作水平、学历能力等不易考
察，容易在工作中产生问题。

（八）"服务改革、有法可依"的法治保障体系

接诉即办运行四年多来，法治保障体系不断完善。北京市委为实现快速
接听、快速响应的目标，相继出台文件①，制定实施《北京市接诉即办工作
条例》，这些文件和地方法规对接诉即办的整体运行进行了系统规范，用立
法手段明确权责义务，确保了接诉即办工作体系正常运转。接诉即办改革通
过立法将工作纳入法治的轨道，一方面，通过界定法定权责范围鼓励政府部
门主动回应，政府内部依据组织原则和效能原则合理划分各部门的职能；另
一方面，整合与协调政府外部力量。接诉即办改革过程中主要整合具有管理
公共事务职能的组织、承担公共服务职能的企事业单位等各方力量。

实践中，完善的立法最大限度保障了基层人员开展治理工作的合法性、
合理性、正当性，同时对诉求人的权利与义务做出相应规定，给基层减少
"三无"投诉数量。通州区永顺镇某村村民多次对政府进行"恶意"投诉，
该村接诉即办中心上诉至当地法院，法院调解后判定投诉者败诉，该村将此
事处理结果进行区域内公示，起到了较好的警示教育作用。通州区张家湾法
庭与镇里建立接诉即办对接机制，把12368诉讼服务热线作为诉源治理需求

① 这些文件包括《中共北京市委 北京市人民政府关于进一步深化"接诉即办"改革工作的
意见》《关于优化提升市民服务热线反映问题"接诉即办"工作的实施方案》。

对接的主渠道，实现有需求找法官，找法官打热线。司法部门与镇政府建立接诉即办联席会商制度，包括法庭内的职能部门会商，形成良好互动；以上门调解、面对面化解等方式，打通诉求化解"最后一公里"。司法与行政在接诉即办工作上的联动，不仅能为群众诉求化解提供法治路径，也能有效从源头上预防和减少矛盾纠纷的发生。

（九）"未诉先办、不诉自办"的主动治理体系

"每月一题"等工作机制的创新和优化，推进接诉即办向未诉先办转变，提升主动治理效能。为了进一步提升治理效能，需要持续深化接诉即办工作体系改革，进一步明确各级、各类主体的工作职责，构建多元驱动机制，激发不同主体主动参与治理的积极性和主动性，最终实现"协同治理，不诉自办"。推进"每月一题"体制机制创新，完善顶层设计、组织领导、全年部署、责任落实、高位推动、督察督办等工作体系，优化"一方案三清单"目标管理机制和"一单一表一图一问答"场景治理机制。

建立健全专责部门统筹、市级部门牵头、各区主责的协同治理机制，建立完善年度分阶段整治提升的工作组织机制，建立并强化双向挂职锻炼工作机制等，集中各方力量破解 11 项基层治理重难点问题；探索将民众集中诉求设置为部门主要任务，构建"未诉先办"常态化治理体系。"通过认真梳理未诉先办事项，实行清单式管理、项目化推进，明确解决方案、进度安排和办理时限，并对外公开，通过引进外部机制，接受社会的监督和评议。"[①]系统分析诉求办理数据，梳理问题清单和点位，提炼需开展主动治理的任务，通过列入年度工作计划、成立工作专班、纳入年终考核等多种方式，推动诉求单位实行清单式管理和项目化推进，确保主动治理任务的顺利完成。引导建立不诉自办工作机制，通过树立接诉即办"零诉求"街道乡镇典型形象，打造一批典型案例。结合自治、德治、法治"三治融合"基层治理体系建设，强化基层民众参与治理意识，广泛动员各方力量参与基层治理。

---

① 程行仑：《未诉先办：首都基层治理新探索》，《前线》2022 年第 9 期。

二　接诉即办"全链条"运行机制创新

重视发挥接诉即办工作机制的激励、监督和约束功能。从全周期理念出发，遵循理性逻辑，形成"发现—解决—评价—提升"的全链条接诉即办工作运行机制，围绕首接负责机制、协调办理机制、反馈监督机制、源头治理机制四方面建设，着眼于智能识别、智能分类、主动对接、专项（重点）督办、智能反馈、综合考评、优化奖惩、智能预警、多维培训、固化经验等方面，注重"横向协作、纵向联动"，并力图做到主动治理、未诉先办，从而创新全程闭环治理新格局，实现超大城市治理的可持续。"发现"层面，首接负责机制中全面接诉落实较快，但一些历史性、集中性问题处理慢；"解决"层面，协调办理机制中吹哨报到落实到位，但跨区域沟通协调困难，边界问题权责不明；"评价"层面，反馈监督机制中考评指标较科学，但结果运用需慎重，应考虑划级别开展科学分类排名；"提升"层面，源头治理机制中定期研判海量数据，但分析研判数据要及时服务于未诉先办决策。

三　科技赋能接诉即办工作，打造智慧治理平台

接诉即办运行过程中每月产生数十万条的接诉回访记录，在设备自动化的支持下才能完成快速派单。同时，这些由公众参与治理所产生的诉求数据，也为政府借助大数据技术洞察民意动态、分析治理风险提供了平台。当前，智能技术与社会治理融合不够充分，智慧治理还面临着顶层设计与重心下移不充分以及技术保障与法治改革不充分等一系列问题，相对于接诉即办积累和沉淀下来的大量、丰富和鲜活的数据，目前的数据治理还停留在小数据时代，对诉求数据的挖掘利用还有很大的改进空间。

基于市民诉求大数据库、数智治理技术的进步，将网格化管理与便民服务切实下沉到基层，通过数字化方式丰富参与主体，拓宽参与路径，畅通反

馈渠道，驱动接诉即办工作体系向"服务型""智慧型""精益型"发展；应智能、及时、妥善地处理基层民众诉求工单，依托接诉即办智慧平台，让基层民众逐渐成为数字治理的合作生产者、规划者和管理者，真正建立数据驱动的"共建共治共享"基层社会治理体系；应通过接诉即办诉求大数据体系架构，实现指标数据的采集、处理与运用的可视化、智能化，以实例验证的形式动态反映基层治理动态。

四　接诉即办"大服务"文化认同阐释与实现

（一）做好"大服务"文化认同的阐释

人民满意度是衡量接诉即办改革最重要的价值准绳，也是判断接诉即办改革成效的最终标准。接诉即办强调从服务对象的角度来衡量成效，即由人民根据价值标准对问题解决成效作出判断。这意味着人民满意度基于主观偏好和感觉，与民众自身对政府的期望和价值预设有很大关系，与其自身的文化素养具有直接关系。由于每个人的背景、偏好和价值观不一样，对于同样的处置办法和结果，不同的人会有不同的价值判断，甚至会出现颠倒黑白的价值主张。因此，需要在推进接诉即办过程中培育主体、客体的"大服务"价值观。

"大服务"坚持以人民为中心的发展思想，接诉即办"时时"在、"处处"有、"人人"找、"事事"管。需要处理好有限政府与无限责任之间的关系、公共利益与个人利益之间的矛盾，从"大服务"理念出发对政府服务的范围进行规定、分类、立法。要培育市民对地方特色文化的价值认同，以社会主义核心价值观为引领重点提升市民人文素养。同时，政府要凝聚接诉即办主体、客体、全社会第三方的广泛共识，增强专职队伍对"以人民为中心"发展理念的认同，培育兼职队伍提升专业水准、增强职业认同的服务意识，全方位培育接诉即办"大服务"文化认同。

（二）以"大服务"文化认同推动基层共建共治共享

2021 年 4 月 28 日，中央出台《关于加强基层治理体系与治理能力现代化建设的意见》，提出了完善党全面领导基层治理制度、加强基层政权治理能力建设、健全基层群众自治制度、推进基层法治和德治建设、加强基层智慧治理能力建设等一系列要求。《北京市街道办事处条例》通过赋权、下沉、增效来提升基层治理能力，在明确街道职责的基础上，赋予了其规划参与权、重大决策建议权、指挥执法权、统筹协调和考核督办权、人事任免建议权、统筹管理权即"六权"。随着《北京市接诉即办工作条例》出台，接诉即办工作系统可直接派单至街道和乡镇，实现了市级层面与街道、乡镇的直接对话，减少了中间环节，意味着接诉即办可以"时时"在、"处处"有、"人人"找、"事事"管，形成了北京市各级政府到基层解决问题的"大服务"文化导向。接诉即办工作系统成为不同治理主体针对基层治理进行对话、沟通、协商和解决问题的重要平台。接诉即办通过开创政民互动新范式增进政府与民众之间的信任与合作。接诉即办在回应民忧民难、解决民忧民需、了解民情民意的过程中，潜移默化引导民众信任政府、理解政府的政策和举措、配合政府的行为，并主动参与治理与政府一道解决问题。

参考文献

1. 王文举、孙杰：《以人民为中心的接诉即办运行逻辑》，《北京社会科学》2022 年第 2 期。

2. 孙照红：《接诉即办治理场域中的全过程人民民主》，《北京社会科学》2022 年第 2 期。

3. 吕廷君、李昊光：《基层社会治理中的社会权力研究——以北京市"接诉即办"为例》，《重庆社会科学》2022 年第 9 期。

4. 刘巧兰、王丛虎：《从"民呼政应"走向"未呼先应"》，《上海行政学院学报》2022 年第 3 期。

5. 王敬波、张泽宇：《接诉即办：基层治理现代化的实践探索》，《行政管理改革》

2022 年第 4 期。

6. 李文钊：《北京市"接诉即办"改革（2019—2021）三年效果评估》，《甘肃行政学院学报》2022 年第 1 期。

7. 赵金旭、赵德兴：《热线问政驱动社会治理范式创新的内在机理》，《北京社会科学》2022 年第 2 期。

8. 张楠迪扬：《"全响应"政府回应机制：基于北京市 12345 市民服务热线"接诉即办"的经验分析》，《行政论坛》2022 年第 1 期。

9. 王亚华、毛恩慧：《城市基层治理创新的制度分析与理论启示》，《电子政务》2021 年第 11 期。

10. 王丛虎、乔卫星：《基层治理中"条块分割"的弥补与完善——以北京城市一体两翼机制为例》，《中国行政管理》2021 年第 10 期。

11. 孟天广、黄种滨、张小劲：《政务热线驱动的超大城市社会治理创新——以北京市"接诉即办"改革为例》，《公共管理学报》2021 年第 2 期。

12. 马亮：《数据驱动与以民为本的政府绩效管理》，《新视野》2021 年第 2 期。

13. 王大广：《党建引领基层社会治理的首都实践及其现实意义》，《上海交通大学学报》（哲学社会科学版）2021 年第 1 期。

14. 王程伟、马亮：《绩效反馈何以推动绩效改进》，《中国行政管理》2020 年第 11 期。

B.13
发挥接诉即办案例作用，
推动基层社会治理共同体构建*

郜爱红　孔祥利**

摘　要： 本文基于接诉即办改革的实践历程，探讨了此项改革之于社会治理共同体建设的重要推动作用，结合三个基层典型案例，总结分析了其对破解社会治理共同体建构中常见的邻避冲突、认同缺失、行使权利能力较低等困境所创造的有益经验，具体包括建立健全以协商民主制度与法治体系为主要内容的制度结构，破解邻避冲突带来的集体行动困境，构筑社会治理共同体建设的基础保障；推动形成由党建引领、政府支持所形塑的动员结构，构成社会治理共同体建设的驱动机制；强化主体协同，注重发挥专业化社会组织的作用，成功化解大量行使权利能力较低引发的诉求问题，构成社会治理共同体建设的关键变量。要更好发挥接诉即办案例的示范作用、推动社会治理共同体建设，下一阶段须在以下方面发力：一是完善社区公共事务决策机制，实现诉求的源头减量；二是健全矛盾纠纷多元化解决机制，将矛盾诉求化解在萌芽状态；三是探索构建自主治理机制，多方协同化解疑难诉求；四是建立健全"大群团"工作机制，发挥社会组织化解接诉即办

---

* 本文是首都高端智库项目"接诉即办案例研究"的阶段性成果。课题组围绕深化接诉即办改革中基层治理中的问题，对500余名社区居民（52.9%拨打过12345热线电话）进行问卷调查，对80余名街镇和社区干部进行了访谈，对30多个基层实践探索的案例进行了调研剖析。本文引用的数据来源，均为课题组调研结果。

** 郜爱红，中共北京市委党校领导科学教研部主任，教授，博士，研究方向为行政伦理、领导科学等；孔祥利，中共北京市委党校公共管理教研部副主任，副教授，博士，研究方向为公共管理理论与实践。

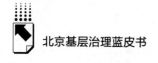

难题中的作用。

关键词: 社会治理共同体　接诉即办案例　基层治理

党的二十大报告提出"健全共建共治共享的社会治理制度,提升社会治理效能""建设人人有责、人人尽责、人人享有的社会治理共同体"。[①] 社会治理共同体是指"政府、社会组织、公众等基于互动协商、权责对等的原则,基于解决社会问题、回应治理需求的共同目标,自觉形成的相互关联、相互促进、关系稳定的群体"。[②] 接诉即办改革是北京市党建引领基层治理体制机制创新的重要探索,在构建社会治理共同体方面独具特色。它聚焦民生问题,通过一系列体制机制创新,推动多方主体参与,为老百姓解决了大量久拖不决、难以解决的操心事、烦心事、揪心事;更重要的是,通过"吹哨报到""考评推动"等机制倒逼基层创新,破解了基层治理难题。纵观四年来的改革历程,北京市基层涌现出一批生动的实践案例,创造形成了以接诉即办为牵引的基层社会治理共同体建设的首都样板。总结提炼实践案例的经验做法、厘清其内在规律特征,对于进一步深化接诉即办改革具有重要的借鉴作用。

一　以构建社会治理共同体为目标的接诉即办改革

接诉即办是 2019 年始北京市基层治理领域推动的一项治理变革,坚持群众诉求就是哨声,通过"吹哨报到"、"三率"(响应率、解决率、满意率)考评等机制,聚合多种力量破解难题,及时高效回应群众诉求,极大地夯实了社会治理的基层基础,也推动着基层社会治理共同体建设。

---

① 习近平:《高举中国特色社会主义伟大旗帜　为全面建设社会主义现代化国家而团结奋斗——在中国共产党第二十次全国代表大会上的报告》,人民出版社,2022,第 54 页。
② 郁建兴:《社会治理共同体及其建设路径》,《公共管理评论》2019 年第 3 期。

第一，接诉即办改革坚持人民至上，聚焦人民群众的操心事、烦心事、揪心事，通过体制机制和流程再造将以人民为中心的思想落在实处，为社会治理共同体建构奠定了坚实的价值基础。习近平总书记在广西考察时指出，让人民生活幸福是"国之大者"。"以人民为中心"构成当前基层社会治理共同体建设的根本立场和核心价值。接诉即办改革坚持人民至上，以满足人民群众的需要为导向，突出人民的主体地位，实现了"构建社会治理共同体的国家逻辑与社会治理的底层逻辑的有机衔接"。接诉即办改革坚持"以人民为中心"，把问题的"哨声"交给人民，以及时回应和高效处置群众诉求为牵引，通过政府内外部力量的协调整合，聚合回应公众诉求，有效破解了行政组织体制"碎片化"、行政资源回应公众需求非对称性等问题，构建起"一号对外"的整体政府形象。最为典型的是，接诉即办改革通过改造和优化原有12345市民服务热线（以下简称"12345热线"），强化了民众诉求"一体化"热线平台建设，构建全渠道、全时段、全方位的民众诉求受理机制。这方便了民众诉求的快速表达，也有助于政府实现民众诉求的"全口径汇集"，帮助其更广泛、更高效地吸纳社情民意。更为重要的是，它加大了政府内部信息沟通和整合的力度，既可以避免各职能部门在回应群众诉求时"各行其是"，也减少了沟通的中间环节，提升了城市政府统筹解决群众诉求的效率和能力。

第二，接诉即办强化责任落实，通过高位推动的考评机制倒逼和强化了政府各部门、各层级以及体制内外多元社会力量的协同与合作，激发了治理共同体构建的动机。接诉即办改革把北京市16个区、343个街乡镇、65家市级部门和49家承担公共服务职能的企事业单位，全部接入12345热线平台系统，以"响应率""解决率""满意率"为考核指标，建立"首接负责制""吹哨报到"的责任机制和合作机制，对于市民群众反映强烈的突出问题，通过建立健全定期调度、会商研判、"每月一题"、重点街乡镇专项整治攻坚等工作机制，促使区域、部门、机构、专业等组织加强合作，减少部门政策相互抵触、掣肘的状况。

第三，接诉即办改革坚持党建引领，注重发挥组织型政党的优势，发挥

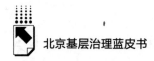
党委的领导作用，发挥党员的带头作用，为社会治理共同体建构奠定了坚实的组织基础。接诉即办强调协同治理，大力挖掘驻区单位资源，以党员双报到、机关干部下沉为机制，推动职能部门、机关干部、在职党员到社区报到服务，整合发挥各类志愿服务力量作用。

二　化解接诉即办难题，促进社会治理共同体构建的基层实践

从社会治理共同体的视角看，接诉即办就是一个推动社会治理共同体构建的过程。在这个过程中，通过政府体制、机制和流程的再造构建一个合作的、共同解决问题的体制和机制，通过将党员干部组织起来，最大限度调动他们解决问题的动机和动力，同时，激发和唤醒公众参与社会治理的主体意识。这三个方面相互形塑、相互促进。在应对接诉即办改革遭遇的问题和挑战过程中，基层形成了很多鲜活案例，成为推动社会治理共同体建构的生动样板。

（一）接诉即办通过畅通社情民意反映和表达机制，让群众参与社区公共事务决策，在破解邻避冲突导致的集体行动困境方面创造了经验

伴随着市场经济体制的建立，社会利益出现明显分化，民众的权利意识和自主意识也在日渐增强，邻避冲突问题时有发生，已成为构建社会治理共同体的重要阻碍因素。邻避冲突引发了居民对个体权益的过度关注，与社会治理共同体所要求的公共意识与合作意识形成了冲突，并且也在一定程度上限制了社会治理共同体建构的发展空间。为破解此类矛盾，基层创新做法，呈现一系列的典型案例。

案例：海淀万寿路街道"四民工作法"

海淀区万寿路街道创新性地提出了开设民情热线、搭建民情驿站、设置

民情专员和记录民情日志的"四民工作法"。通过开设民情热线，将"吹哨权"交到居民手中，实现为民服务"零距离"；通过搭建民情驿站，提供"一站式服务平台"，降低居民反映诉求成本；通过设置民情专员，深入居民内部，传达社情民意；通过记录民情日志，总结开展的工作，形成有迹可循的反馈机制，及时总结经验教训。"四民工作法"构筑了为民服务的新网格，打造了地区治理的"万寿路模式"。"四民工作法"以问题为导向，抓住"发现问题"和"解决问题"两个关键环节，分级吸附困难、分类处置问题，将问题解决在显现之前，将矛盾化解在爆发之前，将诉求办理在反映之前，推动从"有一办一、接诉即办"的被动响应向"举一反三、未诉先办"的主动治理转变。

"四民工作法"是接诉即办改革中基层创造的化解矛盾、实现诉求源头减量的工作法的一个缩影。居民诉求各式各样，疫情防控、充电设备安装等都包括其中，围绕这些诉求，各地充分发挥协商议事平台的作用，创造了很多具有可借鉴价值的工作模式。如大兴区"拉家常"议事会、西城区"圆桌工作法""南广阳契约治村"等，都是在接诉即办改革中探索出的有效做法。这些案例在破解接诉即办难题的同时，也为破解社会治理共同体构建中的难题提供了方案。这类案例的特点是通过畅通居民参与渠道，搭建居民议事平台，建立相应的议事机制，建立"党建+日常管理+X"的特色工作模式，通过居民参与，实现民主决策，化解社会矛盾在源头，实现诉求源减量，降低社会风险，为实现接诉即办向未诉即办深化创造了经验。国家法律与基于地域特点所制定的村规民约、居民公约则构成城乡居民日常生活和集体行动的内生需求规则，两种规则共同构成构建社会治理共同体过程中集体行动的规则基础。

（二）接诉即办在化解难解决诉求中，创造了党建引领多元共治的经验，对于推动社会治理共同体建构具有重要的启示作用

长期以来，社区（村）治理中，物业纠纷、邻里纠纷频发，居民表达

诉求缺少理性与必要的妥协。接诉即办改革在一定程度上使一些潜在的矛盾冲突显性化。在解决这些疑难诉求中，基层政府创造了很多好的做法。

案例：平谷区"下交群评"化解接诉即办难题

平谷区尝试将有一定解决难度、涉及人员范围广、没有明确解决途径的诉求交给群众去评判、表决，探索形成"下交群评"工作法，用群众智慧解决群众问题，成为推动基层治理体系不断完善的重要抓手。

一是党建引领，建立系统完备、运行高效的组织体系。

健全完善"下交群评"组织形式，党建引领把关定向。加强党组织对"下交群评"工作的全面领导，镇村两级党组织、委办局党委（党组）充分研判，确定适合"下交"办理的诉求，转交村居（企业）党支部等基层党组织。基层党组织充分考量诉求内容、民情民意、基层组织状况等因素，确定"下交群评"组织形式和评议人员，会商解决方案及诉求人思想转化方式。镇级选派专责干部对"下交"事项办理全程指导、督促落实，确保"下交群评"形成有公信力的调解、评议结果。

构建"下交群评"议事成员库，推动资源力量服务基层一线。以镇村两级党组织、委办局党委（党组）为主体，通过整合纵向、横向资源力量，组织多元主体参与"下交群评"，确保"下交群评"工作的广泛性、代表性、权威性、关联性。各街乡镇、委办局广泛吸纳各类治理主体，形成"下交群评"队伍。

搭建"下交群评"平台，激发基层治理活力。采用群众喜闻乐见的方式，畅通社情民意反映表达渠道，通过村（居）民代表会、村（居）党员代表会、业主委员会、说事评理议事普法调解会、消费者纠纷协会会议等平台，充分调动多方基层力量参与基层治理。

二是组织动员，构建多层次、全方位基层民主协商格局。

"多向吹哨"下交办理，多方协同化解疑难诉求。委办局、街乡镇、村居（企业）党支部之间可"多向吹哨"，联合力量化解专业性、社会性、跨区域等疑难诉求。

"发动群众"下交办理，把群众的诉求交给群众去评判并研商解决。如黄松峪乡针对旅游连接线道路征地补偿发放政策与村民诉求之间存在较大差距的问题，由村党支部书记牵头，组织两委评议、党员评议、代表评议、户代表评议、网格划片评议等会议，通过群众事群众议，历时1个月评议出最终结果，1771万元征地补偿款顺利发放。

"动员社会"下交办理，推动社会力量参与基层服务管理。通过"下交群评"引导社会组织、市场资源参与基层治理，撬动社会力量解决群众问题。如滨河街道建西社区将小区修缮问题下交，创新政府补一点、街道奖一点、单位帮一点、社区筹一点、业主捐一点、物业搭一点"六个点"模式，多方筹集资金，共同解决路面维修、楼顶漏雨等难题。

三是强化保障，构建常态化、长效化工作机制。

健全机制，推动"下交群评"。出台关于《进一步深化平谷区接诉即办"下交"工作的指导意见》，规范"下交"的概念、形式、主体、程序；街乡镇、委办局结合实际，建立完善议事组织和议事制度，形成契合实际、行之有效的工作方法。

强化监督，确保下交实效。建立月度分析监督机制，每月对全区"下交群评"工作开展情况进行总结分析，对各单位"下交群评"效果进行跟踪评价。加强专项工作监督，区人大、纪检等部门对"下交群评"工作进行专项监督。

激励约束，优化社会风气。充分发挥考核"指挥棒""风向标"作用，出台《平谷区接诉即办"下交"工作考核办法》，建立健全可追溯、可考核、可评价的系统性工作机制，形成各司其职、各尽其责、合力推进的工作格局。树立"群众诉求全办理"的工作理念，所有不纳入考核的诉求全量"下交群评"，杜绝"以剔代办"，通过持续做群众思想转化工作，减少地区万人诉求量。

"下交"是党建引领多元主体参与社会治理的工作方法。"下交"工作法的突出特点在于：其一，坚持党的领导。中国共产党的组织嵌入、体制吸纳等有利于推进基层社会治理现代化。其二，将接诉即办镶入村级共商共治机制中，探索以基层民主方式解决接诉即办难题。其三，"下交"方法赋予了村议事平台裁判的功能。其四，"下交"工作法在党组织引领下，乡村两级专班经过精心组织，成立"乡贤库"。"下交"工作法体现了党的领导、人民当家做主与依法治国的统一，是在解决接诉即办难题过程中创造的经验，对于基层治理，特别是村级事务中的各类治理难题的解决有普遍意义。

（三）接诉即办改革创新基层工作方法，注重发挥专业化社会组织等各类社会群体的聚合力量，化解诉求，推动基层社会治理共同体建构

社会治理共同体最基本的特征是在权责对应基础上推进共建共治共享，不但要共建、共治，更要共同享有。共享就涉及权利分配问题。接诉即办难解决诉求中，有一部分是诉求者行使权利能力较低所致。行使权利能力较低在基层治理中表现为民众有关参政、就业、教育、医疗、卫生等诸多城市福利方面的缺失，也表现为城市基层居民参与社区治理方面的权利缺失或权利不平等，行使权利能力较低是社会共同体建构的障碍。第一，行使权利能力较低在实践中造成的诸如机会排斥、身份排斥、利益排斥等限制了正常的社会交往，影响了社会团结。接诉即办改革中像快递提取点设置、小区公共空间修建停车场等因争夺公共资源引发的群体诉求，已经成为基层接诉即办工作中的难点。第二，行使权利能力较低容易引发个体的自暴自弃，导致责任意识缺失，乃至道德水平低下。一个人无法通过正当渠道获取生活所需资源时，极有可能通过破坏法律或道德的方式来争取相关资源。第三，行使权利能力较低聚集社会不满情绪，增加社会动荡风险。当民众正常生活无虞且各群体生活水平和权利持有状态较为接近时，基层治理相对容易；否则，容易拉大彼此间的心理落差，导致社会的不稳定。在破解行使权利能力较低导致的认同缺失、引发各类矛盾方面，基层创造了很多鲜活的案例，其特点是充分发挥党员干部和专业化社会组织的作用，化解各类诉求，在提升接诉即办效能的同时，夯实构建社会治理共同体的专业化、常态化基础。

案例：东城区安定门街道"相约星期二，力量聚社区"

"相约星期二，力量聚社区"是安定门街道充分调动体制内外力量，推动接诉即办难解决诉求的工作机制。每逢星期二，由包案处级邀请八种治理力量，共同了解辖区居民的真实诉求，破解治理难题，为辖区居民开展服务，切实维护好居民的利益，争取居民的诉求在家门口得到有效解决。

一是发挥党员干部的作用，建立处级领导包案机制。严格落实处级领导下沉社区机制，每周二深入联系社区，结合"我为群众办实事"，对群众反映集中的痛点难点问题加强工作指导与协调。每周二，街道包社区处级干部带领片警、房管员、城管员、网格员、纠纷调解员、心理疏导员、社会治理监督员、物业管理员八种力量，深入社区，参与办件，针对疑难案件认真听取录音，与诉求人进行深度沟通，解决实际问题。

二是培育社会组织，以"心防工程"化解"心烦问题"。针对接诉即办难解决诉求的办理，安定门街道以专业化的方式推动问题源头化解。2021年9月，成功孵化培育北京市东城区平安枫景社会服务中心。该中心以社会综合治理研究、服务为主要业务，以新时代"枫桥经验"为榜样，通过建立和健全社会心理服务体系推动社会矛盾和难解决诉求的解决。该中心拥有社会心理、精神疾病、社区矫治等相关专业人员26人，通过专业化的服务在安定门地区构建起社会公众—社会组织—政府部门，点、线、面相结合，网格化全覆盖的社会治理、服务平台，筑造社会心理服务中心支持的"心防工程"。

三是组建自治团队，通过"帮帮团"协力解难题。借助社区老党员、志愿者、楼门院长等的力量，使他们成为社区治理监督员，积极参与到基层治理与服务工作中。同时，使辖区居民有了问题能够第一时间找到"组织"，诉求能够得到及时的反馈和回应，从而实现主动治理、未诉先办，在提高居民诉求解决效率的同时还能降低辖区发案率。

"相约星期二，力量聚社区"是安定门街道充分调动体制内外力量，推动接诉即办难解决诉求的工作机制。其突出特点是发挥社会治理合力，成立专业的心理服务队伍，借助专业的力量来破解社会治理难题；是以专业思维、法治思维化解矛盾的典型案例，对于推动社会治理共同体构建具有示范作用。

三 发挥典型案例作用，推动社会治理共同体构建

党的二十大报告提出，"建设更高水平的平安中国，以新安全格局保障新发展格局"。[①] 接诉即办改革的方向是健全共建共治共享的社会治理制度，提升基层自主治理能力。

一是完善社区公共事务决策机制，实现诉求的源头减量。在构建社会治理共同体过程中，调动民众的积极性，畅通社情民意反映和表达机制，让尽可能多的居民拥有直接参与权。对涉及社区公共服务设施建设等重大事项，在社区党委引导下，通过居民自主、自愿、自治方式充分讨论决定，通过充分的民主协商，让更多的居民参与到决策中，以减少和化解由于协商不充分引发的邻避冲突与双向群体诉求难题。这既是推动接诉即办改革深化的经验，也有助于社会治理共同体的构建。

二是健全矛盾纠纷多元化解决机制，将矛盾诉求化解在萌芽状态。在这方面，有三种类型的案例可进行研究推广。第一种是以通州区张家湾镇为代表的"一核多元共治模式"，属地政府主动引导法院、公安、检察院、公益律师等"元"主体入驻镇级共治中心，聘请社会组织、专业机构、人民调解员等力量加持群众矛盾化解。第二种是以北京市法院系统为代表，司法力量积极融入接诉即办基层治理实践，创新溯源治理工作机制，针对处于潜在或萌芽阶段、尚未进入司法程序的矛盾纠纷，推动矛盾纠纷由终端解决转为源头预防化解。这两种模式都为化解社会矛盾、推动社会治理共同体建设提供了可资借鉴的典范。第三种是运用新技术手段赋能基层社会治理。如东城区、朝阳区、石景山区、昌平区等以接诉即办为牵引，完善网格化管理、精

---

① 习近平：《高举中国特色社会主义伟大旗帜　为全面建设社会主义现代化国家而团结奋斗——在中国共产党第二十次全国代表大会上的报告》，人民出版社，2022，第52~53页。

细化服务、信息化支撑的基层治理平台，构建线上线下一体的矛盾纠纷多元化化解平台、智能化公共服务平台。

三是探索构建自主治理机制，多方协同化解疑难诉求。如何激发群众参与社会治理内生动力，提升基层自主治理能力，构建"民事民办、民事民调、民事民议、民事民评"的自主治理机制，推动基层治理体系和治理能力的提质增效，既是实现构建社会治理共同体的重要目标，也是构建社会治理共同体的主要途径。在化解疑难诉求方面，提升基层自主决策、自主评价能力至关重要。在这方面可总结、研究推广以下两类案例。一类是平谷区形成"下交群评"的模式，尝试将有一定解决难度的诉求"下交"给群众去评判、研商、表决，用群众智慧解决群众问题，促使群众身边发生的问题在群众身边解决。另一类是"南广阳经验"，发挥村规民约作用，引导居民在法律的框架内通过协商民主议定村民认可的契约，再以契约治理共同的家园，实现不诉自办。

四是建立健全"大群团"工作机制，发挥社会组织化解接诉即办难题中的作用。构建社会治理共同体，需要在党组织的领导下，推进社区赋权，支持社区社会组织发展。一方面，坚持群团组织的社会属性，充分发挥其横向到边、纵向到底的组织优势，如发挥妇联的作用，以家庭家教家风建设为抓手，开展家庭教育指导、困难家庭帮扶、健康知识讲座等活动，促进邻里和谐，将邻里纠纷类的诉求化解在社区。另一方面，重视发挥社会组织的作用，如东城区通过建立健全社会心理服务体系，在关注百姓心理健康的同时，定期开展基层心理服务活动，主动塑造良好社会心态，推动社会矛盾和难解决诉求的解决。

B.14
共建共治共享社会治理
多元参与的体系构建

——以北京市"未诉先办"改革为例*

陈磊**

摘　要： 通过行政联动、市场联动、社群联动，制度规约、政府引导、政企合作、社会组织参与协商的治理体系得以形成。实现主动治理，须挖掘基层治理中问题的研判、预警、共性发现、信息搜集等机制，通过监测问题症状实现源头治理，通过预测周期问题实现前瞻治理，通过征集问题线索实现共同治理，建构共性问题开展专项治理。在共建共治共享社会治理多元参与的体系构建过程中，应建立多元参与权责清单机制，形成多元参与问题解决的闭环机制，实现多元参与诉求要素标签化、类型化的处理，并以此为基础形成嵌入式的协同与多方联动效应。

关键词： 社会治理　多元参与　共建共治共享

一　研究背景

党的二十大报告指出，"健全共建共治共享的社会治理制度，提升社会

---

* 本文系北京市社科基金重点项目"主动治理中的多元参与机制研究"（22FXA002）的阶段性成果；本文受"首都经济贸易大学北京市属高校基本科研业务费专项资金"资助。

** 陈磊，法学博士，首都经济贸易大学法学院副教授，北京市习近平新时代中国特色社会主义思想研究中心研究员，研究方向为诉讼法学。

治理效能"。[①] 上述指导思想是对过去长时间基层社会治理分散化等问题的回应。不过需要注意的是，多元化复合型治理模式各主体之间可能产生权责内容认定和分配等问题，也会带来社会治理的"被动性""消极性"忧虑和主体动力不足等问题。为解决上述问题，落实主动治理、多元参与的方针，2021 年 9 月，北京市出台了《推动主动治理未诉先办的指导意见》，该意见明确了主动治理机制、主动发现问题以及主动破解难点问题等重点任务。其中主动治理、主动服务是未诉先办的核心，通过践行接诉即办工作机制，在基层治理实践中累积起群众诉求和问题区域等大数据，进而主动地提前解决问题。在大数据技术支撑下，接诉即办工作机制不断深入推进，基层干部从以前的"有一办一"到主动发现问题的存在。多元主体参与机制的构建，对于发挥各级、各类治理主体的积极性和主动性，建构自身所面临的共性问题并及时进行专项治理，起到了十分重要的作用。本文以社会协同治理理论为基石，以行政机制、市场机制与社群机制三种治理机制的互动为研究主线，回应当下社会治理共同体的学理争议，聚焦北京社会治理的"症结""实效""愿景"，以期真正助力社会治理多元主体实现价值共识、利益共享、责任共担和实践同行，助力北京社会治理精细化走向深入。

二 主动治理中多元参与的构成与模式

社会治理多元参与模式依赖政府、市场、社会三方主体的共建共治共享。激励与竞争、自治与合作、政策与调控是市场、社群、行政机制各自的鲜明特色，合作与互补是基层治理的"主旋律"。政府提供合法性保障和政策支持、市场开展公共服务、社会负责挖掘社会资本，是目前社会治理的一般分工。

[①] 习近平：《高举中国特色社会主义伟大旗帜　为全面建设社会主义现代化国家而团结奋斗——在中国共产党第二十次全国代表大会上的报告》，人民出版社，2022，第 54 页。

（一）社会治理多元参与主体的构成

"在我国多年社会治理实践探索的经验总结中，多方联动、多元共治的格局已经初步基本形成"[1]，其主要依赖政府、市场和社会三方主体的共建共治共享。社会治理多元主体形成共同体，最重要的是每一个主体能够尽自己最大能力共同参与到治理中。"经过二十多年社会改革，我国社会治理面对的主要对象已经发生改变。"[2] 然而，社会治理多元主体最重要的就是参与合作治理与有效协同的过程。政府在社会治理方面有足够的实践经验，但社区自组织却需要在一定的制度环境以及现实需求中不断发展，在一件件具体的社会治理事件中积累实践经验。从政府一个治理主体转变为政府、市场和社会多元主体并行治理的格局，需要协调各方力量实现整体均衡发展，为此也对各主体协同能力提出更高要求。多元主体之间的相互信任与协同治理基于多元主体达成的共识，但合作之初多元主体之间的信任基础并不牢固，所以就需要政府凭借自身优势在社会治理中树立良好形象，打下基础并通过完成一些较为容易且需要多元主体之间进行互动的任务，并在此过程中建立起信任。"在不断良性互动后，多元主体之间便可以自然而然地形成较为巩固的信任关系，在社会治理中更加得心应手。"[3]

（二）主动治理中多元参与的协同联动模式

社会治理实践中，主动治理多元参与的实现首先需要有效平衡多元主体权利，使其承担相应责任。在协作初期，需要制定一个细致协议来规范对几方主体的权利分配，保证各主体能够更好地协作治理。而对应的责任划定必须明确具体，有权必有责。为了权利能够有保障地实施，必须对其

---

[1]　文宏、林仁镇：《多元如何共治：新时代基层社会治理共同体构建的现实图景——基于东莞市横沥镇的考察》，《理论探讨》2022年第1期，第62~69页。

[2]　蔡斯敏：《社区自组织动员力与多元主体参与机制的有效塑造》，《广东行政学院学报》2021年第2期，第15~23页。

[3]　陈斌、潘小娟：《新时代建设社会治理共同体的路径探析》，《行政管理改革》2022年第2期，第36~41页。

施加相应的责任。此外，对于协议的内容需要留有一定的修改空间，因为社会管理中最常见的便是变化，对情势变化需要及时做出反馈，进一步对相应的制度进行修改以便适应各方情况的变化。再者，多元参与组织的基本架构是保证整个组织有效运转的基石，多元主体在社会治理中不能只依靠其中一方，要充分发挥三方的整体作用，建立起多元协同的治理主体体系，使其在各自领域都能发挥出应有的治理作用，同时共同构筑现代治理的主体体系。

主动治理多元参与的协同联动框架体系中，首先是行政联动。"中国社会治理实践中，在组织、规则、行为等方面都呈现'行政引导'这一特征"。① 行政在协同治理体系中的主要作用是通过制度规约制定一系列协议，其中最根本的是要打破以往的分工结构，强化政府部门协同治理的主体性和主动性。政府部门应重点关注基层社会治理中存在的薄弱环节和短板，为企业、社会组织及人民群众参与社会治理搭建桥梁。

其次是市场联动，形成政府与企业的合作模式。"社会企业通过市场机制参与社会治理的行动根植于经济嵌入社会的关系之中。"② 政企合作一直是社会治理的重中之重，市场联动中的政企合作模式要求构建社会治理智能化的基本框架，结合社会治理的现实需要与智能技术的特征，实现智能技术和社会治理的深度融合，依靠政企之间的合作，进行自上而下的信息收集。需要进一步完善政企之间的数据安全共享机制。政府与互联网平台合作时应当确立政府数据收集标准，既要发挥这些数据应有的作用，又要保护用户个人信息。还要完善政企合作的经济激励模式，采用一定的经济激励。

最后是社群联动，促进民众、社会组织与政府的协商模式发展。社会性是多元协同的社会治理模式与政府管理的社会管理模式的本质区别。对于协

---

① 马颜昕：《行政引导下的基层合作治理——以实证分析为视角》，《行政法学研究》2021年第1期，第126~141页。

② 时立荣、闫昊：《提升社会治理效能：社会企业生产要素社会性变革及其制度优势》，《理论探讨》2020年第2期，第171~176页。

同治理中社会性所起到的作用，最重要的是"社会组织在提供社会支持与公共服务、提升社会张力与制度弹性等方面具有独特的优势和作用"。[①] "通过社会协同可以形成社会整合和联动机制，推动治理资源和力量的重整，促使社会各行动主体之间形成紧密配合的和谐关系与相互支持的合作行动。"[②] 这不仅可补齐行政短板，实现从政府单一主体治理到政府与社会多元合作共治的转变，也可以进一步为基层社会治理共同体构建增添活力。"'主动治理、未诉先办'的核心在于多层次治理主体的对话、协商、谈判、信任、合作和共同行动。"[③]

三 主动治理中多元主体主动发现问题机制的构建

主动治理是思路创新、方法创新、理念创新，基层社会治理应当主动"向前一步"。问题的关键在于如何"主动发现问题"，"主动发现问题"的体制机制如何建立。这是对基层治理整体能力和水平的最大考验。

（一）市级层面主动发现问题的工作机制

在主动治理多元主体参与的实践中，北京市级层面主动发现问题的工作机制主要有"每月一题""治理类街乡镇专项治理""诉求主动转化"等。以治理类街乡镇专项治理活动为例，2019 年北京市围绕"接诉即办"启动了治理类街乡镇整治提升工作，将人口规模大、接诉量多的街道和乡镇纳入市级治理类街乡镇督导范围，其中包括望京街道、高碑店乡和三间房乡。通过集中整治，望京街道从被居民嫌弃的"脏街"变成共建共治共享的典型代表，2020 年 10 月退出市级治理类街乡镇督导范围。高碑店乡针对辖区内北花园小区等市民诉求量大的点位，积极推动社区综合整治，从硬件及居民

---

① 金太军、袁建军：《政府与企业的交换模式及其演变规律——观察腐败深层机制的微观视角》，《中国社会科学》2011 年第 1 期，第 102~118、222 页。

② 朱力、葛亮：《社会协同：社会管理的重大创新》，《社会科学研究》2013 年第 5 期，第 1~7 页。

③ 李文钊：《"主动治理、未诉先办"的逻辑要义》，《前线》2021 年第 7 期，第 69~72 页。

意识培育等方面着手，研究破题之法。"经过两年多的督导，12345 热线大幅提升了'二阶治理'的回应性，吸纳了大量的群众诉求，市民投诉呈现波动下降趋势。"[1] 三间房乡为加强整治提升，坚持接诉即办和未诉先办相结合，积极实施棚户区改造、老旧小区改造等工程项目，加强对社区人员的专业培训，提升基层社区治理能力和治理水平。北京市出台政策建立"社会治理问题清单"和"补短板项目清单"，加强对资金的保障和使用管理，通过各种手段实现对治理类街乡镇的监督管理。

（二）承办单位主动发现问题的工作机制

在多元主体参与社会治理的实践中，承办单位主动发现问题的工作机制包括定期分析诉求、预判问题和风险、分析研判新业态新领域问题、源头治理机制、发现共性问题等。承办单位主要依据接诉即办工作条例制定制度规范，按照不同工作环节，执法检查单位就"诉求处置、诉求办理、主动治理"等方面进行重点检查。例如在诉求办理方面，执法检查单位对首接负责、分组协调、吹哨报到、社会协同等工作进行检查，制定全面体检清单，详细列出不同主体应当履行的法定职责，对条例的规定做了细致的解读，以指导执法检查工作能够有效开展。自接诉即办工作开展以来，相关承办单位以"发现问题"为中心，统筹各方资源，依托大数据智能检索系统，找寻了许多发现问题的工作机制。同时，"接诉即办改革中，相关单位以居民诉求为核心，重构社区治理体系中的工作流程、职权分配，促进社区治理效能的提升"。[2] 建立"记录审核全流程工作法"，结合社会舆情和接诉即办的工作情况，每月进行研判，确保问题早发现、早处置。部分单位创建客户服务投诉数据可视化分析平台，提升诉求分析的前瞻性以及事务处置的时效性。部分单位推出"诉求渠道全感知、一线问题全感

---

① 安永军：《应用强度：技术治理效率悖论的一种新解释——基于 B 市 "12345" 热线的实践分析》，《探索》2022 年第 1 期，第 149～162 页。

② 燕继荣、张志原：《市民诉求驱动的城市社区治理体系创新——以北京市 F 街道 "接诉即办"实践为例》，《中国行政管理》2022 年第 10 期，第 54～64 页。

知、预警机制全覆盖、焦点分析全覆盖"的工作模式，通过积累数据进行分析研判，创新未诉先办的工作流程，依靠"未诉先判、未诉先防、未诉先办"实现工作前置、源头治理，建立"一事一档案"等方式推动问题高效解决。

（三）街乡镇的民主协商与网格化管理机制

在社会治理多元主体参与的北京实践中，部分街乡镇打造"协商+网格+治理"的新模式，充分利用社区网格交流群，召开网格协商议事会等多种形式，协商解决基层治理难点问题。接诉即办"社会权力谱系中的物管会、镇街党建工作协调委员会、街巷长等，为社会权力参与基层社会治理提供了鲜活样本"。[①] 开展一系列微协商、微治理活动，网格化服务群众，将群众上门变为上门走访、主动服务来回应和满足群众最关心、最直接以及最现实的利益诉求。通过网格化管理建立社区和小区党组织书记、楼长、志愿者等解决问题的队伍，让群众在家门口获取便捷精准的服务。通过网格员微信群快速反映并处理问题，利用各种形式的网格化管理实现环境卫生、治安巡逻以及矛盾纠纷等问题的快速高效解决。

四　主动治理中多元主体协作解决问题机制的构建

主动治理的前提是"主动履责"，强化多元共治，积极参与、形成合力是主动治理的核心要义之一，在此过程中需要反思多元参与机制的责任（权责）清单制度如何合理设计，如何做实资源、需求、项目等清单制度，这是共同破解治理难题的关键问题。诉源治理的关键在于矛盾纠纷前端化解、关口把控，要进一步研究如何将诉求进行合理分类、分别明确处理要求，如何持续完善诉求细化处置流程和步骤，如何对诉求要素进行标签化、

---

① 吕廷君、李昊光：《基层社会治理中的社会权力研究——以北京市"接诉即办"为例》，《重庆社会科学》2022 年第 9 期，第 92~102 页。

数据化处理，如何健全派单机制。要有效实现主动治理，需强化条块协同，此时需反思如何优化首接负责制，如何确立"吹哨报到"机制的基本原则，如何形成各司其职、整体联动的问题解决闭环。不仅如此，多元参与机制的题中应有之义是信息共享和协同联动，需要反思如何推动跨部门、跨领域问题办理机制的程序化、规范化运行，如何强化联动效应，如何基于提前沟通、精准研判、未诉先办、建章立制的进路形成主动治理模式。厘清各主体之间的权责分配问题，有效联动政府、社会和群众居民并形成合力，构建完整的多元参与治理体系。

（一）多元参与机制中权责清单的建立机制

权责清单是指如何"清单式"地列举政府所拥有的行政权力和相应的行政责任，如何勾连行政权力和行政责任以使权责一致，如何动态更新并保障清单发挥实效等一系列行动准则和操作性规定。

首先，健全主动治理主体权责清单。权责清单机制以分配责任为中心，完善严格的考评制度，督促承办主体依法按照权责清单规定的事项和流程实施治理工作，并且对滥用职权等情形进行约束，以维护权责清单制度的规范性。要根据法律法规规定，对治理主体进行约束，确定担责主体和追责主体，防止主体缺位。

其次，要使权责清单内容和落实情况可视化。主动治理过程和进度的可视化是通过社会监督落实权责清单的基础，《北京市接诉即办工作条例》第三十四条规定，接诉即办工作接受公众和新闻媒体的监督，这一规定体现了接诉即办工作的可视性和公开性。要实现主动治理、主动履责，不仅需要明确职责并使之公开透明，权责清单落实情况也应当实现可视化，及时通过网络平台等渠道公开主动治理进度和其他相关信息，通过外部社会和群众建立起对权责清单制度运行的监督。

最后，需要健全权责监督检查和考评体系。监督治理主体权责是制度设计的重要一环，合理有效的制度是实施监督的保障，因此"在进行权责清单制度设计时，应系统性梳理追责依据，公开问责指导案例，形成监督问责制度机制，实现责任清单监督检查"。① 因此在设计权责落实考评制度时，要基于整体协同的考量增加权责落实评价考核的合理性和准确性。依据《北京市接诉即办工作条例》第三十二条的规定，在进行权责落实考评制度的设计时，一是可以将权责主体正确性、权责落实公开度、群众满意度等作为考评标准；二是组织专家和相关部门、群众或者委托第三方机构，对设计权责落实考评制度进行意见汇总，以求获得有针对性的设计方法；三是根据不同的治理事务确立不同的考评标准，例如对于需要多方协调共治的跨领域、跨部门问题，在对其进行责任落实考评时，应重点关注各部门之间的合作程度、阶段性工作完成时限等，为其设置合理的指标，也可以运用排名机制来考评各部门间的协作程度。

（二）多元参与基层社会治理问题解决闭环的形成机制

强化条块协同，实现"网格化+"主动参与社会综合治理，需要形成各司其职、整体联动的问题解决闭环。网格化管理能够将基层治理事务纳入网格之中，交由网格员对信息进行摸排、收集、处置、上报等一系列工作并形成辐射效应，以实现精细化治理，推进社会治理现代化水平发展。形成共建共治共享社会治理多元参与模式，"网格化+"主动参与治理是重要一环，这需要强化条块协同程度，以建立起"全覆盖、无缝隙"的网格化管理网络。

首先，强化条块协同需要优化首接负责制。《北京市接诉即办工作条例》第十四条规定能够提升诉求解决效率，加强各单位之间的连接程度，但各主体间配合不当、办理拖拉等问题也可能产生。对于涉及多个部门的事务，可通过压缩诉求处置时限提高效率，阶段性工作设置具体处置时限要求，以督促各部门及时解决问题。

其次，条块协同需要通过规范"吹哨报到"机制来实现。"北京市'吹

---

① 刘琼莲：《社会治理共同体的评价标准：秩序与活力的动态平衡》，《中国行政管理》2021年第11期，第31~36页。

哨报到'通过科层'条块'流程的重塑，探索出一种以政府内绩效考核激励为主要特征的制度化民意回应机制。"① 当前的"吹哨报到"创新机制，能够有效衔接社区和部门，形成联动治理格局。"吹哨报到"机制能够有效打破条块分裂的封闭性。"在'吹哨报到'创新性机制中，各主体能够突破权力限制，共同面对基层治理事务。该机制通过资源下沉、赋权基层，解决基层政府行政执法中存在的推诿扯皮和碎片化等问题。"② 可见，"吹哨报到"创新机制是实现条块协同的重要机制，需要确立该机制的基本原则以规范机制运行。"吹哨报到"机制的基本原则应包括以下几项。其一是坚持党建引领，强化基层党组织建设；其二是坚持条块协同，以明确划分权责为基础，优化协同机制；其三是坚持问题导向，以问题导向为中心，以群众反馈次数较多问题为线索，解决关键问题；其四是"坚持力量下沉，将权力下放至基层，充实'吹哨报到'的基层队伍，通过组建治理'微网'、打造全员网格，形成多要素有机联动与叠加的优势"。③ 以北京市为例，为将基层治理落到实处，北京市坚持将人力资源向基层输入，加大对基层治理的财政投入和政策支持，集中治理力量和资源，重点治理短板和难点问题，坚持"事不完、人不撤"，提高基层组织的统筹规划和问题解决能力。

（三）多元参与诉求要素标签化、类型化的处理机制

由于基层事务具有烦琐性和复杂性，合理运用诉源治理是提升基层治理效率的重要步骤。诉源治理的关键在于如何将矛盾纠纷在前端化解，要考虑合理分类诉求，提升治理效率。建立以大数据为依托的多元协同智能化社会治理体系，是基层社会治理改革创新的前进方向。要坚持以技术为手段，充分发挥大数据智能技术的信息识别优势，改革创新诉求治理模式，推动互联

① 孟天广、赵金旭、郑兆祐：《重塑科层"条块"关系会提升政府回应性么？——一项基于北京市"吹哨报到"改革的政策实验》，《中国行政管理》2021 年第 4 期，第 31~39 页。

② 吕维霞：《基层社会治理中"吹哨报到"的动力机制——基于北京市的多案例实证研究》，《南京社会科学》2020 年第 6 期，第 73~79 页。

③ 宋洋：《协同治理模型视角下城市网格化实践模式研究——以 T 市 B 区"四全"模式为例》，《行政论坛》2022 年第 5 期，第 86~92 页。

网与社会治理深度融合，实现基层治理的智能化。对诉求进行合理分类，需要明确数据边界。接诉即办工作应明确受诉范围，并持续进行范围扩大，以增加诉求分类选项；对于那些不属于接诉即办工作覆盖范围的事务，应对其进行识别和分类，做出分流决定或做其他处理。"接诉即办的核心是在党建引领下通过整合服务、分类诉求以实现快速响应、高效办理和主动治理"[1]，据此，接诉即办才能够建立起合理的数据边界，为进一步细化诉求分类奠定基础。以北京市海淀区企业接诉即办的工作实践为例，其依托企业智慧接诉平台对接入诉求进行统一分拣和前置筛选，以实现接诉即办工作的精准化和智能化。在接诉即办工作中，运用智能化程序对诉求进行前置处理和分类能够提升整体效率和增加流通性，减少人工操作压力，这一技术平台可充分被运用到对群众诉求的处理中。优化现有的接诉即办网络平台，可预先设置不同的诉求标签供群众在自主填写诉求时进行选择，在提交后对群众诉求的内容进行智能识别，提取关键信息，完成诉求分类校对，以保证分类的准确性。

健全优化派单机制要加强对智能数据的应用。可利用"智能派单"功能实现对不同诉求的智能识别和匹配，同时根据诉求人置信度来判断某一类事件的权责归属是否清晰。在运用"智能派单"功能积累大量应用案例后，对置信度高、派单准确率高的诉求实行全自动派单；分析诉求置信率和派单准确率较低的原因并加强关注；持续学习新增归档工单数据，提升整体的智能化和派单精准程度，完善智能化工单流转体系，提升事务处理效率。

（四）嵌入式协同与多方联动效应的形成机制

多元参与治理需要信息共享和协作互动来支撑。因此，推动跨部门、跨领域问题办理机制的程序化、规范化运行是关键一环。需要根据权责清单的内容来明确不同部门的权责分配，并建立起专门的考评制度对不同部门之间

---

[1] 王敬波、张泽宇：《接诉即办：基层治理现代化的实践探索》，《行政管理改革》2022 年第 4 期，第 85~94 页。

的协作程度进行考察。

协作互动需要强有力的联动效应，要在加强党组织建设的基础上，建立起联动各方的平台来整合强化各主体力量。党组织可以强化建设居（村）民协商议事平台，引导居民参与社区治理实践；建设公共服务供给平台，培育社会服务类组织，链接社会资源。这些平台平衡发展，实现联动治理。确定协商议事制度，如通过村民代表会议与更多利益相关方建立联系，打造更为畅通的沟通渠道和平台，加强治理，加强与广大群众和组织之间的互动。协商议事机制能够充分推动社会群体自治，形成并维持多方联动的效果，因此需要从多个方面对该机制进行充分优化。一是通过多种方式扩大代表群体，充分凝聚民意，吸收多样化意见；二是加强党员在议事活动过程中对群众的引领作用，积极推动群众的诉求表达和事务参与；三是不断优化协商议事机制，增强议事内容的多样性和针对性，提高主动治理效率。

"以技术嵌入促智慧治理，是'接诉即办'构建基层治理新模式的重要机制之一。"[①] 实现信息共享，充分利用智能手段，搭建信息共享平台，集合各治理主体进行统一网络办公，形成相互联通的网络结构，实现各主体之间信息及时共享、步调统一、及时沟通。要加大互联网与治理的融合程度，拓展信息交互平台，不断完善微信公众号、微博、专门网站等平台的各项功能，利用大数据来拓宽公众参与治理基层事务的渠道。利用大数据提升协同治理的智能化程度。基层治理模式的创新，需要以大数据为依托，推进"互联网+"治理模式的应用，采用智能化治理方式提升治理效率，打造综合信息平台，包括信息收集、预判、研判、反馈等各个环节，重点关注基层治理中确定性低的事件，对其进行预判和研判，进而做出风险评估和预防措施，为主动治理研判提供数据支撑。

综上所述，多元主体协作社会治理重心在基层，难点在基层，乡镇街道、城乡社区是社会的基本单元，是创新社会治理的基础平台，应在基层密

---

① 马超、金炜玲、孟天广：《基于政务热线的基层治理新模式——以北京市"接诉即办"改革为例》，《北京行政学院学报》2020年第5期，第39~47页。

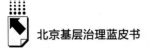

切联系群众，办实事解难题，以实际行动践行初心使命。针对接诉即办共性难点问题定期向社会公布相关工作情况，对周期性问题制定预案，深化接诉即办改革，以"每月一题"为抓手，推动主动治理、未诉先办。

五 结语

主动治理、未诉先办是推动接诉即办改革创新的有力抓手，是推进共建共治共享的生动实践。基层社会"微治理"的生成逻辑在于打通基层"毛细血管"，各参与主体权责范围的清晰化、网格治理的精细化、纠纷解决的智能化，避免治理目标的空泛化，是研究主动治理命题的重点。主动治理多元参与机制的实现离不开科学有效的组织领导以及技术服务、人力资源等坚强有力的保障。关键在于，在信息化时代，社会治理方式的创新依托于数字化的统一管理平台，在智慧城市、数字政务整体布局中推进接诉即办数字化转型，要利用云计算、区块链、大数据等人工智能技术，定期分析诉求办理情况，预判季节性、周期性问题，研究新业态、新领域问题，对接需求开展源头治理，科学设立接诉即办指数。发挥监督在基层治理中的基础性、根本性作用，落实"监督+查办+治理"相结合，强化作风效能监管、突出全过程监管、紧盯新兴领域监管，为基层社会治理提供坚强保障。建立健全纪检监察监督、职能部门监督、群众监督三位一体监督体系，全过程、闭环式对社会治理工作开展监督。充实基层治理骨干力量、培育打造高素质基层治理队伍是落实主动治理的关键环节。要加强业务培训、增强实践锻炼，加强激励、吸引优秀人才加入基层干部队伍，提升基层党员干部的治理能力。完善现有考核机制，激励参与者的内在动力，建立多层次、科学的评估体系，加快形成"能者进，庸者退"的科学考评效应，是主动治理、接诉即办的重要一环。

B.15
城市人民法庭参与基层
社会治理的策略与逻辑
——基于"花乡经验"的个案研究[*]

陈寒非[**]

摘 要: 基于"花乡经验"的个案研究表明,诉源治理是当前城市人民法庭参与基层社会治理的主要策略。诉源治理覆盖纠纷发生前后全过程,纠纷发生前以风险预测为主,纠纷解决中则以工作指引、调解指导及裁判说理等方式为主,纠纷解决后则以司法建议为主。人民法庭的诉源治理策略贯彻着"政治—法律""跨界—守界"双重逻辑。双重逻辑内部存在"二律背反",城市人民法庭与其他治理主体的关系应从管辖权竞争转向管辖权合作,通过诉源治理方式主动制造"有意的边界模糊",与其他非司法性力量合作,共同解决复杂的城市治理问题。

关键词: 基层治理 城市人民法庭 诉源治理 管辖权合作

一 问题的提出

"在国家治理的三层构造中,基层治理无疑是国家治理的基石"[①],直接

---

* 本文系北京市社科基金项目"主动治理中的多元参与机制研究"(22FXA002)的阶段性研究成果。感谢北京市丰台区花乡人民法庭魏亚南庭长为本文写作提供的帮助,文中部分田野调查资料由其整理并提供。

** 陈寒非,首都经济贸易大学法学院副教授,法学博士,研究方向为法律社会学、法律史学、司法制度等。

① 吕德文:《基层中国:国家治理的基石》,东方出版社,2021,序言第1页。

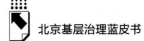

关涉到国家治理的"最后一公里"问题。党的十八大以来，党和国家十分重视基层社会治理问题，提出了诸如"基层治理体系和治理能力现代化""打造共建共治共享的社会治理共同体""健全自治法治德治相结合的乡村治理体系"等重大命题。在此进程中，政法领域改革主要着力于"健全社会矛盾纠纷预防化解机制"，反映于司法领域则是以诉源治理为中心的"多元化纠纷解决机制改革"。① 诉源治理不仅是从法治轨道推进基层治理体系和治理能力现代化的重要方式，还是人民法院参与基层社会治理的主要途径。随着诉源治理实践的推进，人民法院在诉源治理中的功能定位从最初的"引领、推动和保障"向"参与、推动、规范和保障"转变，从"协同参与"向"主动融入"转变。

在当前城乡二元结构背景下，人民法院和人民法庭参与基层社会治理存在一定的职能分化，其运作逻辑也不尽一致。作为人民法院的最基层单位，人民法庭位于基层矛盾纠纷化解纠纷的第一线，比人民法院参与基层社会治理更具地域性功能优势。最高人民法院发布的一系列司法解释性质文件对人民法庭积极参与、服务基层社会治理提出了明确要求②，在新时代背景下，

---

① 如 2014 年党的十八届四中全会提出要"健全社会矛盾纠纷化解机制，完善调解、仲裁、行政裁决、行政复议、诉讼等有机衔接、相互协调的多元化纠纷解决机制"；2021 年 2 月 19 日，中央全面深化改革委员会第十八次会议审议通过《关于加强诉源治理推动矛盾纠纷源头化解的意见》，要求"把非诉讼纠纷解决机制挺在前面，推动更多法治力量向引导和疏导端用力，加强矛盾纠纷源头预防、前端化解、关口把控，完善预防性法律制度，从源头上减少诉讼增量"。又如，2016 年，最高人民法院印发《关于人民法院进一步深化多元化纠纷解决机制改革的意见》，从诉调对接平台建设、完善多元化纠纷解决机制及充分发挥司法在多元化纠纷解决机制建设中的引领、推动和保障作用方面做出了部署；2019 年 2 月，最高人民法院发布《最高人民法院关于深化人民法院司法体制综合配套改革的意见——人民法院第五个五年改革纲要（2019~2023）》，分十大体系部署司法体制改革的主要任务，其中第（三）项"健全以人民为中心的诉讼服务制度体系"中对以"诉源治理"为中心的多元化纠纷解决机制提出明确要求；2019 年 8 月 1 日，最高人民法院出台《关于建设一站式多元解纷机制一站式诉讼服务中心的意见》，围绕人民法院"主动融入党委和政府领导的诉源治理机制建设"提出了系统性的措施。

② 如 1999 年最高人民法院印发《关于人民法庭若干问题的规定》（法发〔1999〕20 号）；2005 年最高人民法院印发《关于全面加强人民法庭工作的决定》（法发〔2005〕16 号）；2014 年最高人民法院发布《关于进一步加强新形势下人民法庭工作的若干意见》（法发〔2014〕21 号）；2021 年 9 月最高人民法院发布《关于推动新时代人民法庭工作高质量发展的意见》（法发〔2021〕24 号）；2021 年 9 月最高人民法院印发《新时代人民法庭建设案例选编（一）》（法〔2021〕227 号）；2022 年 6 月最高人民法院发布《"打造枫桥式人民法庭　积极服务全面推进乡村振兴"典型案例——融入基层社会治理篇》；等等。

人民法庭应在推动健全基层社会治理体系、加强源头预防化解纠纷、推进基层法治建设等方面依法有序地参与基层社会治理，建立以其为支点的基层社会法治体系。这种高要求预期与党对人民法庭的治理性职能定位密不可分，而这种职能定位是新中国成立初期人民司法以群众动员为中心的社会治理功能的延续。①

一方面，人民法庭是人民法院的组成部分，本身承载的审判职能要求其依法独立行使审判权，以中立立场奉行宪法法律至上，做到严格公正司法；另一方面，人民法庭又被视为国家法治力量向基层社会延伸和渗透的重要支点，其社会治理功能要求其表现出能动司法品格（不能完全中立或专业化），以诉源治理方式主动参与基层社会治理，构建多元化纠纷解决机制来化解矛盾，实现"案结事了人和"的法律效果和社会效果的统一。本文以北京市丰台区花乡人民法庭形成的"花乡经验"②为研究对象，分析城区法庭参与基层社会治理的过程及其功能性均衡策略。笔者于 2022 年 9 月到花乡法庭开展实地调研，组织访谈并收集经验资料，本文以这些田野资料为基础。

二　城市人民法庭主动参与的诉源治理策略

花乡人民法庭位于北京市丰台区纪家庙，其辖区内包括一个城乡接合部（涉及花乡地区 11 个村、9 个社区）、两个街道（新村街道、马家堡街道）、两个市场（新发地农副产品批发市场和旧机动车交易市场）以及丰台科技园区。花乡法庭有员额法官 7 名，法官助理、聘任制法官助理、聘

---

① 李斯特：《人民司法群众路线的谱系》，载苏力主编《法律和社会科学（第一卷）》，法律出版社，2006，第 303 页。

② 关于"花乡经验"的官媒报道可参见黄晓云《花乡法庭创新诉源治理"花乡经验"》，《中国审判》2021 年第 19 期，第 40~42 页；罗兆英、陈名利《用实际行动推动基层矛盾纠纷化解》，《中国审判》2022 年第 8 期，第 106~107 页。另外，2021 年 9 月 15 日，花乡法庭"诉源治理"经验还入选最高人民法院《新时代人民法庭建设案例选编（一）》（法〔2021〕227 号）。

任制书记员 13 人。花乡法庭辖区纠纷有三方面特点。第一，辖区案件类型多样。既包括传统婚嫁类案件，又有社会转型期拆迁利益引发的各种拆迁、析产类案件，还有涉及经济发展、营商环境的合同类案件。第二，重点区域诉讼风险大，引发群体诉讼风险大。具体体现在：辖区内新发地批发市场、二手车市场、科技园区是诉讼高发区域；村域改造容易引发村民与村委会之间的群体诉讼；经营风险容易引发消费者与教育培训机构之间的群体诉讼；科技园区内容易发生特许经营合同等群体诉讼。第三，村（居）化解矛盾纠纷的专业能力不足，缺乏应有的调解组织和人员，缺乏矛盾应对举措，不能实现纠纷的有效化解和过滤。①面对复杂的城市治理环境，花乡人民法庭选择以诉源治理方式主动参与基层社会治理，覆盖纠纷发生及其解决全过程，而且针对不同阶段选择不同的具体权宜的技术介入策略。②

（一）纠纷发生前的风险预测

根据诉源治理的预设目标，人民法庭在纠纷发生前就主动介入基层社会治理。纠纷发生前，人民法庭参与方式以风险预防预测为主，按照纠纷发生性质的不同又可分为日常风险防范和突发风险防范两种形式。

日常风险防范主要是指人民法庭对辖区内重点工程、重点工作、重点单位或特定时段内的治理事项进行常态化风险防范，其方式主要包括针对特定问题的法治宣传、法官讲堂、送法进村（社区）进企业等，对可能引发矛盾纠纷的问题提前向党政机关、企事业单位等相关治理主体提出风险预警。例如，2021 年北京市启动创建"基本无违法建设区"③工作，根据北京市部署，2022 年花乡法庭所在的丰台区将完成"创无"建设任务，这项工作

---

① 参见《花乡法庭基本情况》，内部资料，资料编号：HXFT2022092200601。

② 欧阳静：《压力型体制与乡镇的策略主义逻辑》，《经济社会体制比较》2011 年第 3 期，第 116~122 页。

③ 2021 年 3 月，北京市委常委会审议通过了《北京市创建"基本无违法建设区"三年行动计划（2021~2023）》，该计划要求各区按照"集中拆除+持续治理"相结合的模式，以攻坚整治为出发点，实现从整治型拆违向规划引领精细化治违转变。

也就成为全区的"中心工作"。2022 年花乡法庭对特定时期内开展此项重点工作可能引发的纠纷风险做出预测，认为可能会出现因拆除违建导致无法履行引发合同纠纷、因拆除过程致损引发侵权纠纷以及因落实拆违引发行政纠纷，这三类纠纷具有引发群体性纠纷和大规模舆情的风险。为防范上述治理风险，花乡法庭在引导街道（乡镇）通过 12368 热线迅速传达"创无"司法需求、成立工作专班与辖区内"创无"工作主体常态化交流指导以及落实重大案件"三同步"工作等方面提出相应建议。①

突发风险防范属于非常态化情况下的风险处置方式，主要是指当发生突发性事件后，人民法庭针对有可能出现引发纠纷较为集中且增长迅速的情况着重开展风险预测，其方式主要为人民法庭主动与相关部门联动并在研判风险后提出相应的对策建议。例如，2020 年 6 月新发地批发市场集中暴发疫情，花乡法庭积极应对突发性风险，其方式可分为两类：一是及时联系属地政府和相关职能部门搭建沟通渠道，主动融入突发事件处置体系，具体包括建立涉疫诉源治理微信群、指派审判专家为涉疫法律问题专门联络员、与新发地市场调解委员和花乡司法所会商对接、提出涉疫纠纷化解调处的专业意见等；二是及时预测潜在纠纷，有针对性筹划处置对策，如研判预测疫情暴发后可能发生的因货物封存引发连锁性买卖合同纠纷、因进口三文鱼安全问题引发涉外买卖合同纠纷、因市场关闭引发居间合同纠纷、因消杀行为引发损害赔偿纠纷、因摊位使用引发与租赁相关的纠纷、因货物停运引发与运输相关的纠纷、因用工服务引发的劳务类纠纷、因涉及人员范围广易引发群体性纠纷八类民商事纠纷②，在此基础上提出强化针对性普法宣传、提供涉疫纠纷法律咨询等五大对策，并以示范性裁判结果助力矛盾化解。③

---

① 参见《预测涉创建"基本无违法建设区"工作可能引发三类纠纷》，内部资料，资料编号：HXFT2022092200101。

② 参见《预测新发地休市可能引发八类民商事纠纷》，内部资料，资料编号：HXFT2022092200201。

③ 参见《花乡法庭诉源治理的途径和做法（一）》，内部资料，资料编号：HXFT2022092200401。

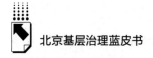

（二）纠纷发生后的积极化解

人民法庭的风险预测机制旨在将纠纷防范于未发之前，但实践中受制于多种主客观条件难以做到完全防范。纠纷发生后，人民法庭首先选择的策略是尽可能地将其化解于进入法院之前。在此阶段，花乡法庭主要采取如下方法。一是出台规范统一的矛盾纠纷化解指引意见，明确可能适用的法律依据以及相应的裁判尺度。如花乡法庭针对新发地涉疫纠纷制定涵盖"诉源治理""案件管理""涉诉案件法律指引"三大内容的《花乡法庭妥善化解涉新发地新冠肺炎疫情纠纷的意见》，分别从诉前治理、诉中管理、案件审理三方面帮助法官妥善应对涉疫纠纷，明确五大类案件工作指引、案件审理原则，为疫情防控、矛盾化解提供有力规范支撑。此外，花乡法庭还设计出五大类纠纷矛盾化解调解协议模板，用于线上指导新发地市场调委会及时调解因货物损失产生的损害赔偿、摊位租赁纠纷等。二是及时开展联动治理，充分发挥调解指导功能。纠纷发生后，人民法庭主动联系乡镇（街道）、司法所及人民调解组织，通过座谈交流了解情况，就纠纷化解提出专业性调解方案，通过人民调解组织引导解决矛盾纠纷。如花乡法庭联合花乡乡政府、司法所和市场调委会调查了解新发地涉疫纠纷情况，最终力促市场内已登记的矛盾纠纷化解率达到98%。[①]

若经过诉前机制处理后矛盾纠纷仍进入诉讼环节，人民法庭会选择以裁判的方式进行处理。从诉源治理的角度进行观察，裁判过程仍然遵循从源头上化解矛盾的原则，主要包括两种方式：一是诉讼中的分流机制，即适用多元化调解和速裁机制，将适合调解的案件分流给调解组织；二是在适用非诉矛盾化解机制和诉中分流机制仍未妥善处理纠纷的情况下，人民法庭选择加强诉讼中的裁判工作，尽可能地实现能够一次诉讼解决就避免重复诉讼、能够在一审解决就避免二审、能够促成自动履行就避免申请强制执行的目标，通过在特定区域巡回审判、就地办案、公开宣判、召开新闻发布会通报典型

---

① 参见《花乡法庭诉源治理的途径和做法（二）》，内部资料，资料编号：HXFT2022092200402。

案例等方式充分发挥司法裁判的规范、指引、教育、评价和引领作用。① 裁判的示范引领作用主要是通过裁判文书说理来实现的，"裁判文书有情有理有据地说理，对于解决诉讼争议、化解矛盾纠纷、实现诉讼目的、宣传国家法制、促进社会和谐都具有重要意义"②，一个鲜活的案例胜过一沓文件。由此可见，人民法院此时选择的策略是加强司法裁判的专业性和权威性，并以此来培育和增强人民群众的法治和规则意识，从专业保障角度实现诉源治理目标。

（三）纠纷解决中的司法建议

党的十九大以来，随着共建共治共享社会治理制度的提出和推进，司法建议参与基层社会治理的特定功能被重新激活，实践中越来越受到重视（详见表1）。③

表1 2020 年花乡人民法庭司法建议汇总

发送对象	建议事由	建议内容	反馈情况
生态环境部	因国家对居民楼内电梯、水泵、变压器等设备噪声无明确评价标准而引发纠纷	明确居民楼内为日常生活提供服务的设备产生噪声的评价标准	是
某银行股份有限公司	某银行在服务过程不合理使用银行消费者个人金融信息	完善个人账户开户程序，由消费者自主决定金融信息使用范围；履行对格式条款的提示和说明义务；健全投诉反馈连接机制	是
国家税务总局北京市税务局	企业注销或被吊销营业执照后未及时注销税务登记引发非法经营问题	与市场监管局联网合作，更新税务系统；责令已吊销执照的企业限期改正，未改正的主动为其办理结税结票业务并注销其税务登记	是

---

① 参见《花乡法庭诉源治理的途径和做法（三）》，内部资料，资料编号：HXFT2022092200403。
② 胡云腾：《论裁判文书的说理》，《法律适用》2009 年第 3 期，第 48 页。
③ 如 2021 年 9 月最高人民法院发布《关于推动新时代人民法庭工作高质量发展的意见》（法发〔2021〕24 号）第 11 条"明确参与基层治理途径"中明确要求人民法庭"对审判、执行、信访等工作中发现普遍存在的社会问题，应当通过司法建议、白皮书、大数据研究报告等方式，及时向党委、政府反馈，服务科学决策"。"应当"一词表明发出司法建议已成为人民法庭的一项强制性义务，而最高人民法院于 2007 年和 2012 年发布的关于司法建议的两个文件中使用的是"可以"。

续表

发送对象	建议事由	建议内容	反馈情况
北京自如生活企业管理有限公司	中介公司线上房源与实际房屋不一致引发纠纷	牢固树立诚信经营意识;严格把关《房屋租赁合同》签订;认真调查核实房源信息	是
花乡政府	辖区内集体经济组织房屋租赁不规范引发合同纠纷	乡政府规范辖区内集体经济组织,梳理之前的租赁合同,完善今后的合同签订,加强对乡村集体企业的监管	是
区市场监督管理局	辖区科技园空壳公司监管漏洞导致纠纷	严格审查公司注册信息,监管公司变更地址及注销等环节;加大对违法违规企业的处罚及曝光力度	是
某养老服务机构	养老服务机构管理服务漏洞引发纠纷	依法规范服务机制;完善服务内容记录机制;重视与家属的信息披露与良性沟通;制定应急预案	是
旧机动车交易市场	旧机动车市场管理漏洞引发纠纷	加强对旧机动车经纪公司管理;加强对消费者的提示说明;建立起消费者、经纪公司、交易市场之间信息沟通机制	是

资料来源:根据花乡人民法庭提供的资料制作而成。参见《花乡人民法庭司法建议总结材料》,内部资料,花乡人民法庭提供,资料编号:HXFT20220922005001。

司法建议是人民法院主动参与基层社会治理的重要途径之一,已经成为人民法庭诉源治理策略的重要组成部分。笔者统计花乡人民法庭2020年度制作发送的8份司法建议,发现其具有以下特点。第一,司法建议一般缘起于人民法庭的审判实践,往往对一些普遍性、集中性以及有可能引发大规模诉讼风险的纠纷发出司法建议;第二,司法建议制作的目的在于缓解法院的诉讼压力,此目的驱动人民法庭以司法建议的方式主动介入社会治理,建议相关单位及时改进管理、填补漏洞,从源头上防止纠纷发生;第三,司法建议内容一般较为具体,在指出问题后会从法律政策角度提出明确可操作的改进方案;第四,司法建议的发送对象较为广泛,包括政府机关、企业以及其他社会组织等;第五,司法建议反馈率较高,对象吸取落实情况较好,这与以往反馈率较低的认知不一致。与人民法院机关庭室做出的司法建议相比,人民法庭的司法建议具有明显的社会治理色彩,而前者更具机关庭诉讼业务的专门性特点。① 花乡法庭制作的 8 份司法建议涵盖噪声污染、个人信息保护、税务注销登记、房屋租赁、空壳公司监管、养老服务及市场管理等多个领域，建议内容主要是法律基础上的综合性预防措施。人民法庭通过司法建议方式介入基层社会治理，从诉讼层面完成诉源治理策略的闭环。

三　城市人民法庭诉源治理策略的双重逻辑

诉源治理策略是人民法院对国家治理现代化要求的积极回应，形成了以回应社会诉求为核心要素的"回应型司法"。② 由于司法回应建立在社会治理诉求基础之上，在国家治理话语强势介入下，诉源治理容易出现实践性偏离，从而引发司法治理化风险。司法治理化会影响法官的中立性地位，使法院逾越司法能动主义的制度边界，导致矛盾纠纷的非实质性解决，甚至有可能冲击国家权力分工体系和结构。③因此，最高人民法院特别强调人民法庭参与社会治理时应立足法定职责，依法有序参与基层社会治理，且不宜在诉讼外对已经立案的纠纷提出处理意见，其目的在于防止司法走向过度治理化。我们可将此现象称为诉源治理的"二律背反"，即一方面国家对人民法院参与基层社会治理提出要求，人民法院不得不以非诉讼化的诉源治理策略予以回应；另一方面，当这种非诉讼化的诉源治理策略偏离法治轨道甚至削弱人民法院裁判功能时，人民法院又会通过法治话语对其进行必要限制。在当前国家治理和法治中国建设语境中，我们如何从实践逻辑层面理解城市人民法庭诉源治理的这种"二律背反"？

---

① 参见褚宸舸等《通过司法建议的社会治理》，《人民法治》2019 年第 4 期，第 64~70 页。
② 高志刚：《回应型司法制度的现实演进与理性构建——一个实践合理性的分析》，《法律科学（西北政法大学学报）》2013 年第 4 期，第 31 页。
③ 周苏湘：《法院诉源治理的异化风险与预防——基于功能主义的研究视域》，《华中科技大学学报》（社会科学版）2020 年第 1 期。

（一）基于人民司法传统的政法逻辑

城市人民法庭诉源治理同样属于人民司法范畴，因此其遵循基层司法普遍运作的政法逻辑。人民司法的群众路线特质决定了它不可能是完全中立的裁判活动，也不可能是西方式的职业化司法，而应具有能动性、主动性、大众性；司法功能也不完全是以审判为中心，而是不断向社会治理领域扩张和拓展，如司法具有服务党和国家中心工作、指导培训人民调解、裁判说理教育群众、普法宣传、提出司法建议等功能。这些功能主要通过"党管政法"的组织机制和运作技术实现。① 因此，中国基层司法天然地具有政治逻辑，它直接面向群众，将党的政治意识形态向群众输入，承担着政治治理的历史使命。

在现代社会分工主义模式下，法律属于一个自创生且运作封闭的系统，其与政治功能之间出现了分化。法律系统的分化使司法不可避免地带有专业化倾向，要求其基于法律规范及程序主义处理纠纷，因而司法本身又始终遵循着法律治理的逻辑。这种法律治理逻辑要求人民法院以法律专业知识和现代诉讼技术来解决纠纷，秉承司法中立主义立场为民众提供专业化法律服务。党的十八大以后，党和国家推行以审判为中心的司法改革，制定出以司法责任制为"牛鼻子"的一系列改革举措，解决"立案难""执行难"等问题，同时以智能化平台推动司法便民服务，精准有效地回应人民群众的司法需求。新一轮司法改革并未削弱司法的专业性，也未放弃司法的中立性，而是试图以司法专业性为基础，弥合司法政治逻辑与法律逻辑之间的内在张力。政治逻辑与法律逻辑统合于人民话语下，共同形塑出人民司法新传统。

从花乡人民法庭诉源治理实践中，可以看到这种政法逻辑的实际运作。一方面，人民法庭诉源治理主动回应上级下达的政治任务。例如，

---

① 周尚君：《党管政法：党与政法关系的演进》，《法学研究》2017 年第 1 期，第 196~208 页。

2022年诉源治理中"日常风险防范"的重点主要围绕北京市和所在区的"创无"工作展开，这项工作被列为全区年度"中心工作"。为保障此项工作的顺利开展，花乡法庭需要提前预测可能引发的纠纷，主动应对相关的维稳涉稳风险隐患。在"党管政法"模式下，党的领导会以行政化的"压力型体制"①传导给人民法庭，而人民法庭必须采取主动参与的方式，积极回应来自行政链条的压力要求。另一方面，人民法庭的诉源治理又以法律治理的方式主动回应上级政治任务。从花乡法庭的诉源治理我们可以看到，无论是纠纷发生前的风险预测，还是纠纷发生后的积极化解，再或是纠纷解决中的司法建议，其工作开展都以司法专业化为基础，通过专业化的法律建议和诉讼技术来预测风险和化解纠纷，依法有序参与基层社会治理。从人民司法的政法逻辑出发，又可引申出司法与行政、法治与治理双重逻辑。政治逻辑的属性要求人民法庭贯彻行政逻辑、治理逻辑，而法律逻辑的属性要求人民法庭贯彻司法逻辑、法治逻辑。政治逻辑要求人民法庭不断加强社会治理功能，法律逻辑要求人民法庭恪守司法裁判功能。诉源治理实践中的党政关系和党法关系正是在两种功能主义的互动均衡中实现的。

（二）基于城市空间的跨界治理逻辑

城市人民法庭面对的场域是城市空间，在城乡二元结构尚未完全消除的情况下，城市空间与乡村场域之间仍然存有较大差异。城市之间的分化也较为明显，超大城市与一般的地方城市或中小城市之间也不尽一致。本文所讨论的花乡人民法庭位于北京这一超大城市，其面临的治理环境要比乡村及其他规模的城市更为复杂。根据学者研究，超大城市主要有如下社会特征："一是人口数量规模的巨型化和高密度；二是具有复杂、多元的

---

① 荣敬本等：《从压力型体制向民主合作体制的转变：县乡两级政治体制改革》，中央编译出版社，1998，第28页。

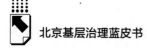
社会结构体系和明显的社会异质性；三是巨大的社会流动性、包容性和创新性。"① 在这种人口高度密集、高流动性、社会复杂多元的超大城市容易产生较为严重的社会问题，始终面临着颇为严峻的社会治理挑战，如环境污染、资源短缺、人口贫困、社会不平等、犯罪与公共安全危机等。

在经济逻辑和政治逻辑的交织下，城市治理模式可类型化为朴实的治理模式、工具性的治理模式以及象征性的治理模式三种类型。② 在当代中国城乡转型背景下，这三种理想类型的城市治理模式同存于中国式超大城市治理实践中，彰显中国城市治理的复杂性。传统城市治理模式主要以行政区域化、层级单一化、利益部门化以及信息割裂化为特点，而随着超大城市不断朝向社会格局高流动性、社会问题高复杂性、公民社会高自主性以及社会经济高创新性发展，传统治理模式难以有效运作（容易导致"碎片化治理"），此时急需转向跨界治理。③ 城市公共治理中的跨界治理内涵包括跨行政边界、空间边界、功能边界、组织边界等，体现多样性、交叠性、复杂性的特征④，具体表现为跨层级、跨功能和跨行政区划的协同治理，跨公私力量的合作治理，跨政民关系的协商治理，跨新行业新业态新经济的智慧治理等。

---

① 陶希东：《全球超大城市社会治理模式与经验》，上海社会科学院出版社，2021，第10~12页。
② 朴实的治理模式主要出现在具有同类人口和强烈地方归属感的小城镇和郊区，它们的主要目标是维持现状；工具性的治理模式则关注那些由城市政府和工商业集团的政治伙伴关系所指出的特定目标；象征性的治理模式出现在正经历急速变化的城市当中，这些变化包括大规模的复兴运动、重大的政治变革、试图转变公众对自己城市的观念的形象运动等。参见〔英〕约翰·伦尼·肖特《城市秩序：城市、文化和权力导论》，郑娟、梁捷译，上海人民出版社，2015，第316~317页。
③ 跨界原本指地理学上的跨越边界，后逐渐超越实体边界含义而发展成抽象的区隔符号。早期跨界治理理论主要用来讨论外来投资和地方政府之间的互动关系，后用于区域经济合作中政策工具运用及资源配置跨越行政区划边界的宏观跨界治理，晚近则主要用于城市公共事务治理。参见柏兰芝（Lan-Chih Po）、潘毅（Ngai Pun）《跨界治理：台资参与昆山制度创新的个案研究》，（台北）《城市与设计学报》2003年第15/16期，第59~91页；卓凯、殷存毅《区域合作的制度基础：跨界治理理论与欧盟经验》，《财经研究》2007年第1期，第59页。
④ 易承志：《跨界公共事务、区域合作共治与整体性治理》，《学术月刊》2017年第11期，第68页。

　　跨界治理模式直接决定了城市人民法庭参与基层社会治理的跨界逻辑。城市人民法庭的诉源治理策略正是这种跨界逻辑的具体体现。第一，风险预测阶段的跨界。从诉讼风险情况来看，人民法庭面临日常风险、突发风险、重点区域诉讼风险及群体诉讼风险等，新行业新业态新经济发展的不确定性容易带来新风险。人民法庭所预测的风险来自多元流变的社会主体，因此需要提前向其发出风险预警，提出相应的应对策略。第二，矛盾纠纷解决的跨界。城市社会矛盾纠纷复杂多样，除了传统的邻里、婚姻家庭、交通以及合同类纠纷之外，还包括诸如征地拆迁、重大工程项目建设、商品房交易、租赁、物业管理、医患关系以及金融等城市化纠纷。人民法庭在处理这些纠纷时，需要充分调动运用乡镇（街道）、司法所及人民调解组织等社会调解力量，为社会调解主体提供工作指引，构筑多元主体共同参与的大调解工作格局。第三，发出司法建议的跨界。在对既有纠纷处理过程中，人民法庭对今后仍有可能造成风险的主体发出司法建议，本质上是司法权出于公共事务管理目的的主动跨界行为，不仅跨界到行政领域，还跨界到企业内部管理、社会组织运行等诸多领域，形成人民法院主导的跨界督治模式。第四，日常法治服务的跨界。由于城市人民法庭面对的是具有高流动性的"陌生人社会"，其与基层政府及社区的关系相对较为松散。因此，人民法庭需要通过法治宣传、送法进村（社区）、法官讲堂以及法治培训等方式主动介入城市社区，以加强与城市社区的联系与合作，这是司法权跨界基层自治领域的体现。

　　城市人民法庭诉源治理的跨界逻辑具有整体性治理特点。在整体性治理模式下，人民法庭是城市治理中面向基层的司法力量，完整的城市系统要求其必须主动跨界。人民法庭的跨界治理包括三个维度：一是纵向的层级跨界维度，即在诉源治理中以问题为导向，可向县区、省市乃至中央跨越，如表1中向生态环境部发出关于生活噪声评价标准的司法建议；二是横向的功能跨界维度，即在行政区划内主动拓展社会治理功能，在一定程度上突破既有的权力分工边界，通过建议、合作等方式与行政部门协同治理，如在研判风险后调动政府力量共同防范，主持调解时充分运用乡镇（街道）、司法所的

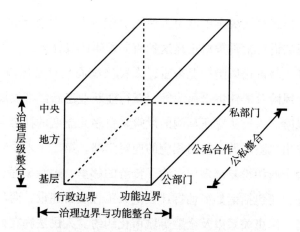

图1　城市人民法庭跨界整体性治理的三维构成*

　　* 此图改自 Perri 6 et al. 和彭锦鹏的研究成果。参见 Perri 6, Diana Leat, Kimberly Seltzer and Gerry Stoker, *Towards Holistic Governance: The New Reform Agenda*, New York: Palgrave, 2002, p. 29; 彭锦鹏:《全观型治理: 理论与制度化策略》,《政治科学论丛》2005 年第 23 期, 第 71 页。

　　力量; 三是深向的组织跨界维度, 即与市场主体、非政府组织、基层自治组织等进行公私合作治理, 形成风险防范和纠纷解决的公私合力。人民法庭诉源治理策略正是通过跨界的方式与相关主体进行合作共治, 突破司法与行政、市场、文化、空间等封闭的边界束缚, 从社会整体的视角预测风险和化解纠纷。①

　　城市人民法庭在参与社会治理过程中呈现"政法—跨界"双重逻辑。一方面, 城市人民法庭是党领导下的人民司法, 其以专业知识为支撑, 在预测风险和处理纠纷时服务于地方党委城市治理的政治大局和中心工作。另一方面, 城市人民法庭面对的是高度复杂化城市治理空间, 城市化带来的一系列治理难题决定了人民法庭在实践中不得不选择跨界治理, 而这种整体主义进路下的跨界治理可能会突破既有边界, 此时人民法庭又会遵循守界原则。于是, 人民法庭诉源治理呈现"政治—法律""跨界—守界"的"二律背反"。

---

　　① 吴晓凯、文军:《整体性治理: 中国城市治理形态的逻辑转型及其实践反思》,《江苏行政学院学报》2020 年第 4 期, 第 66 页。

四 城市人民法庭参与社会治理的管辖权合作进路

政法逻辑下的"政治—法律"与跨界逻辑下的"跨界—守界"是相互呼应的，前者是后者在政治司法语境下的客观要求，后者是前者在城市治理语境中的具体呈现。双重逻辑的内在关联性主要表现在两个方面：一是"政治"驱动"跨界"，即政法逻辑下的"政治"面向要求人民法庭主动为地方党政机关解决城市治理中的复杂难题，积极回应城市治理中的人民诉求，而城市问题的复杂性又使其不得不"跨界"治理；二是"法律"确定"守界"，即政法逻辑下的"法律"面向要求人民法庭以法治方式履行政治使命，当政治驱动过度跨界时又会选择以"法律"来确定"守界"的底线。因此，人民法庭双重逻辑的核心是"界"，而"界"的本质是管辖权问题。基于管辖权竞争关系，基层司法场域存在诸如法官、律师、基层法律工作者等正式法律职业群体，同时存在诸如街道（乡镇）干部、村（社区）干部、人民调解员、民间法律人士等非正式法律职业群体。基于前者形成了正式司法形态，基于后者则形成了非正式司法形态。正式法律职业与非正式法律职业之间的管辖权竞争造成了两种司法形态之间的隐性竞争关系，共同形塑出基层司法的多元复合形态。与乡村不同的是，城市人民法庭与其他治理主体之间的管辖权竞争相对不显著。城市基层社会治理中的人民法庭首先建立在严格的法律职业分工基础上，其与城市社会中其他正式法律职业或非正式法律职业之间的界限较为明确，无论是城市人民法庭还是城市社会主体更倾向于以法治方式处理纠纷。

正如花乡人民法庭诉源治理经验所展现的，诉源治理策略的实质是人民法庭主动模糊管辖权边界，在此基础上积极寻求与其他非正式司法力量的合作，最终形成正式司法与非正式司法（如人民调解主体、基层干部等）之间的互动关系。于是，人民法庭诉源治理策略呈现"有意的边界模糊"[①] 特

---

① 此处借用何培生"有意的制度模糊"（Deliberate Institutional Ambiguity）概念。参见何培生《争论中的农村空间：土地纠纷、习俗权与国家》，载裴宜理、塞尔登编《中国社会：变革、冲突与抗争》，夏璐等译，香港中文大学出版社，2014，第106~119页。

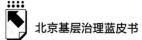

点，即这种边界模糊仅在城市基层社会治理等特定场合运用，而且这种合作关系控制在可承受的合理范围内，可称之为"管辖权合作"。管辖权合作是城市人民法庭参与基层社会治理的主要路径，符合城市社会治理中的"整体性治理"要求。从本文所讨论的"花乡经验"来看，无论是诉前的风险预测，还是纠纷解决中的联动调解，抑或是纠纷解决后的司法建议，无不表现出管辖权合作特点。党的领导统合了包括人民法庭在内的多种治理资源，形塑出一个有关城市基层社会治理的官民互动的公共领域，人民法庭代表的正式司法与其他非正式司法通过诉源治理合力构造出城市基层社会新秩序。

五　结论

人民法庭作为基层社会治理共同体中的重要法治型主体，应进一步从风险防控和纠纷解决两个方面加强诉源治理建设，提升参与基层社会治理的能力。花乡人民法庭的诉源治理经验为我们初步展示了超大城市人民法庭参与基层社会治理的策略选择。人民法庭在风险防控和纠纷解决时以法律方案为逻辑起点，通过法律实现政治治理，"跨界—守界"逻辑是城市人民法庭参与基层社会治理的特定逻辑，促使其从管辖权竞争转向管辖权合作。

B.16
北京接诉即办改革与超大城市治理

袁振龙*

摘　要： 市民诉求驱动超大城市治理的"首都样板"初见成效，将超大城市治理创新经验纳入法治轨道做出首都表率，北京接诉即办改革的治理品牌效应正在进一步提升。面对超大城市治理面临的问题和矛盾，北京接诉即办改革要以贯彻落实《北京市接诉即办工作条例》为主线，进一步健全接诉即办工作机制，完善业务流程，高质量开展热线的智能化、法治化建设，丰富超大城市治理"首都样板"知识库，补齐超大城市治理短板。

关键词： 接诉即办　超大城市治理　市民服务热线　协同治理

北京市认真贯彻习近平总书记重要指示精神，以12345市民服务热线为主渠道，认真贯彻落实《北京市接诉即办工作条例》，全面深化接诉即办改革，优化"接、派、办、评"等全链条管理，积极应对疫情防控等突出问题，解决了一大批群众身边的操心事、烦心事和揪心事。接诉即办是推动北京超大城市治理创新的重要载体，是北京市城市治理的中心工作，以接诉即办为牵引的超大城市治理"首都样板"更加亮丽，得到社会的广泛关注和赞誉。

＊　袁振龙，北京市社会科学院综合治理研究所所长，研究员，社会学博士，主要从事社会治理、社会治安、城市安全、城乡接合部治理等领域研究工作。

一　北京超大城市治理现代化
对接诉即办改革提出新要求

超大城市的发展与治理有其自身的规律，我们对这些规律的认识有一个发展完善的过程；北京市区域之间、城乡之间的发展与治理还不够平衡；市民诉求和企业反映是超大城市治理的一个重要切入口，但热线接诉能力建设与市民诉求变化之间存在一定矛盾，一定时空条件下治理资源相对有限与市民诉求无限之间的矛盾会持续存在，深化接诉即办改革与各方主体意愿存在方向不一致等问题。如何继续推动北京超大城市治理现代化，接诉即办改革面临进一步深化的客观要求。

（一）对超大城市发展及治理规律的认识有待提升

我国快速城市化进程是改革开放四十多年中发生的事情，常住人口超过千万的超大城市出现也是近二十年的事情。[①] 无论是我们关于超大城市发展的预期、规划、建设和管理，还是其内涵、规律、特征；无论是对超大城市复杂系统的认识，还是对城市山水林田湖草沙系统的认识；无论是超大城市的空间布局与城市功能，还是其地上建筑和地下结构；无论是超大城市持续巨量的物质和能量交换，还是其研发、生产、流通、运输和消费等活动；无论是超大城市巨量人口的衣、食、住、行和就业、教育、卫生、健康、文化、保障、旅游、娱乐、休闲等基础性、多样化、差异化、个性化等各方面需求与供给，还是其海量快速的人、财、物和信息流动；无论是超大城市的产业结构和产业链安全，还是其生命线系统、"新基建"的建设与维护；无论是超大城市的日常秩序维护与运行安全保障，还是矛盾纠纷的排查化解；

---

① 2014 年 11 月 20 日，国务院印发《关于调整城市规模划分标准的通知》（国发〔2014〕51号）按城区常住人口数量将我国城市划分为五类七档，首次增设了超大城市，将城区常住人口 1000 万以上的城市规定为超大城市。2000 年，北京市城区常住人口达 1071.6 万人；2002 年，上海市非农业人口达 1018.81 万。

无论是超大城市的犯罪预防与惩治，还是突发事件的预防与处置……都存在认识不足等问题。由于我们对超大城市发展与治理规律的认识还处于有待深化的阶段，前期我们对超大城市治理复杂性艰巨性的认识不足，超大城市治理的经济建设、政治建设、文化建设、社会建设、生态文明建设等各方面均存在缺乏前瞻性等问题，广大市民和企业的诸多需求难以得到及时合理的满足，各种问题此起彼伏且没有得到及时有效的回应处置，这是市民诉求和企业反映持续不断的深层原因，也是接诉即办任务艰巨、需要推动接诉即办深化改革的重要原因。

（二）区域及城乡发展与治理不平衡的问题依然存在

市民诉求不仅来自发展中的问题，也来自区域的差异与发展不平衡问题。北京全市16区地形地貌差异极大，既有平坦广阔的平原地区，也有崎岖不平、面积不小的山区，还有山区与平原的过渡地区；城市功能定位不同，既有首都功能核心区、城市功能拓展区和城市副中心，也有发展新城和生态涵养区；城市人口数量和结构不同，既有常住人口达300万~400万的人口大区，人口50万~300万的区也不少，还有常住人口仅为30万~50万的人口小区；既有寸土寸金、人口密度高达每平方公里2万人的中心城区，也有地广少稀、人口密度很低的生态涵养区；既有已经举起数字经济大旗、地区GDP过万亿元的经济发达区，也有依然以农业和旅游业为主，地区GDP仅200亿~500亿元的经济落后区；既有人均GDP超过30万元的高产值区，也有人均GDP仅4万~5万元的低产值区；既有人均年收入达10万元的高收入区，也有人均年收入不足5万元的低收入区；既有财政收入达500亿元的发达区，也有财政收入不足30亿元的边缘区；既有财政支出达500亿元的宽裕区，也有财政支出不到200亿元的困难区；既有少数能够实现财政平衡的区，也有不少财政收支难以平衡的区，有6个区财政平衡率低于50%，个别区财政平衡率甚至不足20%；有的区在短短二三十年里人口增加了上百万，有的区持续多年人口依然保持在较小规模；有的区经济结构以高精尖产业和外向型经济为主，有的区产业基础薄弱、发展动能不足……

各区自然条件、功能定位、发展基础、产业结构、交通条件、基础设施、服务需求、供给能力、干部素质、工作机制、人口结构、人力资源、治理资源、就业机会、发展潜力等方面的差异，最终必然以各种诉求等方式反映出来。这些问题诉求既是推动未来北京超大城市治理的动力，也是深化接诉即办改革的不懈动力。

（三）热线接诉能力建设与市民诉求变化之间的矛盾

北京市民热线经历了一个持续发展到快速发展的过程。从"市长热线"刚开始时的一条热线和三个座席，到更名 12314 热线后 64 条热线近千个座席 24 小时 365 天全天候接听市民诉求；从之前仅依靠电话端，到今天电话端、网络端和移动端并行，建设并整合了政务微信、微博、网站、"北京通" App 等 17 条网络渠道，完善涵盖政府网站、政务新媒体的统一互联网接诉即办工作平台，从"耳畔"到"指尖"，打造全方位服务热线。热线业务平台包括受理、派单、回访、办理反馈、催办督办 5 个子系统，派单精准度不断提升，并开发建设了座席导航、标签管理、问答知识库、机器人智能应答、电话接听远程支撑、语音转写、智能派单推荐等系统，北京市民热线接诉受理能力有了快速增长。全市受理市民诉求和企业反映量从 2019 年的 696.36 万件上升到 2022 年的 7592.4 万件，增长了 9.9 倍；网络端受理量从 2021 年的 161.4 万件上升到 2022 年的 4202.2 万件，增长了 25 倍。即使这样，不少市民依然反映热线打不进去，这其中既有疫情防控的特殊情形，也与城乡持续发展、诉求不断变化等有着紧密的关系。

（四）治理资源相对有限与市民诉求无限之间的矛盾

有效解决市民诉求与企业反映，需要政府整合各种治理资源。在接听端，由于诉求类型的复杂性，有的诉求解决难度小，需要的治理资源相对较少；有的诉求涉及群体多，规模大，解决难度大，需要的治理资源相对较多；有的诉求应该通过其他渠道或正在通过其他渠道处理，这就需要热线服务中心准确做出分析判断；有的诉求是不合法或不合理诉求，本身就难以解决……这些具体情况对热线服务中心的诉求分类、派单提出了很高的要求，精准分类、精准派单有赖于相关部门单位的紧密配合和支持，有赖于热线服务中心的智能化建设与知识库的完整和及时更新，从而减轻和降低热线接听工作人员的负担和难度。在办理端，承办单位与市民诉求之间也存在复杂的情况，其中既有治理资源相对丰富但市民诉求也多的紧平衡情况，也有治理资源不足而市民诉求较多的紧张情况，且这些情况不断动态变化。总之，治理资源相对有限与市民诉求无限之间的矛盾会部分地长期存在，这对治理资源的优化配置提出了更高的要求。

（五）深化接诉即办改革与各方主体愿望之间的矛盾

深化接诉即办改革成为首都超大城市治理的必然选择，但在深化接诉即办改革的重点、方向、考核、评估等方面，不同主体之间的愿望存在明显的差异。对于广大市民和企业来说，其希望诉求反映渠道更加畅通，办理单位积极主动，诉求办理更加迅捷，对办理结果有更高要求；对于市区部门来说，其希望市民诉求减少，历史遗留问题减少，及时关注新生问题并跟进研究政策，基层吹哨减少，市民更加满意；对于公共服务企业和平台企业来说，其希望企业服务更加周到，相关设施稳定运行更加安全，相关技术应用得到安全推广，市民更加满意，企业效益提升；对于广大基层单位来说，其希望辖区市民和企业诉求减少，派单更加精准，上级部门和相关单位支持力度更大，诉求办理更加顺畅，办理结果让市民更加满意。如何全面准确把握并平衡好各方主体意愿，稳步推进接诉即办改革，是需要认真研究的问题。

二　北京接诉即办改革探索创新
超大城市治理知名品牌

据北京市热线服务中心统计，截至 2022 年 12 月 31 日，全市全年共受理群众诉求和企业反映 7592.4 万件，月均受理 632.7 万件，同比增长 4.1 倍。

北京接诉即办改革持续深化，步步为营，稳打稳扎，稳步全面推进，成效显著。北京党建引领接诉即办改革创造的超大城市治理品牌已经产生较大的社会影响，市民诉求驱动超大城市治理的"首都样板"初见成效，为将超大城市治理创新经验纳入法治轨道做出了首都表率，北京接诉即办改革的治理品牌效应正在进一步提升，首都治理体系日益完善，治理能力现代化水平不断提高。

（一）党建引领接诉即办改革工作融入新时代首都发展格局

北京市始终牢记"看北京首先要从政治上看""做好城市工作，必须加强和改善党的领导"① 的要求，立足首都作为全国政治中心的特殊地位，把坚持和加强党的领导贯穿接诉即办改革全过程，把党建引领接诉即办改革融入新时代首都发展格局。北京接诉即办改革的主线是"坚持党建引领"，"在实践中，北京市不断强化党的政治引领、组织引领、能力引领、机制引领，……凝聚起推动首都治理体系和治理能力现代化的智慧和力量"。②2019 年以来，北京市每次市委全会必对"吹哨报到""接诉即办"改革重点任务进行部署，市委常委会专题听取接诉即办改革情况汇报，研究相关事项。2021 年 1 月，在市委深改委增设"接诉即办"改革专项小组；通过市、区两级书记月度点评会，一级抓一级，层层传导压力、压实责任；通过"党的组织体系与城市治理体系有机融合，基层党组织的战斗堡垒作用和党员先锋模范作用进一步发挥"③；通过持续健全完善覆盖广泛、组织有力的市、区、街乡镇、社区村四级治理体系，优化组织设置、强化组织功能，推动党的组织体系和治理体系有机融合，把党的组织优势有效转化为治理效

---

① 北京市委全面深化改革委员会"接诉即办"改革专项小组课题组：《北京党建引领接诉即办改革报告》，载张革、张强主编《北京接诉即办改革发展报告（2021~2022）》，社会科学文献出版社，2022，第 7 页。

② 北京市党的建设研究会"党建引领北京基层治理的路径研究"课题组：《坚持党建引领探索超大城市有效治理路径》，载北京市委深改委"接诉即办"改革专项小组《北京党建引领接诉即办改革理论研究成果汇编（2022 年）》，2022 年 12 月，第 141 页。

③ 北京市委全面深化改革委员会"接诉即办"改革专项小组课题组：《北京党建引领接诉即办改革报告》，载张革、张强主编《北京接诉即办改革发展报告（2021~2022）》，社会科学文献出版社，2022，第 18~19 页。

能。把党建引领接诉即办改革工作融入新时代首都发展格局，这是北京接诉即办改革取得的最重要成效。2022 年 6 月，北京市第十三次党代会明确提出，全市工作要以新时代首都发展为统领……深化接诉即办改革，推进主动治理、未诉先办，解决群众急难愁盼问题。

（二）市民诉求驱动超大城市治理"首都样板"已经初见成效

据国家统计局统计，2022 年末我国城镇常住人口 92071 万人，城镇人口占全国人口比重（城镇化率）为 65.22%。① 城市治理是一件庞大、复杂、持续的系统工程，涉及面广，关联性强，要求高，技术性强，这是国内外诸多城市面临的共同课题，极其考验城市管理者的智慧和能力水平。随着视频监控、传感器、物联网、移动互联、人工智能等技术的广泛应用，智慧城市建设在全球各地风生水起，"物感城市"建设一度成为智慧城市建设的主流。北京市接诉即办改革按照树立"全周期管理"意识，将全市 64 条热线整合为一条热线，实行一号受理、一条热线听诉求，拓宽网络受理渠道、容量和效率；开通企业服务功能，50 余家涉企服务单位接入 12345 热线系统，将水、电、气、热、有线电视、排水、公交、地铁等公共服务企业热线纳入 12345 统一管理；将群众诉求办理流程分解为受理、派单、响应、办理、反馈、考评等环节，推动市民诉求办理流程再造，提高群众诉求办理效率，构建了全周期闭环管理体系。把市民诉求作为城市治理的重要资源，这是一种新型的"人感城市"治理模式。通过四年多的持续改革，北京接诉即办共受理市民和企业反映 1 亿多件，办理市民诉求和企业反映 2240.6 万件，诉求解决率达 93.2%，群众满意率达 94%，创造了市民诉求驱动超大城市治理的"首都样板"。北京接诉即办改革为世界各地的城市治理提供了"北京方案"，贡献了"北京智慧"，做出了"中国贡献"。

---

① 《国家统计局：2022 年末全国常住人口城镇化率为 65.22%》，https：//baijiahao.baidu.com/s？id＝1759039345012299725&wfr＝spider&for＝pc，2023 年 2 月 28 日。

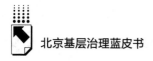
（三）为将超大城市治理创新经验纳入法治轨道做出了首都表率

各项改革要于法有据，改革成果要及时通过立法加以固化，这是北京将"吹哨报到""接诉即办"等超大城市治理创新经验纳入法治轨道的重要经验，也是贯彻落实"全面依法治国"要求的首都探索实践。北京接诉即办改革固化党建引领"街乡吹哨、部门报到"改革成果，出台《北京市街道办事处条例》；固化接诉即办改革成果，出台《北京市接诉即办工作条例》；先后制定颁布《北京市街道办事处条例》《北京市物业管理条例》《北京市文明行为促进条例》《北京单用途预付卡管理条例》等，修订《北京市生活垃圾管理条例》《北京市志愿服务促进条例》，对超大城市治理的创新经验通过地方法规的方式加以巩固。2022 年，北京市人大常委会成立执法检查组，对《北京市接诉即办工作条例》实施情况开展执法检查，确保相关法规得到准确有力的实施。

（四）北京接诉即办改革城市治理品牌效应正在进一步提升

近年来，我国许多省级政府和城市政府大力探索数字政府、智慧城市建设，先后打造了浙江"整体智治"、北京"接诉即办"、上海"一网统管"、深圳"织网工程"、杭州"城市大脑"、南京"智慧南京"、苏州"苏周到"、合肥"城市生命线"、成都"城乡统筹"等城市治理品牌，创造了诸多城市治理经验。在这些典型经验中，北京接诉即办改革聚焦"七有""五性"要求，突出诉求解决和群众满意导向，形成了较为完备的城市治理体系和模式。北京接诉即办改革得到广大市民、学术界和兄弟城市的充分肯定，已经成为我国城市治理的知名品牌，社会反响良好，先后荣获多项国家级荣誉。

三　进一步深化北京接诉即办改革推进
超大城市治理的对策思考

党的二十大报告明确提出，要"畅通和规范群众诉求表达、利益协调、权益保障通道,完善网格化管理、精细化服务、信息化支撑的基层治理平台,健全城乡社区治理体系"。① 北京市第十三次党代会提出"探索形成以接诉即办为牵引的超大城市治理'首都样板'",对进一步深化接诉即办改革做出了明确要求。北京接诉即办改革要以贯彻落实《北京市接诉即办工作条例》为主线,进一步健全接诉即办工作机制,完善业务流程,高质量开展热线的智能化、法治化建设,以更加积极主动的姿态深化接诉即办改革,丰富超大城市治理"首都样板"知识库,为新时代首都发展创造更加优良、更加和谐、更加有序的首善社会氛围。

(一)对标社会主义现代化建设目标对现行政策法规服务等进行全面检视,推动源头治理

推进源头治理,对照全面建成社会主义现代化强国两步走战略安排和2035年总体目标,对标社会主义现代化建设具体目标,按照是否有利于实现目标要求,加强对超大城市发展及治理规律的研究,全面认识和把握超大城市发展和治理规律,对现行政策法规等进行全面检视,主动优化调整,使之更加适应超大城市的发展与治理,推进超大城市的源头治理和综合治理。具体来说,一是政府部门要结合部门职责,对部门现行政策法规进行全面检视,按照新制定、修订、保持和废止等状态,对各项政策法规进行分类,进行风险研判,将其逐年列入工作计划,主动优化调整政策法规和规划,优化城市空间功能布局,从源头上减少矛盾问题的发生。继续深化"每月一题"等机制,持续治理高频共性问题,解决好历史遗留问题。二是服务单位结合单位功能,研究制定单位发展规划,查缺补漏,优化服务流程,完善服务措施,加强监督检查,提高服务质量。三是平台企业要结合行业情况,加强技术研发,掌握技术前沿,把握客户需求,改进服务,提高客户满意度。

---

① 习近平:《高举中国特色社会主义伟大旗帜 为全面建设社会主义现代化国家而团结奋斗——在中国共产党第二十次全国代表大会上的报告》,人民出版社,2022,第54页。

（二）根据"七有""五性"监测评价指标对城乡实施全面"体检"，主动补齐城乡治理短板

充分发挥"七有""五性"监测评价指标体系在城市治理中的监测评价和预警功能，以 16 区和经济技术开发区、343 个街道乡镇为两级实施主体，结合《北京城市总体规划（2016 年—2035 年）》和"十四五"经济社会发展规划、"城市更新"等专项规划、控制性规划等目标，紧紧抓住"人"这个核心，按照"七有""五性"监测评价指标标准，主动开展全面"体检"，按照万人比等指标，继续用好市级治理类街乡镇和区级治理类社区村等机制，主动查找辖区产业结构、公共服务、基础设施、市政设施、公共场所、公园绿地、体育健身、休闲娱乐、生活性服务业、现代商业服务业等各方面的短板与不足，查找安全隐患，主动协调相关职能部门和其他利益主体，积极优化资源配置，研究制订建设计划和城市更新方案，将其逐年列入工作计划，推动主动治理、未诉先办，改变区域及城乡发展不均衡状况，补齐城乡短板，增强城市韧性，提高城市宜居水平，努力推进区域及城乡协调发展。

（三）进一步夯实城乡治理基层基础，充分发挥基层在接诉即办体系中的基础作用

认真落实中央《关于加强基层治理体系和治理能力现代化建设的意见》，贯彻落实《民法典》《北京市街道办事处条例》《北京市物业管理条例》《北京市生活垃圾管理条例》等法规，按照夯实城乡基层基础的基本思路，紧紧抓住基层组织、基层队伍、基层自治和基层能力四个关键因素，推进依法治理，充分发挥基层治理体系效能。具体来说，一是完善基层组织。建强基层党组织，完善区域性党组织，建设功能性党组织，结合重点项目和临时任务等建立临时党组织；及时调整街道乡镇和社区（村）规模，促进基层治理工作人员与治理任务相匹配；与专业社会工作机构建立伙伴关系，培育适合本辖区治理需求的社区基金会和其他专业社会组织，培育壮大社区

社会组织，建强社区居委会各工作委员会。二是壮大基层队伍。加强党员队伍建设，壮大社区村党员队伍，继续完善在职党员回社区报到机制；发挥社区工作者、社会工作者、网格员、协管员和其他志愿者等队伍作用，发挥群众志愿服务资源作用。三是落实基层自治。认真落实居（村）民自治公约、业主自治公约等村规民约，通过业主会、物管会、楼管会、议事会、协商会、微信群、网上四合院、微信公众号、微博等载体，组织动员居民群众和辖区群众通过协商共议共治基层公共事务和难点问题。四是提升基层能力。开展定期培训和专题培训，加大政策法规宣传力度，提升基层工作人员解难题能力；提升基层工作人员待遇，稳定工作人员队伍，提升基层工作人员整体素质；通过奖先评优、精神激励和物质奖励等方式，加强对基层工作人员的激励，充分保护基层工作人员积极性。

（四）进一步健全接诉即办工作机制，查找并补齐超大城市治理的短板

稳步应对市民诉求变化，优化治理资源与市民诉求的配置，协调各方主体意愿，进一步健全接诉即办工作机制，全面挖掘接诉即办大数据资源富矿，查找并补齐超大城市治理薄弱环节。一是提升12345平台服务能力，持续畅通群众诉求反映渠道。加快完善热线接诉支持系统，发挥语音引导、人工智能等技术作用；落实《12345热线服务与管理规范》，推进接听、派单、回复、退单等工作环节流程和标准的执行；完善12345热线数据库，提升高频共性问题咨询诉求答复效率；优化北京12345微信公众号设置，加强信息无障碍建设，持续优化政务服务统一入口"京通"小程序，优化残疾人和长者专题服务，提供简洁版移动政务服务应用；完善应对突发事件预案，做好规模性应急处理资源能力储备。二是提高派单精准度，改进响应工作。进一步完善诉求派单机制，健全派单目录，细化诉求分类和时限要求；加强派单难点问题研究和专家咨询制度建设，定期开展疑难派单工作分析，降低转派率；通过派单"精准导航"，完善派单异议审核机制，持续追踪每日退单情况，建立异议问题专项台账，开展类案分析。三是持续优化考评体系，激

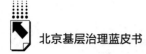

励担当作为。细化分级分类考评标准，将首接负责以及主动治理、解决疑难复杂问题激励等纳入考评体系。优化回访程序，简化回访内容，加大对回访结果的综合运用；加强对诉求办理的指导监督，加强复杂诉求协调办理；推进考评智能化，推进考评成绩线下发功能建设，方便承办单位改进工作。四是增强科技赋能，实现热线数智能发展。推动智能推荐派单、语音转写、知识随行、智能回访等新技术应用；开发数据统计智能报表工具，实现数据汇聚、清洗、分析、运算、服务自动化；完善联动机制，服务市级专项治理任务；推行"热线+"模式，用好民生大数据。在场景应用中验证和提高数字化建设水平，推动"北京12345服务导图"在第三方网络平台广泛应用，建设数字化应用实验室；在精准治理、场景治理中与相关部门单位开展共享数据、业务协同，探索更多"小切口"改革，切实补齐城市治理短板。五是推进共建共治共享，打造社会治理共同体。完善诉求办理的公众查询渠道，组织开展政务开放活动，公布接诉即办工作情况；深化接诉即办与公检法司协同联动，持续强化110与12345市民服务热线常态化联勤工作模式，发挥检察履职与群众诉求衔接机制和律师参与接诉即办工作机制作用。深化与媒体合作，继续做好《接诉即办》《向前一步》两个栏目，促进历史遗留问题和群体性诉求解决；依托市属、区属媒体及其所属新媒体，通过新闻报道、专家访谈等方式，加大对《北京市接诉即办工作条例》的宣传普及及解读力度；通过"时间小妮"等平台，帮助基层熟悉工作业务，引导公众合理使用12345市民热线资源。

典型案例篇

Typical Cases

B.17

北京接诉即办改革治理模式案例

摘 要: 《北京市接诉即办工作条例》总结首都基层治理实践创新,形成了规范接诉即办工作的地方性法规。北京市公安、检察、法院、司法等政法单位积极参与接诉即办改革,打造"12345+110"联动模式,形成与接诉即办机制深度融合的"一盘棋"工作格局。

关键词: 接诉即办 地方立法 公检法司 联动机制

一 北京接诉即办改革立法实践调研报告

北京市人大社会建设委员会工作机构

(一)案例背景

北京市深入贯彻习近平总书记重要指示精神和中央决策部署,加强和改进基层治理工作,坚持依法治理,推动党建引领"街乡吹哨、部门报到"

向接诉即办深化延伸，构建简约高效的基层管理体制和具有首都特色的超大城市治理体系，推进首都基层治理创新，形成了以群众诉求驱动城市治理的生动实践。在市人大常委会党组领导下，市人大社会建设委员会工作机构围绕全市中心工作，落实常委会的指示要求，践行全过程人民民主理念，发挥地方立法规范、引领、保障改革的作用，牵头成立立法起草专班，制定《北京市接诉即办工作条例》（以下简称《条例》），通过开展执法检查推动法定义务和责任的落地落实，打出法治保障改革的组合拳，推动接诉即办改革不断走向深入。《条例》由北京市十五届人大常委会第三十三次会议于2021年9月24日审议通过并公布实施。《条例》将维护群众根本利益、及时回应群众诉求作为制度设计的根本出发点，对诉求接收、派单、办理、反馈、考评以及主动治理、未诉先办等做出明确规定，对精准派单、协同办理、主动治理中存在的堵点问题提供了解决路径，着力构建职责清晰、协同高效、共建共治首都超大城市治理格局。

（二）主要做法

1. 坚持党的领导，保障重大改革于法有据

在《条例》制定工作中，市人大社会建设委员会工作机构对党中央决策部署和市委的指示精神全力以赴抓好贯彻落实，服务市委改革决策的法治保障，将党的决策部署转化为立法议题。按照市委《关于进一步深化"接诉即办"改革工作的意见》中"加快推动接诉即办立法"的要求，市人大社会建设委员会工作机构在市人大常委会领导下，落实市委决策部署，组建立项调研组，制定立法工作方案，扎实开展法规立项论证工作，在市委领导下有序推进立法工作。成立由市委、市人大、市政府领导任组长的立法领导小组，高位统筹；市人大社会建设委员会工作机构牵头，常委会法制办、市司法局、市政务服务局组成立法起草专班，扎实开展《条例》草案起草工作。立法起草专班在重点阶段多次就重大问题向市委、市人大常委会党组、立法领导小组请示报告。市委、市政府主要领导高度重视，多次听取专题汇报、做出重要指示批示，市人大常委会主要领导数次研究调度，确保立法工

作的正确政治方向。

2. 坚持全过程人民民主，为立法和改革凝聚共识

在立法过程中，市人大社会建设委员会工作机构创新和发展全过程人民民主的实践形式，注重回应群众关切、引导凝聚共识，确保立法工作始终建立在坚实民意基础之上。畅通群众参与立法的"直通车"。充分运用"市区人大联动、代表家站依托、市区乡镇三级人大代表参加"的"万名代表下基层"工作机制，三上三下大范围征求意见，通过三级人大代表联动、代表进家站同群众面对面交流等形式广泛征求民意，先后共有 11377 名代表带着法规草案到 306 个代表之家、2184 个代表联络站，征求市民意见建议 7000 余条，市领导以市人大代表身份带头进家站听取意见，使来自基层的声音通过代表直通决策过程，让更多群众由法治建设"旁观者"成为"参与者"，使群众提出的"金点子"成为解决问题的"金钥匙"。通过书面寄发、网上调查、电话访问等方式，借助门户网站、新媒体等渠道向社会公开征求意见，收集群众意见建议 6.6 万多条；充分发挥立法联系点作用，丰富立法联系机制，到中国人民大学法学院、中国政法大学及朝阳区朝外街道等立法联系点，直接听取专家和基层群众的意见。对各方提出的意见建议逐条研究、吸纳，完善《条例》草案，进一步畅通人民全过程参与立法的"直通车"，真正做到"涉及千家万户立法都请千家万户参与、听千家万户意见"。立法同步宣传改革精神。在征求意见过程中，市人大社会建设委员会工作机构编制了宣讲提纲，在委托人大代表深入家站征求意见的同时，宣讲接诉即办改革的根本宗旨，阐释接诉即办的立法理念，解读法规的主要制度设计。《条例》通过后，市人大常委会专门召开立法新闻发布会，邀请法规案的提案代表、社区工作者出席新闻发布会，向社会传递人大代表和社区一线工作者的声音，组织电视、报刊、网络媒体广泛报道。在听取民意的过程中，做到了立法、普法有机统一，最大限度统一思想、凝聚共识，厚植立法的民意基础。汇民智提升立法科学性。市人大社会建设委员会工作机构注重研究吸纳各方意见建议，加强重点问题研究，使立法更好适应改革发展、满足人民期待、体现首都特色。

通过蹲点调研摸清规律，组织人大代表深入北京市市民热线服务中心蹲点调研，聚焦精准派单、科学考评等关键制度环节，精准规范各相关主体的职责任务。通过案例剖析抓准节点，组织街道、乡镇、社区（村）的一线工作人员和市民群众对共性、高频案例进行剖析，通过"解剖一只麻雀"发现一类问题，提炼普遍规律，将其上升为具体的规范。发挥专家智库作用，组织中央党校的专家学者到市民热线服务中心感受接诉即办的脉搏，为立法建言献策、提供智力支撑。

3. 加强宣传贯彻培训，增强依法履职能力

《条例》颁布后，市委第一时间召开实施动员部署会，市委主要领导强调要以实施《条例》为新起点，推动接诉即办工作再上新台阶。各位市领导结合《条例》宣传贯彻，深入开展"听民意 解民忧"活动，积极参与"下基层、跑工单、走流程、蹲点位"。制定《条例》宣传贯彻工作总体方案，扎实推进宣传普法，做到"干部会实操、群众都知晓"。普法报道掀起宣传热潮。依托"法律十进"广泛开展《条例》普法，累计发放《条例》单行本、宣传册5万余套，海报3万余套。《人民日报》、新华社、中央广播电视总台、《北京日报》、北京电视台等中央、市属媒体发布相关报道560余篇、消息5100余条。调查显示，超过一半的受访者掌握《条例》主要内容，法规深入人心的背后反映的是群众对接诉即办改革的认可、信任。广泛宣讲推进全员培训。组建市级宣讲团，完成16区和行业系统巡回"讲立法、讲理论、讲实操"。打造"横向到边、纵向到底"全员培训体系，推进接诉即办改革课程进中央党校、中共北京市委党校、清华大学、北京大学等，实现市、区、街道（乡镇）、社区（村）四级贯通培训，各级党员干部15万人次参加培训。各区各部门认真学习贯彻《条例》关于政府履职义务、工作标准和执行程序的规定，运用法治思维和法治方式使解决问题的能力持续提升。

4. 开展执法检查，保证法规深入实施

按照市委要求，市人大常委会将开展《条例》执法检查列为2022年重点监督项目，市人大社会建设委员会工作机构统筹组织开展执法检查和专题

询问工作，对《条例》实施情况进行全面体检。从"问计于民"向"问效于民"延伸。执法检查中，继续践行全过程人民民主理念，发动12824名三级人大代表带着问题回"家"进"站"，面向诉求人和承办单位听民意、谋对策，共收回有效问卷25805份，收集意见建议1755条。召开市民专场座谈会，随机邀请拨打过12345热线的市民100余人，面对面听取对《条例》实施的意见。通过总结《条例》实施成效、查找制度机制问题，进一步推动了这一"为民服务法"落地落实。在专题询问工作中，面向社会公开征集问题，将其作为代表提问的重要参考，将市民关心的问题汇集成代表提问，检验政府工作成效，反映民意民愿，通过密切代表与群众之间的联系，群众的意见能够更加充分地反映到监督工作之中，监督的效果和针对性也进一步增强。《条例》实施成效显著。一是配套制度体系基本形成。针对分类处理、精准派单、主动治理等关键环节出台配套文件35项，制定并印发接诉即办公开工作试行办法，深入推进治理类街乡镇整治提升工作实施方案，修订完善考评办法。16区细化制度规范，共制定配套文件149项。目前各区均按《条例》规定建立"吹哨报到"双考核机制，督促"报到"部门履职尽责。市、区、街乡三级共出台1500多项制度，不断健全接诉即办工作体系、工作机制、工作流程，用制度管根本、管长远的成效切实显现。二是协同办理的成效进一步提升。有的区建立"街道吹哨、部门报到、双派双考、各方同责"机制，有的区实行"一事多派"、集体会诊，推动条块形成合力。三是主动治理的效能进一步释放。北京市出台了《关于推动主动治理未诉先办的指导意见》，明确主动治理解难题的主要措施，市级层面持续完善政策工具箱，针对2022年"每月一题"的17个具体问题，出台83项政策，完成303项重点任务，推动解决一批民生痛点问题；16区结合辖区实际，对322个重点问题进行专项治理，办成近700件实事。检查中，群众普遍反映，《条例》实施后明显感觉到街道社区干部的履职到位率更高了，诉求响应更快，问题解决更及时，回访评价更满意，特别是社区工作人员成为居民身边的"贴心人""自家人"，"良法"促进"善治"。

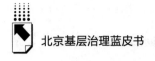

（三）经验启示

接诉即办改革立法工作积极回应人民群众新要求新期待，把改革发展决策同立法决策更好结合起来，通过完善的法治保障改革创新。市人大常委会把制定法规和开展执法检查有机衔接，为全市基层治理改革实践提供有力的法治保障。

1. 要深入坚持以人民为中心的发展思想

人民代表大会制度是实现我国全过程人民民主的重要载体。《条例》坚持为民服务法的定位，创新民主立法实践，不断增加接地气的广度、察民情的深度、聚民智的精度、惠民生的力度，把群众的期盼与需求作为制度构建和利益平衡的重要标准，推动公共服务供给模式从政府"端菜"转变为群众"点菜"。通过立法进一步固化以群众诉求为驱动的超大城市治理模式，推动精治共治法治、共建共治共享，快速解决群众身边的操心事、烦心事、揪心事，不断满足"七有"要求和市民"五性"需求。

2. 要贯彻党委决策部署，及时为改革提供法治保障

接诉即办改革立法围绕地方党委贯彻落实党中央大政方针的决策部署，主动作为、守正创新，将市委改革决策中明确的14项机制转化为法律制度规范，将实践探索中的精准派单、分类处置、限时办理等制度规范提炼为法规条文，明确接诉即办职能定位、范围边界、权利义务和法律责任，将为民服务上升为各方责任主体必须履行的法定义务，充分发挥法治固根本、稳预期、利长远的保障作用。市民普遍反映，《条例》的出台让老百姓吃了定心丸，"身边的事有人管了，而且要沿着这条路继续走下去"，对接诉即办有了更多的期待和信赖。

3. 要坚持问题引导立法、立法解决问题

接诉即办是改革探索的过程，《条例》切实回应基层反映突出的受理边界、不合理诉求、基层权责对应、央地军地协同难等问题，采取进一步协调条块关系、向基层赋权赋能以及在市级层面优化资源配置的改革思路，较好

解决基层治理和部门协调方面的难题，通过对政府工作的流程再造，极大提高公共管理的效能和基层治理能力，加快转变政府职能，推进公共服务供给模式改革。同时，《条例》确立主动治理专章，明确下一步改革的目标和方向，为深化改革留有空间。

4. 要强化监督实施，保障良法取得善治效果

支持和保证人大及其常委会依法行使监督权、健全人大对行政机关的监督制度是习近平总书记在党的二十大报告中提出的明确要求。在市人大常委会的领导下，市人大社会建设委员会工作机构寓支持于监督，推进《条例》落地落实，推动接诉即办改革不断深入。执法检查和专题询问全面覆盖分类处理、精准派单、首接负责、吹哨报到、分级协调等改革关键环节，从多个角度切入，结合相关代表议案中提出的问题，紧紧围绕法规实施和政府履职情况，紧扣《条例》规定，逐条对照原文，查找相关机制运行中的难点堵点问题，以专题询问为抓手，发挥执法检查的"法律巡视"监督利剑作用，加大监督力度，保障监督实效。

二 北京市公检法司与接诉即办联动工作报告

北京市委政法委

（一）案例背景

接诉即办改革4年来，北京市坚决贯彻落实习近平总书记对北京一系列重要讲话精神，牢固树立以人民为中心的发展思想，在解决群众急难愁盼的同时，运用新时代"枫桥经验"，着力解决好群众涉法涉诉问题。2021年9月，《条例》出台实施，接诉即办进入法治化发展轨道。市委深改委接诉即办改革专项小组办公室持续推动接诉即办平台与公检法司等各政法单位协同联动，优化工作流程，形成"一盘棋"工作格局，不断提升接诉即办质效和法治化水平。

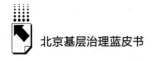

（二）主要做法

1. 打造"12345+110"联动模式，提升为民服务和社会治理能力

市公安局与市政务服务管理局协作配合，推动12345市民服务热线（以下简称"12345"）与110报警服务台高效对接联动，打造"12345+110"联动模式，实现"一键转接"。一是建立双向对接流转机制，规范分流转办标准流程。当110接到市民群众反映的非紧急诉求时，以"一键转接、三方通话"方式转接到12345；当12345接到涉及不稳定因素等紧急诉求时，第一时间与110沟通联系处置。自2022年以来，12345与110进一步加强线上对接，打造"12345+110"联动模式，围绕公共设施、民生保障等8大类非紧急事项，制定110向12345分流转办参考清单；围绕报警、紧急救助等3大类紧急事项，制定12345向110分流转办参考清单，通过"一键通"及时共享信息、会商研判、对接协作，形成密切协同配合、高效联动运转的合力。自2021年以来，12345与110协作配合，共接转电话98万余个，将12345打造成110紧急救助热线的重要"减压阀"，有效提升了社会协同治理和防范化解风险能力。二是密切线下交流协作机制，推进联勤联动新格局。2021年底，12345与110固化提升驻场联勤联动机制，每天安排两名经验丰富的民警在12345值守，设立公安联勤专席，加强治安类突出情况实时解答和专业培训，针对个人极端性扬言线索强化民警"提前介入、同步处置"，变辅助联勤指导为主动介入联动，为第一时间核查处置提供强有力支撑。三是建立信息共享机制，强化"未警先防"联勤协作模式。畅通信息交流渠道，推动12345与110数据融合共享，定期进行工作沟通和信息交流，及时通报社会动态和社情民意信息。常态化开展大数据分析预警研判。在重大活动、重要敏感节点期间，实行"日报告、日联系、日共享"机制，合力做好全市社会面稳控工作。

2. 打造首都检察版接诉即办，推动提升法律监督质效

2021年以来，市人民检察院会同市政务服务管理局推动12309检察监督热线（以下简称"12309"）和12345贯通融合，聚焦群众反映的高频问题，开展个案办理、专项监督和溯源治理，明确全市三级检察机关刑事、民事、行政、公益诉讼"四大检察"职能全面对接接诉即办机制，做优接诉即办、做好未诉先办、做实主动治理，为首都经济社会高质量发展贡献力量。一是协同联动，建立"检察+热线"合作机制。市人民检察院与市政务服务管理局联合制定《关于建立"检察+热线"合作机制　打造首都检察版接诉即办工作方案》，各区检察机关与城市管理指挥中心建立合作机制十余项，用法治规范服务保障为民工作。强化信息共享，为开展支持弱势群体起诉，打击侵犯知识产权、养老诈骗、虚假诉讼等专项监督工作提供线索信息；强化诉求共办，依托首都检察版接诉即办信息化平台，实现"一体派单、一体办理"，实时动态跟踪反馈办理情况；强化决策共商，聚焦群众高频诉求，充分利用"每月一题"、联席会议机制，推动法律监督切入与行政措施监管的同频共振。二是立足实际，完善"网格化"框架模式。坚持市院主导，市人民检察院与市政务服务管理局加强政策制度供给、整体谋划、一体推进首都检察版接诉即办工作。成立检察监督线索管理中心，研发线索集中统一管理信息化平台，与 12345 交换涉及"四大检察"监督办案的各类数据 87.8 万余条，从源头提升监督规模质量；坚持分院主推，履行市人民检察分院"承上启下"职责，加大对下业务指导力度，主动跟进后续案件监督；坚持区院主责，各区人民检察院立足区域实际，准确把握区域发展特点，与各区城市管理指挥中心开展了形式多样的合作，建立覆盖全市三级检察机关的各类合作机制十余项。例如，朝阳区检察院建立公益诉讼版"接诉即办三融合"工作机制，推动履行公益诉讼检察职能与群众诉求一体办理。三是融合履职，发挥首都检察版接诉即办效能。做优个案办理，强化跟踪问效，通过个案办理回应群众诉求，从群众反映诉求数据中筛查公益诉讼监督线索，先后办理"飞线充电"隐患治理、窨井盖安全保护等公益诉讼案件 50 余件，实现监督重点发力；做好专项监督，针对人民群众反映的热点、高频问题，聚焦执法司法领域突出问题，开展重点行业和关键领域专项监督 27 项。依法对群众反映集中的高频问题数据进行比对、碰撞，开展集中查处侵权假冒专项监督工作，梳理有效投诉信息 5000 余条，已向公安、市场监管等单位移送涉刑事、行政线索 60 条，公安机关刑事立案 2 起。协同相关部门查处 11 起侵犯知识产权行政违法案件，提前介入重特大制假售假刑事案件 14 起；做实溯源治理，通过制发有针对性的检察建议、专项监督报告等形式，破解涉法涉诉领域高频、共性问题，坚持以类案办理促溯源治理、助力社会治理标本兼治系统施治。

3. 服务保障接诉即办，优化诉源治理方法路径

诉求办理是接诉即办的核心要义，也是源头预防调处化解矛盾、避免大量纠纷演化成诉的关键环节。市高级人民法院会同市政务服务管理局创新诉源治理机制，为接诉即办改革提供一系列法治保障。一是畅通渠道精准对接，及时响应诉源治理司法需求。积极响应全市各级诉求承办单位在接诉即办、主动治理和矛盾调处过程中的法律需求。2021 年，市高级人民法院探索在 12368 热线为当事人和社会公众提供诉讼服务职能的基础上，增设诉源治理专线服务功能，为全市 12345 诉求承办主体提供法律支持、指导调解、司法确认、普法宣传以及其他与预防调处化解矛盾纠纷相关的法律服务。二是服务保障基层需求，强化涉法涉诉矛盾源头治理。市政务服务管理局会同市高级人民法院联合印发《关于进一步推广使用 12368 热线为接诉即办提供司法服务的通知》，面向全市各街道（乡镇）党委、政府、村（居）委会等基层接诉即办承办主体，进一步推广使用 12368 热线。针对处于潜在或萌芽阶段、尚未进入司法程序的矛盾纠纷，北京各级法院及时响应各诉求承办单位的司法需求，推动矛盾纠纷由终端解决转向源头预防化解。自 12368 热线诉源治理机制建立以来，已响应全市 16 区 343 个街道（乡镇）各类诉源治理需求 2548 件，覆盖率达 99%，助力依法行政，推动更多法治力量向引导和疏导端用力，将矛盾化解在基层、解决在萌芽状态。三是积极推动未诉先办，助力政策落地"最后一公里"。2022 年以来，市高级人民法院从源头治理角度出发，聚焦"每月一题"中劳动者权益保护、物业企业行为规范、噪声扰民等诉讼高发领域问题，整合全市三级法院司法资源，与专项小组办公室建立"每月一题"协同调度研究机制，紧扣"每月一题"具体问题

"一方案三清单"，从群众诉求反映的问题入手，结合法院长期司法实践经验进行专题研究，对群众诉求与诉讼所反映的共性问题进行分析研判和法律评估。针对新就业形态劳动者劳动保障问题和物业服务不规范问题，从司法实践角度出发，深入分析问题根源并提出意见建议，形成多个专题报告，同步梳理一大批审判案例，进一步发挥司法辅助决策作用，为市级主责部门破解难题提供借鉴参考。

4. 引导律师力量参与接诉即办，提供优质高效公共法律服务

为贯彻落实《条例》精神，市司法局会同市政务服务管理局充分利用律师协会专业优势参与诉求办理和社会治理，畅通律师群体参与接诉即办的路径和方式。一是组建市级接诉即办律师服务团。指导市律协从14个专业委员会遴选出优秀律师110名，组建接诉即办律师服务团，覆盖刑事、民事、商事、行政等主要法律服务领域，为接诉即办重要环节、重要决策等提供专业法律意见。各区律协组织律师积极参与接诉即办工作，以专业第三方身份响应相关单位的法律服务需求，与诉求办理单位协同工作，用好纠纷诉讼、调解机制，构建律师服务基层社会治理响应机制，主动为困难群众提供法律服务，提高公共法律服务质量。二是组织律师进驻12345，深度参与接诉即办。在12345设置2个值班律师座席，协助审核认定不合法、不合理诉求等情形，提出法律处理意见；参与派单异议审核，协助研判派单诉求中涉法涉诉问题，协调解决派单异议。设立"每月一题"律师服务团队，围绕每月主题分别选定2~3名熟悉相关领域的律师，跟踪研究"每月一题"中的法律问题，协助有关部门进一步梳理法定职责，提出法律意见建议。三是协助开展宣传培训及法理研究，参与《条例》普法工作，开展接诉即办法治宣传，对《条例》实施后可能引发的行政复议、行政诉讼、信息公开、信访等进行法律风险评估，提出法律意见，促进依法行政、依法履职。对各级热线人员和接诉即办工作人员开展法律专业培训，进行法律指导和政策解读。从法学理论和实务角度深化接诉即办理论研究，将研究成果及时共享交流，以理论创新指导实践创新。

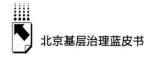

（三）经验启示

1. 促进接诉即办工作法治化的新提升

各政法单位积极参与接诉即办工作，为接诉即办全流程各环节提供优质法律服务，推动接诉即办工作流程的规范化法治化，提升涉法涉诉类诉求的办理质效，助力各诉求承办主体依法行政，促进接诉即办在法治化轨道创新发展。

2. 创造群众诉求牵引法治工作的新实践

通过接诉即办平台与各政法单位协同联动，推动各政法单位精准掌握群众诉求，积极回应群众关切，坚持问题导向，围绕群众急难愁盼问题开展法律监督、法律服务等法治工作实践，系统研究谋划和解决法治领域人民群众反映强烈的突出问题，站稳运用法治方式优质高效解决群众急难愁盼问题的立足点与发力点。

3. 实现协同治理提质增效的新探索

通过接诉即办平台与各政法单位协同联动，科学合理分配资源，实现紧急与非紧急热线的优势互补、互联互通、资源共享，促进政法单位与行政部门围绕解决群众诉求协同发力，打造以接诉即办为牵引、多方参与的协同治理平台。

4. 优化预警信息快速流转的新流程

通过接诉即办平台与各政法单位协同联动，加强顶层设计、优化流转机制、细化工作措施，强化横向多部门协同、纵向三级联动，实现预警、部署、处置一体化推进，全面提升预测预警预防能力水平。

5. 走出主动治理破解难题的新路径

通过接诉即办平台与各政法单位协同联动，推动主动治理与诉源治理相向而行、同频共振，从群众诉求和诉讼两个角度进一步推动主动治理、未诉先办，从源头出发分析群众诉求背后深层次的法治原因，推动矛盾纠纷由终端解决转向源头预防化解，为从法治层面破解群众诉求反映的高频共性难点问题提供有力支撑。

B.18
北京接诉即办改革治理场景案例

摘　要： 北京市将治理类街乡镇作为区域治理的"主战场"，打好精细化整治提升的"组合拳"，区域综合治理整体能力和水平得到有效提升。北京市充分发挥接诉即办和网格化管理的双重优势，推进管理与服务有机融合。北京市推动接诉即办进校园，走出一条首都特色的校园治理现代化新路。

关键词： 治理类街乡镇　接诉即办　网格化管理　校园治理

一　北京市治理类街乡镇整治提升工作报告

北京市"疏解整治促提升"专项行动工作办公室

（一）案例背景

治理类街乡镇是群众诉求相对集中、人口密集、面积大、基础设施短板弱项较多、城乡问题交织、基层治理能力偏弱的街乡镇。2019 年 5 月，针对全市部分街乡镇长期存在的一些共性、普遍性问题，市委主要领导在区委书记月度工作点评会上首次提出治理类街乡镇，由北京市"疏解整治促提升"专项行动办公室（以下简称"市疏整促专项办"）进行督导治理。2019 年 5 月至今，累计 37 个治理类街乡镇被纳入市级督导范围开展综合治理，涉及朝阳、丰台、昌平等 11 个区，常住人口 500 余万人。市疏整促专项办深刻把握接诉即办改革进入主动治理阶段的新特点，持续深化诉求驱动下重难点区域主动治理的改革创新，坚持"眼光向下、脚步为亲"，软硬结

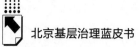

合，鲜明地推进治理与管理服务并重，硬件补短板成效体现在响应率、解决率、满意率"三率"的稳定提升上，打好治理类街乡镇精细化整治提升的"组合拳"，经过三年多的持续治理，累计已有 27 个治理类街乡镇达标退出，区域综合治理整体能力和水平得到有效提升。

（二）主要做法

北京市将治理类街乡镇作为接诉即办改革、"每月一题"、"疏整促"专项行动、基层治理的重点，持续在夯实基础、完善功能、补齐短板、强化治理、创新政策、破解高频难点问题等方面狠下功夫，区域治理成效不断显现。

1.抓改革、强治理，系统推进区域整治提升

以"方案+清单"为整治提升的基础，统筹制定市区两级整治提升工作方案和项目清单、事项清单、需上级支持事项清单、政策需求清单"四清单"，按照量化、细化、具体化、项目化原则，用改革方法解决前进中的问题，系统推进整治提升工作。治理类街乡镇整治提升主动融入全市经济社会发展重点工作，将群众诉求解决与各项经济社会发展具体任务有机融合，着力从根本上、源头上解决引发群众诉求的重点难点问题，房产证办理、老旧小区综合整治等治理类街乡镇相关任务事项都被融入市级部门整体工作中统筹推进。各区建立"未进先治"预警约谈机制，对当月接诉量进入全市前 10 名但未被纳入治理类街乡镇的进行约谈督导。针对房屋漏雨、夏季供电供水、冬季供暖等季节性周期性的问题，提前谋划部署，加强隐患排查，建立问题点位台账，将问题隐患消除在萌芽状态，全力保障人民群众的正常生活和切身利益。2019~2022 年，累计确定整治提升任务 3000 余项，实行动态挂账管理，解决一批群众关切的急难愁盼问题。

2.补短板、增实力，综合提升区域治理水平

各区、各治理类街乡镇紧扣"七有"要求、"五性"需求，不断强化硬件设施和软治理能力的双提升。深入探索党建引领的基层治理方法，发挥党建工作协调委员会、社区议事会、物管会、业主委员会作用，统筹辖区社会

团体、企事业单位、群众代表等各方面资源力量，参与区域共建共治共享，打造形成了海淀区学院路街道"石油共生大院"、房山区长阳镇嘉州水郡"党建引领九元共治"等基层治理品牌。聚焦诉求集中领域和点位，利用市级补助资金实施基础设施补建、公共服务配套、环境治理、精准提升、腾退空间利用等一批项目。坚持既要送项目、送资金，也要送点子、送方法、送经验的原则，注重政策培训提升基层干部能力，邀请专家学者详细解读政策文件，积极组织业务骨干参加基层治理、数字化社区建设等方面的业务培训，采取多样化的形式组织开展基层培训110余次，现场指导150余次，累计培训1.5万余人次，提升基层干部精准把握和正确运用政策的能力。

3. 破难题、聚合力，持续推动高频重难点问题解决

围绕群众诉求推动整治提升，针对街乡镇层面难以解决的问题，运用"吹哨报到"机制，积极争取区级、市级部门在政策资金、行政管理、执法检查等方面的支持，强化区级统筹，下抓两级推动重点社区（村）综合治理和历史遗留问题解决，明确"吹哨"工作场景和具体标准，强化"报到"效果监督考核。3年多来，市级单位突出"强支持、出政策、勤指导"作用，到街乡镇报到150余次，召开部门协调会120余次，解决一批重大疑难问题。通州区宋庄镇积极"吹哨"市级部门，争取到财政部1.07亿元农村综合性改革试点资金，用于市政供水管网改造和自备井水质提升。市、区、街三级协同，协调解决昌平区回龙观街道龙兴园和天巢园小区近千户居民供电、北七家镇冠华苑小区配建设施开放、丰台区六里桥街道京铁家园利用腾退空间建设停车场等问题。在市国资委的大力支持下，国有企业积极通过"吹哨报到"方式，与属地街乡镇共同推进基层治理，首开物业全面开展非经资产房屋修缮改造，北控物业公司重新接管"三供一业"小区。在抓好"热作为"的同时，下更大力气开展"冷思考"，聚焦重点领域开展专题研究，围绕物业管理、安置房小区、小区停车收费、城市更新体系等方面开展专题研究并形成一批研究报告。精选剖析典型案例，形成《治理类街乡镇整治提升典型案例分析与对策建议》成果集，通过案例具体剖析物业费定价困境、老旧小区加装电梯、"三供一业"分离移交等方面的问

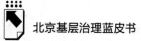

题，提出有建设性的对策建议，细化提出小切口改革措施，深入推动群众关切重难点问题的系统性破解。

4. 固机制、促创新，强化区域主动治理的制度化设计

在群众诉求办理、资金项目管理、诉求源头治理等方面深入探索实践，不断推动政策创新，完善工作机制，更好地发挥治理类街乡镇在基层治理创新中的重要载体作用。朝阳区在全市率先探索建立区级统一的治理类街乡镇工作机制，形成市区分级督导、主动治理的工作格局。海淀区研究制定治理提升补充项目政策，设立补充专项资金，支持"疏整促"年度计划外群众诉求集中问题整治、街镇主动治理、重点区域或重要点位"微提升"改造等。丰台区建立"治理书记"工作机制，选派区级机关干部担任治理类街乡镇重点社区"治理书记"，点对点破解难题，集中推动诉求解决。通州区优化资金管理使用制度，600万元以下项目交由各镇自行组织评审，区财政实行备案和抽查复审。昌平区强化小微织补项目政策创新，简化"微提升"项目审批程序，同步推进疏解整治与优化提升，"短平快"解决群众最关心、最紧迫的身边事。全市治理类街乡镇的制度化设计逐步完善，进一步增强了整治提升工作的系统性、科学性、有效性和针对性，为推动区域治理进入新阶段奠定了良好的基础。

自2019年5月以来，治理类街乡镇整治提升始终把接诉即办改革作为立场问题、改革问题、民生问题和作风问题抓紧抓实，围绕群众身边事，"眼光向下、脚步为亲"，攻坚克难、改革创新，取得积极成效。在小微项目整治提升方面，利用市级补助资金开展补短板项目800余个，实施道路修缮提升30余万平方米、屋顶防水工程约18万平方米、管线改造近16万米，持续改善人居环境；在"疏整促"专项行动方面，疏解一般制造业企业46家，疏解提升区域性批发市场42个，拆除违法建设4000余万平方米，建设提升便民服务网点135个，疏解整治和优化提升双线并进；在街乡镇及社区拆分方面，推动昌平区回龙观镇、通州区永顺镇、丰台区大红门街道等7个街乡镇完成行政区划调整，增设社区50余个，增加和强化服务群众的资源和力量，让基层治理的组织基础更扎实；在重点项目推动方面，京新高速沙

阳路出入口建设等一批历史遗留问题得到有效解决，敢于并且善于啃"硬骨头"，让广大群众切切实实感受到城市家园生活的新变化、新气象。

（三）经验启示

回顾总结 3 年多来治理类街乡镇整治提升的有益探索和丰富实践，沉淀宝贵经验，收获重要启示，其主要体现在"一个中心、三个结合"。

1. 坚持"一个中心"是区域治理的出发点和落脚点

"一个中心"即以人民为中心。治理类街乡镇整治提升是落实接诉即办改革的重要阵地和推进主动治理的重要抓手，始终把服务人民群众作为工作宗旨，紧扣街乡镇的"七有"要求和"五性"需求，办好群众身边的大事情、小事情、难事情，切实解决好群众身边的操心事、烦心事、揪心事。治理类街乡镇始终坚持深入群众、脚步为亲、大抓基层一线的鲜明导向，市级部门下抓两级到街乡镇"吹哨报到"提级响应，切实帮助基层解决各领域的实际问题，既"身入"又"心入"，实实在在解决好群众最关心最直接最现实的利益问题，当好群众的"贴心人"。

2. 坚持降量提率与区域治理相结合，在推进系统性治理上展现新作为

治理类街乡镇的整治提升围绕接诉即办开展，将减少街乡镇直派件诉求量和提升街乡镇综合排名齐抓共管，实现达标退出，这是要完成的基础目标，治理类的退出标准实际上就是整治提升的最基本要求。同时，也要推动区域的主动治理、系统治理和源头治理，将其作为治理类街乡镇整治提升更高的目标来抓紧抓实。2021 年 10 月《北京市接诉即办工作条例》实施动员部署会进一步明确，治理类街乡镇要坚持系统治理，注重解剖麻雀，多做补短板、强基础工作，要在政策、项目、资源等方面给予支持，要增强内生动力，这就鲜明地对治理类街乡镇提出更高要求。治理类街乡镇整治提升任务安排兼顾了降量提率的基本目标和区域治理的更高目标，突出统筹兼顾、标本兼治、长短结合，把业务从当期诉求集中小区（村）的事项扩展到"疏整促"专项行动、城市更新、美丽乡村建设等任务，充分发挥治理类街乡镇在这些相关治理领域中重点区、先行区、示范区的作用，打好系统性推进

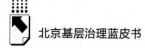

区域治理的整体战和主动战。

3. 坚持治理能力提升与补基础设施短板相结合，用心用情做好新时代的群众工作

区域基础设施条件是提升基层治理能力的物质基础，适度补充基础设施的一些短板弱项，同时大力协调推动固定资产投资的项目，在确有需要的领域补齐民生保障的短板，让人民群众切实看到变化、得到实惠。要用心用情解决好群众的急难愁盼问题，鲜明地推进治理与管理服务并重，在补基础设施短板的基础上，要大幅提升管理服务能力，转变基层的工作作风，设身处地站在群众的立场和观点上分析判断问题，一件一件抓落实，一年接着一年干，带领人民群众不断创造美好的生活。

4. 坚持纵向四级协同与横向属地联动相结合，构建区域治理多元共治的新格局

共治是治理类街乡镇整治提升工作的最大合力，"横""纵"联合形成更大范围、更宽领域、更深层次的共治，是推动区域治理纵深发展的重要基础。实际工作中，注重增强市、区、街道（乡镇）、社区（村）四级联动协同治理能力，集成市、区两级政策，补齐短板、完善功能、强化管理，自上而下加强督促指导、强化统筹协调，层层压实责任，推动整治提升任务落实落地，不断增强条块结合、上下联动、齐抓共管的治理合力。积极争取属地驻区单位等各方力量对治理类街乡镇工作的支持，党建引领绘好治理"同心圆"，逐步探索形成合作共赢模式，让更多部门包括企事业单位、更多主体包括市场主体能参与到治理类街乡镇整治提升工作中来，集中各方力量破解群众关心关注的各类难题，开创共治共建共享的区域治理新格局。

二　北京市"热线+网格"社会治理创新调研报告

北京市城市管理委员会

（一）案例背景

为进一步深化接诉即办改革，北京市创新"热线+网格"模式，旨在以

群众诉求为靶向，以网格平台为依托，发挥网格化源头治理、主动治理、科技赋能的优势，探索形成社会自治良性互动、管理与服务相融合的协同治理，推进热线与网格优能互补、深度融合。2021年，全市网格发现问题1017万件，是同期全市城市管理领域热线诉求量（50.32万件）的20倍，解决率达90.03%。2022年1~10月，全市网格发现问题785万件，是同期全市城市管理领域热线诉求量（21.45万件）的37倍，解决率达91.76%。网格解决率持续提高，热线诉求量持续下降，充分发挥高效处置、持续监管、全闭环管理、大小循环协同联动优势，实现未诉先办，市民投诉减量，市民满意度提升。

（二）主要做法

1.强化顶层设计，构建管理新体系

规章先行。印发《关于建立"热线+网格"为民服务模式的指导意见》，以热线诉求为出发点，以网格化管理为治理手段，推动接诉即办向未诉先办转变，实现管理与服务高效融合。

建强组织。组建市城市管理"热线+网格"工作领导小组，推进主管网格部门与涉改单位深度融合，在新成立的城市运行指挥中心设置接诉即办部门，形成工作实体化、功能化、一体化。各区均已形成统一指挥、功能齐全、反应灵敏、运转高效的"热线+网格"工作领导体系，负责统筹会商、协调调度、监督考评等工作。

打牢基础。规范划分全市单元网格，构建"一网多层、一体多维、一格多元"的全要素网格管理体系，共划分6.05万个单元网格，打造网格化管理、精细化服务、信息化支撑、一网全共享的基层管理服务平台，制定《北京市城市运行"一网统管"工作方案》，为构建市、区、街（乡镇）三级贯通，上下一致的"一网统管"格局奠定基础。

2.强化资源融合，服务管理新模式

汇聚数据实现共享。将城市管理相关行业主管和作业部门责任区域落图落格，将网格问题和热线诉求进行时空对比分析，将各类群众高度关注、集

中反映的问题作为网格日常巡查的工作重点，强化"热线"与"网格"数据的联动；建立"热线+网格"数据分析模型，聚焦高频多发问题和点位，进行数据分析比对及预警提示，有针对性地加大"双高"①区域的治理力度，为主动治理提供数据支撑，提升治理效果。2021年，"每月一题"垃圾清运不及时问题诉求25979件，经分析发现，主要问题有两个。一是桶站设置不合理，造成垃圾投放不便、市民随意丢弃；二是居民的垃圾自主分类水平不一致，部分区域还需要进行"二次分拣"，造成出现暴露垃圾现象。在工作推进中，依托网格化管理平台，将垃圾桶站点位在网格图层中落点落图，统筹分析垃圾分类桶站专项检查数据与接诉即办诉求中的相关问题，指导街道结合居民诉求，科学设立桶站位置，并完成600座分类驿站的新建和改造，便于居民分类投放。同时，通过对网格员下达重点任务、加强视频巡查等形式，主动发现暴露垃圾、乱堆物堆料等问题点位，及时推送给相关主责单位进行处置、增加清理频次。要求网格力量在巡查过程中，亮出身份，树立形象，引导市民分类投放，有效遏制"二次分拣"和随地乱丢等问题，促进《北京市生活垃圾管理条例》推进实施。全年诉求量呈逐月下降趋势，由最初的每月6000余件，到后期降至每月1000余件，治理效果显著。全年通过网格发现的暴露垃圾和乱堆物堆料问题共738.4万件，解决率达90.6%。石景山区城市管理指挥中心通过网格平台工单及视频监控录像，将AR视频采集终端与网格视频监控结合，对小区偷倒乱卸、随意堆放垃圾现象进行治理，还市民美好的生活环境，取得了很好的效果。

整合力量实现共管。充分发挥城市管理网格地理信息完备的作用，依托网格化管理平台中各部门责任明确、管理边界清晰的优势，统筹各方形成治理合力，让12345市民服务热线的触角延伸到社会最基层，通过一个热线工单带动一片治理。根据望坛拆迁区附近居民投诉反映民主北街道路人车混行、学生上下学存在交通安全隐患、严重影响居民出行的投诉，东城区永安门外街道利用网格化管理职责分工，及时对接城市管理、交通、住建、教育

---

① "双高"指热线诉求量大、网格发现问题多。

等相关部门，协调北京一师附小及望坛项目指挥部，共同对该路段展开治理，实行人车分离通行，规范行车秩序，安排专人维持交通秩序，加强交通导引，交通乱象得到有效治理。

端口前移实现共治。以管理单元网格为基础，主动与市民面对面，收集市民需求，开展管城理市志愿服务工作，广泛征求民意需求，下先手棋，打主动仗，解决好服务群众"最后一公里"的问题，实现从"等诉求"向"找问题"转变，做"通"服务群众的微循环。顺义区光明街道在党建引领下，构建起"社区—网格—楼门"纵向管理的三级治理体系，不断完善网格员队伍建设，走门入户听取居民心声，广泛收集群众意见，有的放矢解决了众多居民的急难愁盼问题。根据群众推荐，裕龙三区从基层网格员中选出楼长、单元门长，以楼宇熟人圈引导居民自治。网格员（楼门长）化身为社区政策宣传员，利用小喇叭广播、微信群、"敲门行动"等线上线下方式，向居民宣传疫情防控、垃圾分类、疫苗接种等政策；还化身为社情民意宣传员，走门入户听取居民心声，广泛收集居民意见并将其及时反馈给社区。通过网格员（楼门长）的积极引导，社区居民主动参与社区事务管理的热情得到进一步激发，社区邻里关系更加融洽。

3. 强化科技应用，创新管理新手段

提升科技应用水平。探索热线、网格问题综合指挥调度、深度融合办理，综合运用"天网"、卫星遥感等新技术手段，辅助网格发现各类问题。汇聚网格平台发现解决问题、群众诉求派单等海量数据，进行分析比对，做出预判预警，推动智慧治理。利用语义识别算法对地址信息加以解析，将群众诉求中的模糊地址转化为准确坐标，对市民服务热线诉求事项进行实时监测与分析，对高发诉求类型事项进行重点警示，实现一人多诉和多人同诉问题的抓取和实时上报。

注重大数据应用。聚焦城市运行管理难点痛点，推进"一网统管"体系建设，构建"三级平台、五级应用"的城市治理体系，探索交通、环境卫生、城市照明、城市供热、管线、大气监测等数据接入，利用数据循环倒逼管理闭环，推动"热线+网格"深度融合，着力解决群众急难愁盼问题。

通州区城市管理指挥平台以"数据汇聚+算法"驱动指挥平台的成长，搭建完成数字孪生城市基础底座，所有对接系统进行数据共享，整合实现13个子模块的可视化建设。截至目前，平台融合交通信号、违规停车、供热等60种类型的数据，已接入3761台监控设备、573台系统信号机、131处公共停车场、42个停车诱导屏，实现部分模块在三维城市模型中的可视化监管。通过平台，可对市民群众反映的共性、规律性问题提前分析研判，发出预警，实现早发现、早介入、早解决的目标。

（三）经验启示

"热线+网格"是探索主动治理、未诉先办的重大创新举措，是首都北京改革创新积极探索基层治理与城市治理的全新模式。在推动"热线+网格"服务模式的过程中，北京市秉承"四个坚持"，推动网格主动治理走向纵深，为基层治理模式转型升级提供了支撑。

1.坚持统筹协同是保证问题高效处置的基础

将基础信息采集和社情民意收集、创文明城区实地检查事项巡查治理、城乡环境建设、农村人居环境整治、生态环境保护、安全隐患排查整治等工作有机结合，实现热线诉求直接来源于群众与网格主动发现、闭环管理的优势互补。统筹推进数据协同、平台协同、标准协同和力量协同，以区域化党建为引领，督促、引导、鼓励体制内外的单位、企业、社会组织和市民在城市管理中积极、有效地发挥作用，形成全社会共同参与网格精细化管理的大格局。

2.坚持问题导向是保证工作有的放矢的方法

聚焦群众急难愁盼问题，推进主动发现、主动核实、主动处置、主动解决，不断完善服务管理手段和机制。在推进"热线+网格"工作过程中，坚持靶向施策、综合治理，以切实解决基层治理"痛点""难点""堵点"问题为出发点，充分利用好网格"前哨"阵地，先于群众发现问题隐患，把网格员作为信息收集员、矛盾调解员，将问题诉求消除在萌芽状态，不断提升群众满意度。

3. 坚持数据驱动是保证精准施策的重要工具

数据是智治的基础性资源，建立统一数据库，支撑主动发现和解决问题，充分打通各类数据，满足多部门、多层级的数据需求，实现信息数据"一次录入、各处共享"。将数据资源合理分类，提高城市管理工作的科学性，充分发挥数据在城市治理中的有效辅助作用，让有效数据成为处理群众反映问题的"靶心"。

4. 坚持长效机制是巩固治理成果的制度保障

结合实际情况，建立长效机制，并在实践中不断完善。加强各级网格员业务能力培训，不断提高其专业技能和综合素质。充分发挥党组织的领导作用，推动党的组织和工作向基层治理网格延伸。不断优化考评体系，根据热线诉求与网格上报问题的比对结果，考核网格管理运行情况，将其纳入首都环境建设考评，倒逼管理部门提升主动发现、快速响应、高效处置问题的能力，持续推动接诉即办向未诉先办转变。

三 北京市推动接诉即办进校园调研报告

北京市委教育工委、市教委

（一）案例背景

推动接诉即办进校园，是市教育两委推进校园治理的法宝。经过多年努力，首都教育系统通过推进接诉即办进校园，走出一条首都特色的接诉即办进校园新路。

（二）主要做法

1. 建立校园接诉即办全覆盖工作体系

市教育两委深入贯彻落实《北京市接诉即办工作条例》要求，统筹做好教育系统接诉即办工作，建立覆盖所属高校的校园接诉即办工作体系。市教育两委坚持党建引领，将接诉即办工作纳入党建、业务、绩效等重点工作量化考核，将其不断向基层一线延伸；持续完善日调度、周盘点、月点评、考核排名、约谈整改的工作闭环；建立重点难点问题协调解决机制和区级统筹、校地协同办理的工作机制；经常性开展总结复盘，及时进行阶段性评估，积极推广典型经验。各高校建立起主要领导牵头抓总、分管领导具体负责、办公室统筹协调、各相关职能部门分工协作的校内接诉即办工作机制，畅通师生诉求反映渠道，统筹校内外诉求办理，快速响应师生诉求，聚焦问题解决，响应速度和办理实效得到双提升。

市委主要领导高度重视在京高校师生诉求的办理工作，亲自部署接诉即办进校园工作，要求解决好学生学习生活中的困难，改善校园生活服务。市教育两委迅速抓落实，以推进接诉即办进校园为契机，全面覆盖 93 所在京高校涉疫诉求办理机制，快速精准回应师生关切，及时化解矛盾问题，提升校园服务质量，提高学校治理效能。在 2022 年秋季高校开学返校和疫情防控工作中，市教育两委狠抓在京高校的涉疫情诉求办理，建立"日清日结"机制，件件有回音，充分发挥接诉即办的"听诊器""探伤器""警报器"作用，从诉求中发现问题，真解决问题，解决真问题，精准识别涉校防疫和安全稳定问题，不断优化校园防疫管理措施，坚决防范高校安全稳定风险。自 2022 年 8 月 24 日以来，办理高校涉疫诉求 5400 余件，办理周期从原来的 7 天压缩至 1 天，坚持每日全量回访，件件考核"三率"，压实主体责任，提高解决效果，加强重点问题督查，专人验收整改效果，24 小时内办结率达 100%，解决率和满意率均居于较高水平。

2. 点对点解决好师生的每一个诉求

首都教育系统牢牢站稳人民立场，坚持立德树人、五育并举，统筹教育事业发展和疫情防控工作，树立到基层一线为师生解决问题的鲜明导向，把接诉即办作为送上门来的群众工作，持续推进接诉即办进校园。自 2021 年 12 月 19 日以来，市教育两委共受理所属高校诉求近 2 万件，解决疫情防控、教育管理、后勤保障、教育收费、教职人员管理、校所建设等一批师生关切的问题诉求，推动学校不断完善疫情防控、学校教学管理机制，提高服务师生水平。服务师生实现从"端菜"到"点菜"，从大水漫灌到精准滴灌，点对点解决好师生的每一个诉求，切实增强师生的获得感。

市教育两委指导 93 所在京高校设立服务热线电话、建立网络诉求平台，形成一系列服务师生品牌，有效吸附学生在校内表达诉求，建立快速解决机制，提升服务师生的精准度，有效挤压负面情绪的滋长空间。清华大学"海淀区一网统管'接诉即办'系统清华园街道分中心"、北京林业大学"北林即时办"网络服务平台、中国传媒大学"中传有我"建言献策平台、北方工业大学"工小办"接诉即办网络系统平台、北京服装学院"服小帮"校内接诉即办网络系统平台等，24 小时受理诉求，解决师生困难，改善校园生活服务。北京工商大学开通"第一应答"24 小时学生服务热线，自2021 年 4 月以来共接来电 3208 个，总工作时长达 8624 小时，校内及时解决学生诉求 2600 余个，多处室联动在两个校区安装洗衣机等设备 263 台、搭建 20 个带有充电桩的非机动车棚，便利师生生活和出行。北京工业大学等学校还创新物品交换通道、开设临时超市等暖心举措，深受广大学生好评。北方工业大学聚焦学生反映集中的"校外大学生公寓空调购置安装"诉求，党委专题研究，统筹协调石景山区相关部门，顺利完成电力增容，安装空调1200 台，为学生提供更为舒适的住宿环境。

3. 通过一个诉求推动一类问题化解

市教育两委领导将接诉即办作为主要工作抓手，经常性听取工作汇报，坚持对每份工作分析材料进行详细批示，将师生反映较集中的问题作为优先研究议题，专项调度重点难点问题，以师生满意度为风向标，把师生反映问题纳入业务工作统筹。市教育两委加强数据挖掘与评估分析，提前研判师生关注的焦点热点难点问题，各处室负责人亲自抓落实，统筹日常业务办理与高频共性问题解决。市教育两委每周召开工作调度会，以问题为导向，联合业务处室开展协同治理，推动复杂和突出问题的解决，及时修订工作政策和调整工作方向。聚焦高校学生反映集中的线上教学、外出就医、后勤服务等问题，及时出台《高校封闭管理期间师生思想政治工作指引》《关于动态调整高校疫情防控措施的通知》《高校学生外出就医及后续处置指引》等 60余项制度措施；针对校内超市涨价问题，开展多轮督查检查，确保校内物价稳定，强化主动治理、源头治理。

各高校抓住每一个诉求，顺藤摸瓜，深挖诉求背后的动因，精准疏通校园运行中的痛点堵点，推动接诉即办向未诉先办转变。中国传媒大学党委书记、校长将阅办师生诉求作为每日办公第一件事，随时转办苗头性信息，高效解决师生急难愁盼问题，及时回应诉求、化解风险，平稳有序做好疫情防控、安全稳定与教育教学各项工作。2021年9月，首都经济贸易大学收到12件诉求，集中反映学生质疑宿舍楼空气质量和水质问题。学校主要领导高度重视，多次组织召开专题工作会精心部署、明确分工、压实责任，成立工作专班，第一时间组织第三方专业机构采样检测，并将检测结果如实反馈给学生。同时，学校召开专题座谈会耐心听取学生关于新建宿舍楼的意见建议，立即落实整改措施，为学生提供舒适的校园生活环境。

4. 把解决师生实际问题和思想困惑相结合

首都教育系统将接诉即办作为发现苗头问题的重要渠道，与安保维稳工作机制形成联动。把学生诉求纳入安保维稳监测预警工作体系，一体化研判分析网络舆情、涉校矛盾和涉疫风险，会同多部门共同关注、快速处置突出问题，协同营造良好校园环境。根据学生对出入校的意见建议，及时将校门管理由审批制改为备案制，提出不前往中高风险地区、不进入聚集性场所、避免接触七天之内返京人员的"三不"要求，凡有合理需求的都可自由出校，简化备案手续，相关舆情迅速平息。针对个别家属区管理问题，中国地质大学（北京）等高校分别会同属地协同联动，健全利益沟通协调机制，搭建民主协商议事平台，有效化解矛盾隐患。一些高校认真梳理诉求，建立矛盾纠纷重点问题排查台账，做到底数清、情况明、数据准，通过召开问题协调和矛盾调处座谈会等形式，强化与师生沟通交流，及时化解风险矛盾。

各高校坚持解决思想问题和解决实际问题相结合，上好一堂人民至上的"大思政课"，推动接诉即办进课堂。以接诉即办为牵引，推动高校领导干部、辅导员、班主任下沉一线，以快制快、实事求是解决诉求和困难，第一时间掌握学生思想动态，用接地气、有温度的方式开展政策解读和情绪安抚。北京化工大学、中国传媒大学在出现突发疫情后，对本校全量诉件进行单独处理、单独建档，指派专人对接，开辟专线渠道，立清立结。北京大学、中国人民大学等高校把"防疫宣讲"开到宿舍一线，讲好疫情防控"大思政课"，将学校关心关爱传递到每一个学生。2022 年，市政务服务局与市教育两委共同召开接诉即办课程进高校讨论会，北京大学、清华大学、中国人民大学、北京工业大学、首都经贸大学、北京物资学院 6 所首批试点高校的专家教授参加，交流接诉即办课程进高校的基本设想。中国人民大学、清华大学、北京大学和市属高校的专家教授通过深度参与接诉即办改革理论研究，更深刻认识接诉即办改革，积极主动推动改革案例进高校课堂，中国人民大学已经将接诉即办案例列入本科生和 MPA 教学，与北京市市民热线服务中心共建教学实践基地。

（三）经验启示

市教育两委将接诉即办进校园作为关键一招，精准回应师生关切，提升校园服务质量，及时化解矛盾问题，提高学校治理效能。2022 年 11 月 11 日，国务院应对新型冠状病毒感染疫情联防联控组发布《关于进一步优化新冠肺炎疫情防控措施　科学精准做好防控工作的通知》，把接诉即办进校园作为优化校园疫情防控重要措施。教育部也将接诉即办进校园经验在全国高校推广。

1. 坚持党建引领

按照市委要求，市教育两委统筹抓好接诉即办全面进高校工作，打造了全量全覆盖转办所在京高校涉疫诉求，转办到办结不超过 24 小时的"日清日结"工作机制等。各高校积极响应，坚持党建引领，不断完善校内接诉即办机制，党政主要负责同志是接诉即办工作负责人，由学校领导负责日常工作，成立接诉即办工作机构或指派专门部门负责有关工作，配置工作力量。

2. 坚持源头治理

接诉即办进校园要坚持和发展"枫桥经验"，到一线倾听师生诉求、解决师生难题，更多地在跟踪问效、改进工作上下功夫，做到"事心双解"。

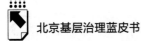
要加强接诉即办大数据分析，实时分析统计市教育两委诉求受理情况、处理情况、满意度情况，并将校园接诉即办接入领导"驾驶舱"，为领导掌握教育系统相关工作动态提供支撑，努力把矛盾化解在前端，做到未诉先办。各高校要以师生急难愁盼问题为牵引，强化责任担当，坚持以诉促治，深挖诉求背后反映出的校园治理问题，抓短板、强弱项，提升学校服务师生的精准度，提高师生在校生活学习的舒适度，强化服务保障能力，推动校园治理现代化。

3. 坚持思想引导

把以接诉即办为牵引的超大城市治理"首都样板"作为北京高校"大思政课"综合改革的重要切入点，组织师生"跑工单、走流程、蹲点位"，深入接诉即办工作一线，沉浸式体验接诉即办全流程，了解掌握接诉即办相关制度机制，助推教材编写、课程设置和教学实践，上好一堂人民至上的"大思政课"。为提升接诉即办改革的社会影响力和参与度，持续完善群众诉求驱动超大城市治理模式，丰富发展全过程人民民主实践，组织推动接诉即办理论研究，提炼改革成果，推动接诉即办改革进党校、进高校等工作。

4. 坚持防微杜渐

善用民生大数据，充分发掘利用接诉即办工单中蕴含的海量信息资源，采取数据爬虫等手段精准捕捉小矛盾、微问题，及时掌握行动性线索和苗头性倾向，加强形势分析研判，紧盯负面情绪疏导和突出矛盾化解，坚决防范点上问题升级为面上问题、一般问题向意识形态领域传导，演变为"黑天鹅""灰犀牛"事件。

B.19
北京接诉即办改革治理机制案例

摘　要： "每月一题"基于接诉即办民生大数据,聚焦群众诉求集中的高频共性难点问题,走出一条以群众诉求驱动超大城市基层治理的有效路径。在接诉即办工作中,市管企业坚持未诉先办、源头治理,全面提升国企治理系统化、数字化、智能化水平,打造具有国企特色的为民服务工作体系。北京市发挥全媒体传播优势,深度参与接诉即办改革,传播了首都基层治理好声音。

关键词： "每月一题"　为民服务　市管企业　市属媒体　舆论监督

一　北京市"每月一题"机制调研报告

北京市委深改委"接诉即办"改革专项小组办公室

(一)案例背景

2021年,北京市建立"每月一题"机制,选取群众诉求集中的高频共性难题进行主动治理,建立了一套以群众诉求驱动超大城市治理的工作机制。

(二)主要做法

1. 坚持以群众诉求为导向,倡导主动治理

"每月一题"聚焦高频共性难点问题,从中选取需要市级层面出台改革创新举措的若干问题开展专项治理。2021年,"每月一题"选取房产证难办

等 27 个具体问题，全年共完成 600 多项任务，出台 110 多项政策法规，办成一批实事好事。2022 年，"每月一题"选取老楼加装电梯等 17 个具体问题，全年共完成 400 多项任务，出台近 100 项政策法规。第三方机构公众满意度调查显示，两年治理整体满意度分别为 91.31% 和 91.93%。

2. 坚持以党建引领为核心，高位统筹推进

市委接诉即办专题会听取"每月一题"整体情况和当月主题 1~2 个具体问题推进情况汇报。市政府主要领导不定期专题调度难点问题。分管市领导亲自挂帅，每月以会议和现场检查等方式加强专题调度。市委深改委增设"接诉即办"改革专项小组，每月召开月度例会，不定期召开专题会调度"每月一题"工作。

3. 坚持市级部门牵动，上下联动

三级协调共抓落实。明确一个问题由一个市级部门牵头主责，相关单位协同配合，各区落地实施。以市级部门统筹出台政策、集中整治为着力点，帮助基层破解"街乡镇无法解决、各区无力解决"的难题。

挂图作战对表推进。实行清单式管理、项目化推进，每个问题均制定"一方案三清单"①，定期汇总工作进展情况。

条块结合上下联动。各区在市级"每月一题"基础上，结合本区诉求特点，针对街道（乡镇）难以解决的问题，将其纳入区级"每月一题"进行专项治理。

将治理类街乡镇作为"每月一题"工作成果转化的优先区域。会同市"疏整促"专项办面向治理类街乡镇对房产证难办、农村宅基地等问题召开专题政策培训会，进行政策解读、答疑解惑、典型示范，受到基层一线普遍欢迎。

4. 坚持标本兼治，形成一系列政策创新举措

针对疑难复杂问题出台改革创新举措。市规划自然资源委在房产证办理难问题解决中创新提出"尊重历史、无错优先、违法必究"原则，建立健全工作机制，形成"1+10+N"政策体系，为加快化解历史遗留项目不动产

---

① 即问题解决方案和责任清单、任务清单、政策清单。

登记问题提供有力支撑。市教委加强学科类校外培训机构规范管理，持续推动"双减"政策落地。市生态环境局编制《北京市固定设备噪声污染防治指引》，引导商户科学降噪。

针对新业态新领域问题加强服务监管。市市场监管局制定完善《电子商务经营者主体责任清单》，强化对平台企业的合规指导和规范治理。市人力社保局规范平台用工、完善职业伤害社会保障制度，推动形成党建引领、行业规范、司法溯源、群团关爱、企业主责的工作格局。

针对季节性周期性规律性问题"未病先治"。市住房城乡建设委建立房屋修缮"先应急后掏钱"制度。市城市管理委深入研究采暖季"病例库"，开出治理工作"药方单"，梳理603项"冬病夏治"项目。市水务局汇编下凹桥区、积水点等重点点位应急排水预案，发布本市城市积水内涝风险地图。

针对"大家的事"推行政府主导共建共治。市民政局采取公建民营模式建设养老机构，开展社会化助餐服务。市住房城乡建设委针对住宅楼内下水管道堵塞问题，健全社区党组织领导下的业主主责，使用人、管理人、专业经营单位各负其责，邻里之间友好协商，社会力量共同参与的维修机制。

强化数据治理科技赋能。市交通委在中心城区重点轨道站点实施共享单车电子围栏监测管理。市农业农村局开发冬季清洁取暖助手App，24小时在线实时转发12345热线农户取暖诉求，正常取暖维修诉求4小时内完成。市城管执法局开展远程非现场视频巡查，提升对街头游商的执法效率。市公安交管局推动信号智能联网多场景应用、优化红绿灯信号配时，提升通行效率。市体育局强化监管职能，创新性开展"一键报修"和巡检工作，有效破解室外健身设施报修渠道不畅、维修不及时等问题。

5. 以"一单一表一图一问答"①为牵引，探索问题场景闭环治理模式

"每月一题"不仅推动问题解决，还注重建立长效工作机制，推动市级

① "一单"就是梳理市、区和街道(乡镇)解决问题的工作职责，形成《工作职责建议清单》。"一表"就是系统总结解决"每月一题"问题的政策方法和改革创新举措，形成《政策方法改革举措表》。"一图"明确解决问题中各种场景工作流程，形成《工作流程图》。"一问答"将解决问题出台的政策措施拆解为通俗易懂的一问一答，形成"每月一题"简明问答，并在"首都之窗"向社会公开。

主责部门围绕问题解决明确职责分工、规范工作流程、梳理政策问答、促进政策落地。在治理过程中，"每月一题"按照解决问题不同场景形成"一单一表一图一问答"，建立问题场景化治理闭环。

6. 以改革创新为动力，促进政府职能转变

推动优化政府职责体系。以"每月一题"问题场景为导向，明确市、区、街乡镇职责，以市委编办、市委深改委"接诉即办"改革专项小组办公室名义联合印发《接诉即办"每月一题"专项清单》，作为基层解决具体问题"吹哨报到"工作指引。

助力深化"放管服"改革。优化政务服务，市农业农村局在网上政务服务大厅发布宅基地审核办事指南，增设"农村村民宅基地审批"政务服务事项，涉及全市 154 个街乡镇，建立健全乡镇宅基地审批联审联办机制。简化审批流程，规划自然资源部门受公安部门委托，在工程规划许可阶段同步开展新建工程建设项目门楼牌编制，实现压减审批环节 50%。加强事中事后监管，发布《网络餐饮服务餐饮安全管理规范》，开展"首都餐饮业食品安全大检查"，餐饮环节抽样监测 6239 批次。

推动公检法司联动诉源治理。推动法院、检察院及公安、司法部门参与"每月一题"。市高级人民法院建立诉源治理协同联动机制，就新就业形态劳动者劳动保障、物业服务不规范等问题形成专题调研报告，加强"每月一题"涉法涉诉问题共同调度、专题研究的力度，推动社会矛盾纠纷源头化解。市人民检察院利用"每月一题"重点问题诉求线索，开展专项监督，推动问题解决。

（三）经验启示

经过几年的实践探索，一条具有首都特色的群众诉求驱动超大城市治理的新路径正在逐步形成。各市级部门以"每月一题"为抓手推动主动治理、未诉先办，进一步打通与区、街乡镇的工作链接点，抓好政策落地"最后一公里"。

1. 坚持人民至上，注重以群众诉求驱动城市治理

群众诉求就是人民对美好生活向往的直观呈现。"每月一题"来自12345市民服务热线的数千万条民生数据，是基于群众诉求选取出来的，是群众诉求集中性、代表性的高频共性问题，是群众反响较强、牵涉利益众多、多年未能解决的"硬骨头"。"每月一题"就是以群众诉求为牵引，"想人民之所想，行人民之所嘱"，推动主动治理、未诉先办，实现"从群众中来，到群众中去"，以群众诉求驱动超大城市治理。

2. 坚持问题导向，注重标本兼治、以点带面

作为一座超大城市，北京市既有历史遗留下来的痼疾顽症，也有伴随着时代发展新生的网络平台、新业态等新问题。"每月一题"就是以这些"老大难"问题为导向，坚持一问题一专班，逐一制定破解之策，拿出方案办法，坚持标本兼治、典型引路、由点到面，解决首都发展过程中的不平衡不充分问题，推动减量约束下的城市转型发展。

3. 坚持系统治理，注重综合施策、共建共治

"每月一题"坚持顶层设计，科学合理配置资源，优化实施路径，充分调动政府系统内部"条""块"积极性，形成共抓落实的合力。"每月一题"坚持因地制宜、分类指导，各区结合实际制定区级"每月一题"，提级响应为街乡镇减负。"每月一题"坚持全周期管理理念，建构诉求导向、清单推进、调度协调、监督评价等工作机制，确保问题得到系统解决。"每月一题"坚持共建共治，推动央地联动、市场运作、居民自治，形成共建共治共享的治理格局。

4. 坚持改革创新，注重以"小切口"促"大改革"

"每月一题"注重在解决问题的同时推动深化改革，将涉及"每月一题"的《关于代建联建历史遗留政策性住房项目不动产登记主体确认的意见》《农村地区冬季清洁取暖设备后期管护工作方案》等多项政策纳入市委深改委会议审议议题。在治理过程中，"每月一题"各主责部门对疑难复杂问题创新改革政策，以"小切口"促"大改革"，集中破解房产证难办等共性难题，制定一批首都原创改革政策，补齐一批地方法规，出台一批地方标准。

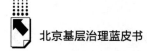

5. 坚持走好群众路线，注重激发干部担当作为作风

"每月一题"涉及"老大难"问题，各级各部门在推进问题解决过程中敢于动真碰硬，敢于接烫手山芋，敢于担当作为，在为民办实事中展现过硬的政治素养，体现迎难而上的工作作风。各级党政机关和党员干部从群众诉求出发，坚持"眼睛向下、脚步向下"，围绕"每月一题"问题解决，"下基层、跑工单、走流程、蹲点位"，从过去坐在办公室看"转播"到现在赴现场做"直播"，形成走好新时代群众路线的生动实践。

二 北京市管企业深入开展接诉即办工作调研报告

北京市国资委

（一）案例背景

从 2019 年 5 月市管企业开展接诉即办工作以来，市国资委强化指挥调度，落实"高站位、高起点、高标准"工作要求，将接诉即办工作纳入"三大考核"①，建立常态化督导机制，指导市管企业立足服务解决好市民群众身边事，打造具有国企特色的为民服务工作体系。通过 4 年的接诉即办工作实践，市管企业以服务市民群众为抓手，完善服务体系、优化服务流程、提升服务水平，激发企业的发展活力和内生动力，推动企业高质量发展，以实际行动践行"国之大者"的责任，彰显了国企使命担当。

（二）主要做法

1. 立足"七有""五性"，提升服务显担当

市管企业聚焦"七有""五性"民生实事，在水电气热、衣食住行等诉求方面，优化服务流程，提供全天候服务，做到第一时间响应、第一时间处置。

---

① 即国有企业领导人员经营业绩、平安北京建设和全面从严治党三大考核。

北京公交集团针对市民反映地铁 9 号线科怡路站交通不便问题，第一时间选派专业人员，开展意见收集和需求分析，组织安排客流调查、实地测量，多次现场踏勘，正式开通科怡路站至怡海花园西门的微循环线专 9 路，实现地面公交与地铁科怡路站"零距离"接驳。针对居民用户反映的"水费异常""水表故障"等问题，北京自来水集团推广智能远传水表，累计完成安装 111 余万支，改善居民用水体验；依托智能水表，开展空巢老人安全预警、户内用水异常预警等延伸服务；研发上线北京自来水 App 小程序，电子发票、漏水提醒、超阶梯提醒等功能，为用户提供便利管家服务。针对四路通 1 号院小区供暖管道老化、采暖效果下降问题，北京首开集团天岳恒西罗园分公司供暖班组于 2022 年夏季进行整楼供暖系统改造更新，供暖主管道采暖循环效果得到大幅提升。首开集团 4 年来累计投入 10 多亿元用于完善物业服务体系、更新物业服务设施、提升物业服务水平。北汽集团加快推动京内充换电站建设及原有电站升级改造工作。截至目前，累计在京内建设换电站 175 座，在营 115 座，完成升级改造 16 座。

2. 超前研判治理，未诉先办解民忧

市管企业在日常接诉即办工作过程中，注重发挥大数据作用，加强对诉求的分析研究，提前预判季节性、周期性、规律性问题，聚焦民生堵点、焦点、痛点、难点诉求，充分发扬斗争精神，化"被动"为"主动"，大力开展重点整治、源头治理。

北京热力集团充分运用民生大数据，采取"冬病夏治"工作举措。改造低温区超过 100 个、集中热点小区超过 600 个，解决 20 余万户居民室温偏低问题；制订入户巡检计划，减少冬季供热季"跑冒滴漏"现象的产生等。北京燃气集团推行"三百行动"①专项工作，切实解决燃气安全隐患这一民生"焦点"。针对阿苏卫填埋场因"异味"产生的邻避效应日渐凸显问题，北京环卫集团制定"异味"治理和环境综合整治方案，切实化解"异

①　即全力完成安装智能燃气表 100 万户、居民用户安全型配件 100 万件，高效开展"百日行动"专项排查整治用户安全隐患。

味"困扰周边群众这一民生"痛点"。北京首发集团从"事后处理"转变为"精细治理",开展"道路遗撒"专项整治工作,切实改善"道路遗撒"这一民生"难点"。

3. 融入日常工作,治企水平再提升

市管企业通过接诉即办改革机制将政治、经济、社会三大责任相互融合,将企业中心工作、解决市管企业历史遗留问题机制有机结合,以群众诉求和市场需求为导向,充分发挥民生大数据富矿作用,引领企业可持续发展,不断提升企业竞争力和生命力。

北京银行以儿童金融综合服务计划"京萤计划"为切入点,从市民小朋友希望自己管理压岁钱这一诉求出发,充分挖掘儿童金融的深层需求,成功推出诉求变需求、需求变产品、产品变服务、服务变优势的金融服务新体验。北京一卡通公司以12345市民服务热线反映的广大学子绿色出行诉求为切入口,推出全国高校首张支持校园内外应用的NFC一卡通电子学生卡。目前,一卡通电子学生卡已于北京大学率先上线,北京工业大学等十余所院校陆续开始使用。北京金隅集团党委着眼数字化转型,建立"一网一库一端一系统"①平台,并将接诉即办工作嵌入业务流程,实现一单到底,一条信息牵引接诉即办全流程,先后梳理形成20类142项826条企标分类,建立规范性文件知识库,梳理573个重要点位。北京排水集团构建"组织领导体系""24小时一体化服务体系""干部考察及绩效考核体系""公众互动体系"四大工作体系,形成"政策对接即时调整工作法""年度要点统筹工作法""每月一题研判工作法""病害根源治理工作法""智慧辅助便民工作法"等工作法,发布《排水热线服务接诉即办规范》企业标准,固化排水行业接诉即办工作标准规范,凝练"强体—创法—抓细—塑人"的行业服务新模式。

市国资委全面排查梳理市管企业历史遗留问题,建立解决市管企业历史遗留问题市级联席会议机制,成立工作专班,按照"滚动推进、分批解决"

---

① 即一个网络、一个数据库、一批移动端和一套业务系统。

的原则,每年从排查出的历史遗留问题中选取一批作为重点问题提级推动解决。先后解决首钢迁安矿区两种户口、事转企前退休职工死亡一次性抚恤金、农租房腾退、工美大屯路 2 号院用电、首开颐安嘉园临时用电改造等一批历史遗留问题。市管企业自主向前一步,回应职工诉求,解决一大批影响企业发展和事关职工切身利益的历史遗留问题。

(三)经验启示

1. 民有所呼、我有所应,是国有企业的职责所在和践行"国之大者"的根本要求

服务首都民生、保障城市运营是成立北京国有企业的初衷,认真做好接诉即办工作是国企的职责所在。国资国企始终坚持以人民为中心的发展思想,以群众诉求为导向,坚持有解思维,把工作重心聚焦在如何解决群众诉求上;着力打造上下贯通、职责明确、落实有力的组织体系和响应执行体系,完善接诉即办相关制度和工作流程,确保诉求有人接、有人办、有人督;建立快速响应、快速处理、快速解决诉求的工作模式,对涉及重点民生领域提供全天候服务,切实提升工作效率;健全群众诉求动态研判机制,从政策保障与优化、机制联动、资金投入等方面入手,注重综合施策。

2. 接诉即办、未诉先办,是国有企业自身完善治理体系和提升治理能力的有效手段

接诉即办、未诉先办不仅很好地解决了群众所忧所盼,也是有效促进企业高质量发展的重要保障。国资国企充分认识到做好接诉即办、加强企业管理是分内之事,不断强化系统思维,以接诉即办工作为抓手,及时查找企业经营管理中存在的不足,持续完善治理体系,优化内控管理,提升服务水平;充分运用民生数据富矿,把诉求作为开拓市场的商机和改进经营管理的契机,把问题作为提升服务品质和树立品牌形象的资源;加强对高频热点、季节性、周期性问题进行超前研判,加大对企业运行、管理、服务中存在问题的治理力度,实行清单式管理、项目化推进,确保工作取得实效;利用"小切口"呈现"大视角",将诉求解决、问题治理逐步深化为健全体质机

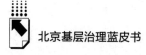

制、优化企业管理、做到标本兼治，加快提升完善中国特色现代企业制度的能力和水平。

3. 党的领导、组织保障，是国有企业最大的政治优势和组织优势保障

国资国企加强党的全面领导，充分发挥党组织"把方向、管大局、保落实"作用，将接诉即办工作深度嵌入企业生产经营管理，使党建工作和行政工作有机融合，助推企业发展；加强组织领导，明确工作目标，传导压实责任，加大接诉即办工作逐级调度、点评、指导和督促力度，将其贯穿到各层级、各个环节，确保责任落实到位、工作执行到位；发扬伟大斗争精神，对躲不过、绕不开的疑难复杂问题，勇于担当作为，统筹协调推动，集中资源力量，全力攻坚克难，实现为民解忧纾困和企业高质量发展的"双赢"；强化考核问效和监督执纪，积极发挥考核指挥棒作用，树立接诉即办工作正确导向，不断改进工作作风，认真履行好国企的职责和使命。

三 北京市属媒体参与接诉即办调研报告

北京市委宣传部

（一）案例背景

北京市属主流媒体牢记政治家办报、办刊、办台、办新闻网站的要求，做到舆论宣传与信息公开相结合、批评监督与服务建设相结合，持续宣传党建引领接诉即办改革，讲好"中国之治"的北京故事，为助力国家治理体系和治理能力现代化建设贡献了媒体力量。

（二）主要做法

1. 发挥全媒体优势，营造浓厚的接诉即办宣传舆论氛围

北京市属主流媒体在报纸端、电视端、广播端和新媒体端整体发力，开设接诉即办相关栏目，全媒体报道优势凸显。《北京日报·政府与市民》栏目快速反映百姓家门口的事情，其集团所属《北京晚报·我们日夜在聆听》

专版，始终坚持问题导向，替百姓说话、为百姓办事。《民生调查》专栏通过监督报道推进接诉即办，切实解决群众急难愁盼问题。《数看基层治理》专版栏目，以数据为切入口，反映基层治理经验做法。北京广播电视台电视端、广播端和新媒体端端端发力。电视端主要有北京卫视频道《向前一步》、新闻频道《接诉即办》专栏；广播端主要有新闻广播《新闻热线》及其微信公众号"问北京"、《整点快报》、《12345社情民意播报》，交通广播《交通新闻热线》《12345我们在行动》栏目等；新媒体端主要有北京时间接诉即办应诉平台、《时间小妮》网络平台栏目。《向前一步》栏目为全国首档市民对话公共领域的节目，具有开创性；北京时间接诉即办应诉平台是最早一个与北京12345市民服务热线（以下简称"12345热线"）实现系统和数据全部连通的应诉平台。

2. 突出节目的纪实性、调查性和新闻时效性，推动解决民生诉求问题

接诉即办栏目既突出节目的纪实性、调查性，又突出新闻时效性，围绕百姓急难愁盼问题及时跟进开展现场报道，通过调查采访助力矛盾纠纷化解，推动问题解决，跟踪整改效果，起到推广经验、宣传典型、激励基层等多重作用，彰显主流媒体的责任和担当。《北京日报·民生调查》专栏以"快准好"的社会效果展现党报践行党的群众路线的生动实践，推动关系群众切身利益的问题得到切实解决。《北京日报》通过报纸和微博、微信、北京日报客户端等多渠道第一时间反映群众急需解决的难题，有关部门快速响应、精准整治，"难题解决快"；围绕群众关切和市委市政府中心工作，帮忙不添乱，获得被监督部门的认同，凝聚破解难题的合力，"问题找得准"；栏目反映问题的解决率和反馈报道率均超过95%，"社会效果好"。《北京日报》每月梳理报道中有关群众反映的老大难问题和普遍存在的共性难题，形成专项报告，聚焦民生或城市治理重点问题，进行专题汇报，推动政策完善和机制创新。

北京广播电视台新闻频道《接诉即办》全力报道全市各街道（乡镇）、社区（村）在老旧小区改造、道路交通建设、优化营生环境等方面的工作，紧紧围绕"每月一题"专项治理涉及的房产证办理、房屋漏雨、央产小区

物业管理等群众关心的热点难点问题和长期未解决的历史遗留难题，深入开展蹲点式调查采访，制作播出一大批具有广泛传播影响力的专题报道。节目起到接诉即办舆论开路先锋的示范引领宣传作用。例如，大兴区兴华园小区居民近 20 年没有拿到不动产登记证书，孩子们入幼儿园、上学等成了居民最揪心的事儿。记者历时半年拍摄，完整记录大兴区找问题查原因、谋解决之道，有效解决近 20 年的"办证难"问题的全过程。节目播出后，帮助市有关部门推动解决"这一类"问题。

3. 搭建"市民对话公共领域"平台，促进基层社会共建共治共享

让市民有更多的获得感、幸福感，是衡量城市治理成果的重要标尺。媒体参与并推动让各方坐到"谈判桌"前"有事好商量"，不仅是以共建共治共享的理念提升城市治理水平的一种有益尝试，也在社会上培育"大家的事大家商量着办"的协商文化。《北京日报》着力发挥党报的公信力，在政府与市民之间搭建平等对话的平台，通过协商，引导相关各方共同探讨解决问题的新思路。创办的助推社会共建共治共享的《有事好商量》栏目定位清晰：由党报搭建协商平台，让城市治理的参与各方平等对话，为分歧各方提供政策、法律、道德、情感的视角，破解基层治理难题。报道《垃圾站真的这么可怕吗？》源于丰台区东铁匠营街道顺四条 37 号院业主的困惑："居民楼 8 米外要建 12 米高的垃圾站？！"为此，记者多方协调，将丰台区规划分局、街道片区责任规划师、开发商、社区和居民代表请到一起，开诚布公进行交流。一个多月后，修改后的改造方案公示，垃圾站调整到其他地块，居民楼旁将改建绿地。记者手记《邻避效应如何破解》提出，遇到社会矛盾，政府部门不仅应寻求"正确解"，更要追求"最优解"。

北京广播电视台北京卫视《向前一步》栏目对标市委市政府接诉即办、"每月一题"、"疏整促"专项行动等工作，聚焦超大城市治理，精心策划选题，通过百姓喜闻乐见的形式，以电视节目特有的呈现方式，关注城市治理中的难点、痛点、热点，紧盯诉求集中的问题，为城市治理的多元主体搭建起沟通的桥梁。栏目组时刻将民声听在耳中，将民生放在心里，敢于挖掘矛盾纠纷产生的原因和过程、思考解决矛盾纠纷的方法。《向前一步》每一期，都呈现一个公共问题从纠结到解决的全过程，不仅找到问题解决之道，更挖掘问题背后的意义与价值，坚持用一次次沟通、一次次探讨、一次次对话，澄清误解，说理释法，达成共识，完成凝聚人心的"向前一步"。开播至今，帮助 20 年不交物业费被物业弃管的小区实现物业管理，给居民烦心 20 年都"搬不走"垃圾楼找到解决路径，推动北京二环以里危旧房腾退助力北京中轴线申遗，等等，共解决 200 余个治理难题，直接受益市民超过 200 万人次，产生巨大的社会效益，被市民称为"接诉即办的电视版"。栏目成立 4 年，累计播出节目 226 期，调解时间超过 1800 小时。截至目前，《向前一步》全网相关视频播放量超 23.5 亿，累计覆盖粉丝超 71 亿人次，全网主话题阅读量超 34.1 亿，讨论量超 2100 万次。市领导高度评价《向前一步》"是城市治理、破解民生难题的有效平台"。

4. 发挥主流媒体社会监督作用，推动百姓诉求解决

北京市有关部门探索建立"舆论监督闭环"的工作模式。市委宣传部和市委督查室将市属媒体监督性报道反映的问题纳入市委督查室督办事项，督促各区相关部门加大力度，推进曝光问题整改。媒体反映的问题得到很好的解决，实现老百姓家门口的事不仅有人报道，而且有人管、有人督、有人办，撬动问题解决。《北京日报·政府与市民》版承担党报舆论监督功能。近年来，《北京日报》与市委督查室、市政府督查室合作，探索出一套舆论监督的落实整改"闭环"机制——《北京日报》多渠道收集群众反映问题，记者就诉求问题展开调查报道，通过联络市委督查室、市政府督查室以及属地和职能部门接诉即办，合力破解难题，记者盯守问题解决全过程，跟进式报道整改效果，回应群众关切。

北京广播电视台新闻广播《新闻热线》延伸专栏——"问北京"公众号对民生实事的报道既有锐度，又有建设性，更有实实在在的成效。由于"问北京"的报道，相关委办局和属地积极办理解决，社区居民拿到足足等了 20 多年、属于自己的房产证！2021 年 6 月 4 日，家住海淀区莲花池东路小马厂社区 2 号楼的 6 名居民代表带着感谢信和锦旗来到北京广播电视台建国门办公区，向推动他们身边难题解决的《新闻热线》栏目和记者表达诚

挚的感谢。新闻广播《12345社情民意播报》栏目每天梳理分析群众诉求，向社会播报解读，监督热点、难点诉求解决落地，成为市民了解接诉即办工作动态的日常窗口。新闻广播《新闻天天谈》栏目围绕群众关心关注的社会主题，不定期组织交流部门、专家直播交流，为超大城市精细治理和有序运行出谋划策。交通广播《12345我们在行动》栏目通过12345热线诉求线索，派出记者实地采访、调查，结合专业人士的深入分析和职能部门的权威答复，解决群众身边的"疑难杂症"，借助12345热线信息富矿和交通广播的宣传优势，发挥公众参与、社会协同的力量，将栏目打造为务实亲民的沟通之桥。

5. 媒体融合播报，促进提升接诉即办工作高效性与便捷性

《北京日报》客户端"接诉即办"频道专设"我要报料"红键，群众一键点击可随时反映问题和诉求。频道对平台留言集纳分析后，将同类诉求"打包"发送给相关政府部门，促进同类问题的全面解决。接诉即办微博"北京民声"2020年9月正式开通以来，发布响应群众诉求微博3000多条，总热度超百亿，其中登上北京同城热搜微博数超过200个，千万级话题近百个，数条微博登上全国热搜，单条话题热度屡屡破亿。"北京民声"微博内容逐步实现"短视频化"，2022年发布的"北京一小区多家物业不管事还赖着不走"等短视频阅读量均过千万。此外，该微博突出数据驱动、可视化特点，数据新闻报道传播效果十分显著。2020年9月，《北京日报》与12345热线合作打造《数看基层治理》栏目，以"文图+数据+案例"形式，传播基层接诉即办的创新经验做法，同时将市民的呼声和建议传递给相关部门。《数看基层治理》还化静为动，以动漫的方式让数据"动"起来，在《北京日报》客户端、新浪"北京民声"官方微博、北京民声百家号等多渠道进行传播，极大地增加新闻报道的表现力。

北京广播电视台的"北京时间"探索出"新闻+政务+服务"应诉平台模式，凭借与12345热线实现系统和数据全部连通，借助信息技术赋能民生服务，通过互联网提交图文、视频诉求，对政府接诉即办工作进行转办跟踪服务的新媒体应用。用户可选择媒体介入，接诉即办记者可跟踪报道，推动问题解决。该应用实现"新闻+政务+服务"模式创新，形式新颖实用性强，为社会公共服务和城市治理模式提供互联网时代解决新方案。以北京广播电视台主持人春妮为原型的数字人"时间小妮"作为接诉即办推广大使，通过图解、流程可视化指引等方式，在"北京时间"App、北京广播电视台新闻频道每周发布视频做政策普及宣传和集中解答、对典型案例进行分析解读，并追踪进展、完成情况，提高接诉即办工作的可知性、可感性，让群众看得懂、看得明白，为市民提供便利，受到广泛的关注和好评。

（三）经验启示

1. 媒体既是观察者、记录者，也是城市发展的参与者和推动者

北京市属主流媒体以"一枝一叶总关情"的媒体担当融入接诉即办改革，与12345热线合作联动，共享12345热线诉求信息，以人民为中心，以问题为导向，在营造"民有所呼、我有所应"良好氛围的同时，深度服务政府工作，推动民生问题解决，助推共建共治共享不断发展，有效推动超大城市社会治理现代化进程，主流媒体的社会责任得到进一步提升。2022年汛期，北京经历了51场降雨，全市平均降水量超400毫米，23880个房屋漏雨诉求来电打进了12345热线。北京日报《政府与市民》版"民生调查"专栏精心策划，推出"房屋漏雨难题系列报道"，从不同角度剖析年年修年年漏"怪圈"的几大成因，推动问题的整治力度。《北京日报》曝光的问题被纳入全市接诉即办重点督查督办范围，市级部门还对各区及街道落实办理媒体反映问题情况进行打分考评。北京广播电视台强化电视大屏感染力强的优势，不同形式的接诉即办栏目以媒体介入的方式，正面碰触城市治理中难啃的"硬骨头"，充分展示解决群众身边问题的难度，反映基层工作的酸甜苦辣，推动群众诉求尽快解决。

2. 媒体既要发挥舆论宣传优势，又要发挥建设性监督作用

北京市属主流媒体做好党和政府与广大群众间的桥梁纽带，为广大市民与城市管理者搭设公开、透明、平等、务实的对话平台。《北京日报》以解决问题为导向，通过媒体报道和与党委政府"闭环"合作联动机制，市民积极主动参与到城市治理的大事中，成功走出建设性舆论监督之路。北京广播电视台接诉即办节目着眼于党委政府以及市民的需求，将互联网、新媒体思维融入接诉即办舆论引导工作中，几档接诉即办节目通过记者的采访、调查，让市民群众和街道、社区、物业等单位在公开透明的环境下良性沟通，促成大量问题的解决。《向前一步》栏目深度参与接诉即办工作，直面基层工作的难点痛点，善于营造"官民对话"平等氛围，将监督者、解决者、服务者三种身份结合，以解决问题为导向，直面城市治理中的难题，勇于改变以往舆论监督节目"曝光"样态，解决群众急难愁盼问题，容得下北京市民的酸甜苦辣，也装得进北京城的雨雪风霜，搭建基层治理现代化的民心桥梁，引领舆论监督节目创新样态。作为第一个直接深度参与城市治理的电视栏目，《向前一步》为全国提供探索城市治理与基层工作的样板。精心办好《向前一步》节目连续4年被写入市政府工作报告，被列入北京市折子工程。

3. 接诉即办大数据既是民生数据富矿，也是新闻资源富矿

12345热线一头连着市民，一头连着党委政府，是群众诉求的"呼叫哨"、城市治理的"中枢线"、部门决策的"参谋部"、政务服务的"总客服"，是连接党和政府与市民群众的"连心桥"，这里蕴含着民生数据富矿。北京市属主流媒体紧扣自身定位，在民生数据富矿里驰骋，深挖新闻资源，倾听百姓声音，聚焦北京城市发展，使接诉即办成为新闻资源富矿，一大批接诉即办改革报道产生很好的社会影响，打造出一批精品专栏和精彩报道，在新闻界获得广泛的赞誉。2019年，《北京日报》客户端"接诉即办"频道入选中宣部"走好网上群众路线典型案例"。《北京日报·民生调查》专栏获得2022年中国新闻奖专栏类一等奖。北京广播电视台《向前一步》栏目多次获得新闻大奖，2022年再次获得中国新闻奖一等奖。"北京时间接诉即办"平台荣获2022年中国新闻奖一等奖，是北京广播电视台融媒体应用产品首次获得中国新闻奖一等奖。"北京时间"获评2022年国家广播电视总局"新时代·新品牌·新影响"广电媒体融合"平台品牌"，"时间小妮"荣获第二届广播电视和网络视听人工智能应用创新大赛虚拟数字人技术应用一等奖。

B.20
北京接诉即办改革基层治理案例

摘　要： 白纸坊街道以接诉即办为主抓手，形成街道社区、市区部门、产权单位、物业公司、居民群众"五方共治"的央产老旧小区治理格局。实施回天计划5年来，回天地区从原来的"大城市病"突出地区蝶变为发展潜力大、内生动力足、创新活力强的新城区，成为具有首都特色的大型社区治理样本。

关键词： 接诉即办　央地协同　五方共治　"回天"计划　社区治理

一　北京市西城区白纸坊街道攻坚
央产老旧小区治理调研报告

北京市西城区委白纸坊街道工委

（一）案例背景

近年来，白纸坊街道坚持党建引领，树立问题导向，深挖问题根源，筑牢央产小区治理基础，破解"三供一业"移交后遗症难题，确立针对央产筒子楼的短期治理与长期推动相结合、安全性与宜居性相统筹的工作思路，形成央地联动、齐抓共管的工作格局，通过补短板、挖潜力、强动力，聚沙成塔、积水成渊，让央产小区既"管得了"还"管得好"，促进基层社会治理水平提升，受到央属单位和职工家属的普遍认可。

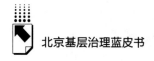

（二）主要做法

1. 强化党建引领，奠定央产小区治理坚实基础

盆儿胡同 62 号院建成于 1990 年，共有 5 栋住宅楼、464 户居民，为央属、市属、区属混合产权小区，因多年来缺少专业化物业管理，公共设施陈旧破损、管网管线腐蚀堵塞、架空线路杂乱无章、停车设施不足和秩序混乱等问题非常突出，给居民生活和安全带来很大影响。盆儿胡同 62 号院是白纸坊街道央产老旧小区现状的一个缩影。白纸坊街道坚持党建引领，着眼靶向治疗、精准施策，全面夯实央产小区治理的工作基础。

深入调研摸底。白纸坊街道对辖区内央产小区进行全面摸底调查，建立央产小区数据库；深入分析 3000 余个央产小区居民诉求，找准多发诉求的区域在哪儿、集中诉求的类别是什么、未解决和居民不满意的诉求有哪些，形成问题清单，并从属地政府、产权单位、物业服务企业等不同侧面，从政策法规、制度建设、历史因素等不同角度，深入研究问题及根源，形成"一区一库一清单"。

强化顶层设计。在市、区有关部门的指导下，制定《白纸坊街道央产小区"五方共治"工作方案》，厘清街道社区、市区部门、产权单位、物业公司、居民群众五方责任，明确建立诉求告知、联席会商、数据共享等工作机制，并逐个小区形成专项实施方案。成立白纸坊街道央产小区党建工作协调专委会，由街道党政主要领导担任主任，20 余家产权面积较大的央属单位为副主任成员单位，29 家央产小区的产权单位为成员单位，构建共商共治共管的协商议事平台。

组织先行先试。划分 A、B、C 三个等级，对 50 个央产小区的管理现状进行评估打分，并挑选管理 C 级的右内大街 73 号楼、信ँ里小区、白广路 27 号院等 5 个小区开展试点，探索单一产权、多产权、筒子楼和"三供一业"移交、无物业、业委会（物管会）作用不明显等不同类别小区的治理模式，着力形成可借鉴可复制的有益经验。

2. 坚持高位统筹，带头破解央产小区治理瓶颈

白纸坊街道现存央产筒子楼 6 处、居民 603 户，产权涉及 3 家央属单位，房屋面积狭小，每间仅十几平方米，共用厨卫，居民多为央属单位退休职工及其子女或承租户。楼体结构、管线设施陈旧，居住密度大，"跑冒滴漏"现象时常发生，居民要求拆除重建愿望强烈。右内大街 73 号楼为 20 世纪 50 年代建成的筒子楼，由于楼体建设年代久远，汛期漏雨、管道堵塞时有发生，楼道漆面脱落、线路老化严重，居民强烈希望改变居住现状。白纸坊街道一方面采取应急补救措施，入户安抚居民不满情绪；另一方面联系对接央属单位，沟通居民急难愁盼问题，争取支持。经过市区部门联动，条块结合同向发力，推动央地合作，北京市将其纳入央产老旧小区改造计划，楼体局部改造征求意见和楼体整体改造申报工作正在积极推进中。通过推动右内大街 73 号楼改造，白纸坊街道形成以短期治理与长期推动相结合、安全性与宜居性相统筹的央产小区综合施策工作思路。

强化属地责任。以"服务好央属单位，服务好辖区居民"为目标，街道组建应急抢修队伍，对央产老旧小区"跑冒滴漏"等零星维修问题做到第一时间处理；结合居民诉求，为小区配备烟感报警器、防火毯等必要消防安全设施；组织居民志愿者开展卫生环境整治等活动，努力将小事办好，让央属单位放心、居民安心。

联动央属单位。对居民反映集中、超出街道解决能力范畴的诉求，街道将"不会办也得学着办、不会干也得使劲干"作为应对急难险重任务的常态。积极主动与央属单位对接，充分发挥属地统揽各类资源、熟悉居民的优势，提出有效解决问题的意见。

吹哨部门破题。街道自己干得动的事加强汇报，自己干不动的事果断求援，充分利用"吹哨报到"机制、函告等方式多渠道寻求上级部门政策支持，齐心协力破解"政策堵点"，积极协调市区资源。以解决 73 号楼改造诉求为例，街道吹哨区住建委、区房管局、区外联办，与产权单位、居民代表共同协商楼体改造问题，制订了实施局部与整体"两步走"的老楼改造计划。

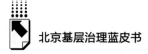

区级帮办解题。街道积极借助西城区将央产小区诉求办理纳入区级接诉即办专班重要议题的高位统筹优势,将央产小区治理"卡脖子"问题通过《区级部门帮办问题清单》《解决群众急难愁盼问题帮办清单》两个清单向区级部门汇报,与区级部门一同研究探索解决思路,促使央属单位进一步重视和关注相关问题。

3. 聚焦群众关切,用好央产小区综合整治组合拳

1982年和1990年分两批建成的信建里小区,共有12栋多层住宅楼、824户居民,因小区"三供一业"移交进展不顺,产权单位没有续签合同支付物业费,存在停车乱、违建多、环境差、设施旧等问题,市民诉求量大,2019年接诉140件,解决率为30%,其中停车乱、违建诉求占比达64%,解决率为17%。白纸坊街道以接诉即办为问题导向,直面诉求最集中问题,大刀阔斧,打好央产小区治理"组合拳",探索出信建里小区治理经验。

完善治理组织体系。街道成立治理工作专班,成员由街道、产权单位和社区组成,统筹协调组、宣传动员组、拆违攻坚组、项目实施组、物业管理指导组和监察督导组6个专项小组扎根小区,压茬推进拆除违法建设、集中清理整治、研究区域功能使用、规范停车秩序等整治项目。街道率先行动,拆除违法建设16处、地锁130余个、清运垃圾100余车次,小区环境焕然一新,增强了产权单位对小区投入资金治理的决心和信心。

广泛征求居民意见。以居民议事为抓手,指导社区、物业公司召开居民代表会8次,发放调查问卷800余份,展示小区环境改造设计方案和整治后效果图,取得居民理解和支持,共同推进小区现代化管理模式。

健全沟通联络机制。工作专班先后5次召开小区整理更新协调会,共商信建里小区环境改造方案,协调产权单位筹措资金,成功引入"三供一业"物业管理单位,顺利完成物业交接。经沟通协调,产权单位投入资金对12栋楼楼顶进行防水处理施工,更换外部污水管道及电路,增设53个楼宇防盗门,安装43个监控摄像头,实现小区建管良性循环。

4. 注重居民自治,建强群众参与央产小区治理平台

白纸坊街道强化居民德治教育引导。白广路27号院建于1958年,有3

栋住宅楼、150 户居民,建筑面积为 1.1 万平方米。在选聘物业工作中,抓住央产小区产权单一、居民多为央属单位职工、思想觉悟高、政治素质强的特征,街道广泛搭建居民自治平台,改变"全包干""独角戏"治理模式,突出"参与型"社区分层协商的作用,引导居民从"站着看"到"一起干",有序、有效参与社区治理,打造共建共治共享的小区治理格局。

民事民提。广泛收集居民意见,梳理小区热点问题,召开社区党员支部会、志愿者座谈会、在职党员报到听取居民意见心声。坚持进家门、面对面,开展三轮共 300 余人次的入户调查。在产权单位国家电网公司的联系帮助下,累计电话沟通 200 余人次。

民事民议。重视发掘人才并鼓励社区党员、退休老干部参与议事协商。和产权单位一起,拿着工作方案入户见面,反复沟通,把居民中的"单位老领导""大能人"请进居民议事厅,聘其为"治理高参"。分层协商改进方案,归集调查意见,形成讨论方案,召开社区党员议事会、居民骨干议事会、小区居民议事会 32 次,利用"西城家园"客户端,组织线上视频议事会,将热衷小区治理"贤士"聘为"小区管家",在议事中完善治理方案。

民事民评。开展多方式的居民宣传引导工作,通过微信、入户、电话、发放问卷、宣传栏、楼门公告通知等形式营造良好氛围,街道社区主动发声,治理高参、小区管家引领支持,居民热情参与。

民事民决。引导居民从幕后走向台前,实现从"我要办"到"要你办"再到"一起办"的转变,探索出一条联系群众、优化决策、化解矛盾和创新方法的新途径。在产权单位、街道、社区、居民各方努力下,于 2022 年 1 月 20 日顺利完成业主大会选聘新物业投票,确定新的小区物业服务公司。

5. 激发服务意识,实现央产小区管理良性循环

白纸坊街道共有 9 家物业企业管理央产小区,存在物业服务不到位、移交责任不落实和出现设施无人维修、卫生环境脏乱、停车管理混乱等现象,居民居住生活受到影响。半步桥胡同 6 号院建成于 20 世纪 90 年代,产权单位为工业和信息化部,因物业服务不到位,工信部不再与原物业企业续签合同,但原物业企业以提供事实服务为由拒绝撤出,导致小区热线案件数量激增。白纸坊街道落实《北京市物业管理条例》构建党建引领社区治理框架下的物业管理体系的要求，依法依规，通过以物业管理委员会组织业主选聘新物业的方式，半步桥胡同6号院顺利选聘小区新物业，改变央产小区更换物业难的局面，激发物业企业的主动服务意识。

组建物业管理委员会。依据《北京市物业管理条例》规定，开展小区业主全面摸排、登记入册，明确业主范围，广泛动员业主参与组建业主委员会或物业管理委员会工作，成立业主占比过半，居委会、产权单位、物业使用人各方代表共同构成物业管理委员会，为小区物业服务的监督管理奠定基础。

依法选聘督导物业服务企业。物业管理委员会组织召开业主大会，根据《北京市物业管理条例》及《民法典》的相关要求，依法依规投票选定物业服务企业。聘请第三方评估监理机构监督小区物业管理交接，杜绝权责不明、推诿扯皮等问题。构建以居民满意度为基本指标的物业管理履约评价体系，建立"红黑榜"机制，通过奖惩措施激励物业服务企业履职尽责。

协调产权单位提升改造。以选聘新物业服务企业为契机，进一步密切与产权单位的联系，协调产权单位投入约900万元，实施路面硬化、外墙保温、屋顶防水、门窗更换、供暖主管线等工程，解决困扰居民多年的路面积水、房屋漏雨、管线老旧等难题，对小区物业服务企业履新给予全力支持。党建引领下的居民自治，给小区物业管理增添新的力量，该小区物业服务企业受到居民一致称赞，被评为区级"2022年度好物业"。

（三）经验启示

1.必须站稳人民立场，树牢主动向前的属地责任意识

白纸坊街道始终将"当好红墙卫士、守好百姓日子"作为基层社会治理的行动自觉，将解决央属单位职工居民生活难题作为落实"四个服务"的应尽之责，牢固树立"就该我办"的属地责任意识，主动向前一步，努力为央属单位职工居民营造安心舒适的居住环境。

2. 必须用好"吹哨报到"金钥匙，形成条块结合助推央地合作模式

"街乡吹哨、部门报到"是北京市推进党建引领基层治理体制机制的成功创新实践，有效解决了街道在基层社会治理中横向合力不足、纵向力量不强的问题。白纸坊街道作为辖区治理的"牵头人"，在探索解决路径的过程中遇到各类"政策堵点"问题时，注重充分发挥"吹哨报到"机制作用，汇聚市、区、街三级合力，集成资源优势和政策供给，加大项目和资金支持力度，形成条块结合、共同推动央产小区治理的工作格局。

3. 必须紧密对接央属单位，探索央地联动破解基层社会治理新路径

白纸坊街道发挥街道央产小区党建协调专委会作用，在与央属单位密切联系基础上，建立起重难点问题分级会商机制，形成各负其责、协同互助的工作格局，营造心往一处想、劲往一处使的良好氛围，最终实现央地之间高效联动，自下而上协调解决居民诉求难题，促进央产小区共建共治共享。

4. 必须强化基层党组织引领，提升央产小区物业管理水平

《北京市物业管理条例》把党建工作融入了物业管理，形成社区治理合力。街道充分发挥物管会、业委会作用，采取"推优纳谏"选物业、"红色物业"进小区、"选优激励"奖物业等措施，有效解决"三供一业"移交后遗症，激发物业服务意识，融合共治共识，实现央产小区管理良性循环。

5. 必须深入德治宣传，形成央产小区共建共治共享的思想共识

街道始终坚持德治建设夯实自治基础，借助报刊、公众号、电视栏目等媒介，向居民广泛宣传正能量，理性客观参与议事；汇集众意、发挥众智，摸准群众需求，善于挖掘社区能人，吸纳社区威望高、有见地的贤士，抓住央产小区居民政治素质好、思想觉悟高、组织能力强等特性，加强面对面交流，发动央属单位退休老干部、现职领导为小区治理出谋划策，奔走四方宣传动员，引导更多居民从问题提出者、情绪对立方转化为一致行动人，凝聚共建共治共享的思想共识。

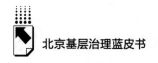

二　回天地区大型社区治理创新发展报告

北京市发展和改革委员会、昌平区委区政府

（一）案例背景

2018 年和 2021 年，两轮"回天"行动计划先后发布实施。这是北京市委市政府回应回天地区居民最关心、最直接、最现实问题的惠民工程，是探索大型社区治理路径的生动实践。市、区两级成立"回天"工作专班，强化体制机制创新，集成政策资源力量，将回天地区居民最关心、最期盼的问题转化为 170 余个重大项目。经过 5 年持续实践，回天地区城市公共服务和基础设施显著提升，城市发展活力不断释放，走出一条党建引领、多方参与、居民共治的大型社区治理路径，向着与国际一流和谐宜居之都相匹配的宜居之城、活力之城、幸福之城的建设目标不断迈进。回天地区成为北京市第十三次党代会报告推出的群众诉求驱动区域治理的首都大型社区治理样本。

（二）主要做法

1. 强化公共服务供给，精准发力补齐民生短板

两轮"回天"行动计划以需定项，市、区联动推动多领域重大项目落地，曾经的"睡城"焕发出新的蓬勃生机。教育方面，围绕"幼有所育"目标，增加普惠制幼儿园 42 家，普惠率提高至 90%，保教费由原来的每月最高 6800 元，降到了每月不超过 750 元。坚持集团化办学，引进清华附小、人大附中等优质教育资源，确保各学段孩子"有学上"，家门口"上名校"。随着家长和孩子"教育梦"在家门口实现，更多"回天"居民尤其是年轻群体"回巢"，在"回天"居住、在周边工作创业。医疗方面，截至 2022年 10 月，建成积水潭医院新龙泽院区等 5 个医疗项目，增加床位 1000 张，医疗设施便利度提升 12%。积水潭医院新龙泽院区有效弥补了区域医疗资

源短缺问题。许多市民以前一有头疼脑热总爱往中心城区医院跑，现在就医需求在 10 分钟车程内的三甲医院就能得到满足。文体方面，回天地区增加了天通苑体育馆和天通苑文化艺术中心两处区域级文体设施，其成为辐射带动区域公共文化和体育事业发展的"中央厨房"，营造"回天"居民的休闲娱乐氛围。绿化方面，截至 2022 年 10 月，区域公园绿地面积增加至 629 公顷，500 米服务半径覆盖率远超全市平均水平，公园化城市街区已见雏形。

2. 强化市政基础设施保障，提升城市功能和韧性

城市交通方面，两轮"回天"行动计划共实施交通类项目 51 个，为回天地区搭建起"一纵一横、五通五畅"主干路网脉络。截至 2022 年 10 月，建成投用北苑路北延、北郊农场桥扩能提升等 17 个项目，内捷外畅、互联互通的路网体系逐渐完善，市政道路高峰时段拥堵指数同比下降 8.6%。2018 年首轮"回天"行动计划启动时，就将打通林萃路列为重点项目，2020 年 6 月 30 日林萃路顺利完工通车。积极推进既有轨道线路的扩能提升和新建轨道线路工程建设，17 号线等大容量快速化轨道建设提速，5 处站点退出全市十大拥堵站点名单。绿色出行方面，为服务回龙观和海淀上地中关村软件园两地"潮汐交通"需求，2019 年 5 月开通了全市首条自行车专用路，开通三年累计通行量超过 570 万人次。随着自行车专用路的开通，骑行环境更安全了，通勤也更便利了，许多居民放弃了乘坐地铁或自驾车上下班，骑行仅需 30 分钟左右。市政基础设施方面，加快水、电、气、热等管网改造，推动接入大市政网络。64 个小区及单位完成自备井置换及供水管网改造，12 万居民喝上市政水。以韧性城市建设为统领，持续实施雨污分流，强化易积水点专项治理，开展天通河和东小口沟下游治理，供排水保障能力持续提升。投用中滩 110 千伏输变电工程等项目，地区电网接入负荷能力增强 25%，实现更多居民自由用电、安全用电。

3. 强化内部资源潜力挖掘，激发产城融合发展活力

商业方面，加快布局多层次、立体化的消费体系，让回天地区居民尽享惬意生活。改造提升龙域、龙德和龙泽三大传统商圈，持续释放消费动能。建设霍营首开 LONG 街、合生汇等新型消费商业街区，打造新的消费增长极。霍营首开 LONG 街改造前是一条城市次干路，周边社区林立，为满足居民高品质消费需求以及办公人群工作和商务社交需求，政府部门积极探索创新政策路径，充分吸纳社区群众意见，最后确定将其打造成为集商业、办公及中央共享花园于一体的全时步行街，成为"回天"百姓的新客厅、京北商业的新地标、中轴北延的新名片。产业方面，持续健全重大产业项目服务调度机制，设立企业服务管家，精准定制企业"服务包"，形成"有求必应、无事不扰"的工作理念。探索出提前预审、并联审批、容缺办理等创新做法，保障了企业项目顺利快速实施。位于回龙观国际信息产业基地的小米智能工厂二期项目，仅用 84 天就完成项目供地，形成拿地即开工的"小米模式"，保障项目顺利快速实施。提升社区创新创业功能，累计建成腾讯众创等双创载体 24 家，空间近 60 万平方米，累计引入智能硬件等领域项目团队 1700 余个。创新利用劳动力产业安置用房，建设"回+双创社区"，通过引入各类创新资源要素，打造资本、人才、技术、信息、文化、空间六位一体的创新创业生态圈，实现"在家门口就业、在家门口创业"，成为中关村科技园区授予的全国首个"双创社区"。

4. 强化"回天有我"社会治理创新实践，构建共建共治共享格局

各级党组织是回天地区治理的"指挥部"。充分发挥党组织调度各方力量解决治理难题的强大组织优势，持续加强回天地区党建联席会建设，做实三级党建工作协调委员会，推进"回天有约"基层四级协商议事体系试点建设，不断推进协商议事成果落实转化，营造协商有效、议事有果的浓厚氛围。天通苑北街道北二西社区党委围绕夜间噪声扰民等问题，召开"邻里有约　静享幸福"协商议事会，将晚归业主开关门声、夜间犬吠声、跳操声扰民等争议点的解决方案细化为"公共约定"，由每户居民签字承诺、践约履行，取得明显成效。市、区两级建立部门报到服务机制，推动"吹哨报到"向社区治理聚焦、在解决群众身边问题上发力。35 家市级部门、70 余家区级单位赴回天地区报到服务累计超 3500 次，达 1.7 万人次。龙泽园街道龙泽苑社区一处废弃锅炉房被供暖单位改成群租房，经群众举报，社区党支部吹响"集结哨"，发改、规自、国资、住建等部门应声到场，仅用 5

天时间便将92间1961平方米违建全部拆除，将其改建为养老设施和老年餐桌，得到居民交口称赞。

社区居民是回天地区治理的"主力军"。居民是社区的主体，居民共治是社区治理的理想形式。回龙观街道龙城社区原来有一条排水沟，夏天异味较大，居民反应强烈。社区居委会组织物业、开发商、居民代表等共同协商，各方共同出资，物业具体实施，对排水沟进行上盖改造，打造长约1公里的"龙城花海"，增加居民幸福感和归属感。

多元主体是回天地区治理的"生力军"。回天地区最大限度动员企业、社会组织、专业机构等各类主体参与治理，满足居民多元化社会服务需求。霍营街道华龙苑北里社区曾经是"垃圾无人运、电梯没人修、物业撂挑子、业委会半瘫痪"的失管小区，社区党支部积极协调各方，探索形成党支部、居委会、业委会、物业以及辖区单位"五方共建"机制，解决新老物业过渡、硬件设施更新、违法建设拆除等多项老大难问题，实现由"乱"到"治"根本性转变。

科技手段是回天地区治理的"加速器"。积极打造回天"城市大脑"，以大数据管理推动社会治理创新。利用数字化手段开展社区疫情防控，对智慧门禁系统和设备进行升级改造，一秒内实现身份识别、信息查验；实施"一表统揽"，实现基层各类报表数据精准报送、有序管理；定制"回天邻里"微信小程序，开通电子出入证、居家隔离服务、志愿招募等功能，使其成为社区工作人员的掌上"防疫神器"和居民手边的"防疫智能管家"。

（三）经验启示

北京市以回天地区为试验田，探索市、区、街道、社区四级推动基层治理的新路径，实现基层治理体制机制创新的先行先试，是中国特色基层治理现代化道路的"首都样板"。系统总结回天地区治理经验，有助于准确把握超大城市基层治理的普遍规律和问题难点，推动不同主体围绕群众诉求深化区域系统治理的创新实践。

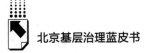

1. 坚持党的领导贯穿始终是根本保障

回天地区治理深入贯彻党中央以人民为中心的执政理念，贯彻北京市委以群众诉求驱动超大城市治理的战略思路，探索党领导下一根主线引领、一套目标统筹、多方协调联动的区域系统治理路径。在回天地区进行补短板、强弱项和精治理过程中，党组织体系与区域治理体系有机融合，引导不同主体参与"回天"治理，探索建立依托党组织推动区域系统治理的长效机制。

2. 坚持规划建设等源头治理是核心路径

回天地区治理是一项区域系统治理工程，尤其基础设施、公共服务、商业产业等补短板问题作为居民的核心诉求，超出属地镇街政府的管理局限。强化回天地区系统治理，首先需要强化规划引领下以补短板为核心的源头治理，深化市、区两级对各类建设项目的协调统筹和政策资金保障，才能从根本上解决历史欠账带来的大城市病和城市治理难问题。实践证明，正是市政基础设施和公共服务的大幅改善，激发"回天"居民的主人翁意识，进而创造良好的治理环境，激活治理内生动力。

3. 坚持居民共治和多方主体参与是活力源泉

"回天有我"社会治理品牌是回天地区自下而上探索形成的共建共治共享的社会治理创新实践，既有社区党支部、居委会、业委会、物业公司、社会组织"五方共建"的"内我"，也有国有企业、社会企业、社会组织、专业机构、高校院所等"外我"，形成回天地区社会治理的不竭动力。

附　录　2022年北京接诉即办改革大事记

1月19日　2022年北京市政务服务工作会议召开，北京市副市长王红参加会议并讲话。会议要求，落实《北京市接诉即办工作条例》，深化接诉即办改革，办好千家万户的事，持续推进"每月一题"主动治理，加强与治理类街乡镇相结合，推动政府职能和流程改革，建设接诉即办"智慧大脑"。

1月28日　印发《2022年北京市接诉即办改革工作要点》，对全年接诉即办工作进行部署，明确提出六大领域39项工作任务。

2月12日　由2022北京新闻中心主办的"双奥之城新气象——2022中外媒体北京行"城市形象特色采访活动走进北京12345市民服务热线大厅和大兴区亦庄镇接诉即办调度指挥中心，18家中外媒体的33名记者聆听12345接诉即办的故事。

2月28日　北京市委召开区委书记月度工作点评会，点评东城区、西城区和通州区工作，通报2月接诉即办工作。市委书记蔡奇主持，市委副书记、市长陈吉宁，市人大常委会主任李伟，市政协主席魏小东，市委副书记、市人大常委会副主任张延昆参加。

3月2日　接诉即办立法工作被中央依法治国办评为"中央法治政府建设实地督察正面典型案例"。

3月17日　北京市人大常委会启动《北京市接诉即办工作条例》执法检查。

3月25、26、28日　中央党校厅局级"坚持党的全面领导和全面从严治党"进修班（第82期）和"发展社会主义民主政治研究专题"进修班

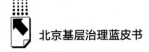

（第82期）开展接诉即办案例教学。

3月31日　北京市委召开市直部门党组（党委）书记月度工作点评会，点评市发展改革委、市财政局、市规划自然资源委、市住房城乡建设委、市国资委工作，通报3月接诉即办工作。会议由市委书记蔡奇主持。市委副书记、市长陈吉宁，市人大常委会主任李伟，市政协主席魏小东，市委副书记、市人大常委会副主任张延昆参加。

4月11日　由北京市委组织部、市政务服务管理局、市委党校联合举办的"深化接诉即办改革　推动未诉先办"专题培训班举行。

4月29日　北京市委召开区委书记月度工作点评会，点评海淀区、昌平区、怀柔区和经济技术开发区工作，通报4月接诉即办工作。会议由市委书记蔡奇主持，市委副书记、市长陈吉宁，市人大常委会主任李伟，市政协主席魏小东，市委副书记、市人大常委会副主任张延昆参加。

5月9日　北京市政务服务管理局、市社科联市社科规划办召开接诉即办理论研究推进会，启动接诉即办定向委托课题研究项目。

6月6日　由北京市政务服务管理局联合清华大学等高校科研机构共同编写的《北京接诉即办改革发展报告（2021~2022）》正式出版发行，这是国内外首部围绕接诉即办改革工作发布的地方蓝皮书。

6月7日　北京市接诉即办工作表彰大会召开。199个集体荣获"北京市接诉即办工作先进集体"，399人荣获"北京市接诉即办工作先进个人"，100个案例获评"北京市接诉即办工作优秀案例"。市政协主席、市委深改委"接诉即办"改革专项小组组长魏小东出席会议。

6月27日　中国共产党北京市第十三次代表大会开幕，蔡奇同志作党代会报告。报告强调，要深入实施接诉即办工作条例，深化接诉即办改革，探索形成以接诉即办为牵引的超大城市治理"首都样板"。

7月1~7日　北京市政协委员参加全国政协委员读书活动，主题为"提高城市精细化管理水平，创新'吹哨报到''接诉即办'改革"。

7月21日　北京接诉即办案例"进高校"试点启动，北京大学、清华大学、中国人民大学、北京工业大学、首都经贸大学、北京物资学院6所高校成为首批试点校，以首都社会治理生动实践上好"大思政课"。

7 月 29 日　北京市委召开区委书记月度工作点评会。点评朝阳区、丰台区和石景山区工作，通报 7 月接诉即办情况，要求深入实施接诉即办工作条例。会议由市委书记蔡奇主持，市委副书记、市长陈吉宁，市人大常委会主任李伟，市政协主席魏小东，市委副书记殷勇参加。

8 月 23 日　北京市市民热线系统接诉即办工作片区调研座谈会在西城区大栅栏街道大安澜营社区厂甸小区召开。

8 月 26 日　北京市委书记蔡奇到丰台区、西城区调研老楼加装电梯，并在陶然亭街道研究接诉即办工作，要求推动接诉即办向纵深发展，完善共建共治共享的基层治理格局。

8 月 29 日　北京市委召开区委书记月度工作点评会，点评房山区、顺义区、大兴区工作，通报 8 月接诉即办情况，点评"每月一题"完成情况。会议由市委书记蔡奇主持，市委副书记、市长陈吉宁，市人大常委会主任李伟，市政协主席魏小东，市委副书记殷勇参加。

9 月 13 日　北京市政府召开常务会议，研究接诉即办改革推进情况等事项，市委副书记、市长陈吉宁主持会议。

9 月 14 日　北京市委常委会召开会议，研究接诉即办改革推进情况等事项，市委书记蔡奇主持会议。

9 月 21 日　北京市第十五届人民代表大会常务委员会第四十三次会议听取和审议了市人大常委会执法检查组《关于检查〈北京市接诉即办工作条例〉实施情况的报告》。北京市政务服务管理局向会议提交了《关于贯彻〈北京市接诉即办工作条例〉实施情况的报告（书面）》，并接受人大代表专题询问。

10 月 12 日　北京市发布地方标准《12345 市民服务热线服务与管理规范》。

12 月 18～19 日　由中国社会科学院、北京市委、北京市政府共同主办的北京党建引领接诉即办改革论坛在北京召开。论坛在习近平新时代中国特色社会主义思想指导下，围绕深入学习宣传贯彻党的二十大精神，以"群

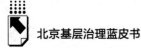
众诉求驱动 超大城市治理”为主题，就城市治理重大时代课题进行深入探讨。中共中央政治局委员、北京市委书记尹力致辞并宣布论坛开幕，北京市委副书记、代市长殷勇主持开幕式，北京市人大常委会主任李伟，北京市政协主席、北京市委深改委“接诉即办”改革专项小组组长魏小东，中国社会科学院副院长、党组成员高培勇等领导出席。论坛由开幕式和主论坛，源头治理、数智治理、韧性治理、区域协同、共建共治、公共服务创新（国际）6 场平行论坛，以及闭幕式组成。这是国内第一个聚焦城市治理现代化的论坛，面向国内外发布了包括《北京党建引领接诉即办改革发展报告（中英文版）》《北京党建引领接诉即办改革理论研究成果汇编》《中国城市善治指数指标体系》等在内的城市治理系列重要成果，以及北京、上海等 13 个城市共同发布的《城市治理现代化北京宣言》。

12 月 25 日 北京市委全委二次会议部署 2023 年重点工作，要求深化接诉即办工作，强化主动治理、未诉先办，坚持“每月一题”集中破解高频共性难题。

Abstract

Annual Report on Beijing's Immediate Action on Request (hereinafter IAR)
Reform and Development (2022–2023) is focusing on the governance innovations
by Beijing government, which is compiled by the Beijing Municipal
Administration of Government Services. Chapters are written by experts from the
government, universities, research institutions, think tanks, and enterprises in
Beijing.

This book is divided into four parts: general report, reform and innovation
reports, typical cases and chronology of events. By comprehensively using big data
analysis, quantitative analysis, qualitative analysis and visualization technology,
this book comprehensively summarizes the innovations of Beijing's mega-city
governance innovation, which focuses on the IAR reform, and deepen the
research on the Beijing model of mega-city governance typical cases and future
development are analyzed and discussed in depth.

In 2022, Beijing will seize the key opportunity to implement *the Beijing
Regulations on IAR*, comprehensively deepen the IAR reform, improve the IAR
mechanism, and promote the digital and intelligent transformation of IAR.

In 2022, the number of citizens responding to the 12345 citizen service
hotline in Beijing continued to rise, with an annual acceptance of 75. 924 million,
of which 42. 22 million were accepted through the network channel. 67089000
direct answers and inquiries, and the rest are handled by various districts,
municipal institutions, state-owned enterprises, streets and towns and other units
through order distribution. On the whole, the resolution rate and satisfaction rate
of the people's demands increased steadily throughout the year, and the
undertaking of various units was good.

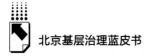

In 2022, the demands of citizens show the characteristics of instant impact, huge growth and sustained high level. Beijing's IAR reform ushers in the "new big test". The system and mechanism of the IAR reform and continuously optimized, undertook the underlying logic and basic guarantee of Beijing's mega-city governance, and provided the "China Plan" and "Capital Model" for urban modernization governance practice.

The IAR reform of Beijing's adheres to the political position of taking the people as the center. It accurately grasps the demands of the people through a hotline to solve the urgent problems of the people, reveals the remarkable characteristics of China's current urban governance and political development path.

Beijing's IAR reform is a "rule of law reform", which realizes the dialectical unity of carrying out the reform in the track of rule of law and promoting the rule of law in the process of reform. The appeal handling link is an important embodiment of bringing grassroots governance into the track of the rule of law, is the main innovation of the Chinese style modern mega-city governance plan for Beijing.

The digital and intelligent transformation of Beijing's government hotline has taken measures to expand the "online 12345", improve the intelligent operation level of the hotline system, and use big data to assist scientific decision-making and precise policy implementation, so as to achieve a comprehensive perception of public opinion, strengthen collaborative governance and assist decision-making and governance. In the future, it faces the development prospect of comprehensive litigation, whole-process support, whole-chain improvement and full-volume analysis.

Contents

Ⅰ General Report

B . 1   Adhere to the People-Centered Path of Urban Governance
Modernization Innovative and Development
—*Immediate Action on Request Reform*： *Capital Model of the Rule of China*

Research Group of Institute of Political Science ,

Chinese Academy of Social Sciences / 001

Abstract： Guided by the spirit of General Secretary Xi Jinping's important instructions, Beijing has been promoting the reform of immediate action on request and exploring a new mode of governance for mega-cities driven by citizens' demands, thus achieving improvement in the effectiveness of urban governance. The people-centred value orientation constitutes the "code" for the reform to continuously promote the modernization of urban governance, while the firm leadership of Party building constitutes the core support for the reform to promote the modernization of urban governance system and governance capacity. The continuous deepening of the reform of "street whistleblowing and department reporting" and "immediate action on request" is a way to promote Chinese modernization and to manifest the "governance of the city" in the Chinese context, and it is necessary to continue to carry forward the good experience of adhering to the people-centred approach, to be always with the people, and to promote the deepening of the "work system" to the "governance system". We need to continue to carry forward the good experience of adhering to people-centred, to always be with the people, to promote a deep change from a "work system" to a "governance system", to insist on quality first, to develop comprehensively, to raise the institutional level of "active governance", to focus on deepening reform and governance by incorporating a "system concept", and to promote the "people's city". Promote the construction of a "people's city" to build and create a better life together.

Keywords: Urban Governance; Social Governance; People-centred; Party Building Leading

Ⅱ   Reform and Innovation Reports

B.2   Capital Governance Driven by Citizens' Demands

—*Assessment Report on the Reform of Immediate Action on Request in 2022*

Center on Data and Governance, Tsinghua University / 018

Abstract: In 2022, citizens' demands are characterized by immediate outbreak, massive growth, and continuous high level. The reform of immediate action on request has continuously optimized governance systems, which has become the empirical evidences and underlying logics for Beijing's super mega-city governance, and provided the "Chinese solution" and "capital model" for the practice of modernized urban governance. This report includes four parts as follows: The first is the assessment of important work in 2022 revolving around three main lines of work: reform of immediate action on request, precise and differentiated infection prevention and control for COVID − 19, and law enforcement inspected by Beijing Municipal People's Congress. The second assesses the reform theoretically, focusing on the four dimensions of governance objectives, governance system, governance tools, and governance performance.

The third section assesses the problems of the reform, focusing on the institutional mechanism, processing process, operation mechanism, resource allocation, and other aspects. Finally, the report concludes with a development assessment of the reform, focusing on long-term expectations, systematicness, governance agility, digitalization and intelligence.

Keywords: Urban Governance; Grassroots Social Governance; Immediate Action on Request; Digital and Smart Governance

B . 3　The Reform of Immediate Action on Request from

the Perspective of People's Democracy in the

Whole Process　　*Zhu Lingjun, Zheng Huan and Tao Zhouying* / 036

Abstract: The immediate action on request reform in Beijing is a vivid practice of people's democracy in the whole process. It adheres to the people-centered development philosophy, accurately grasps the law of people's demands through 12345 hotline. The reform of immediate action on request reflects the people-centered development philosophy, improves the people's democratic institutional arrangements throughout the process, and fully reflects the people's supervision of the government and the organic combination of everyone's responsibility, reflects the organic combination of the party's self-revolution and the people's supervision of the government, and reveals the distinctive features of the urban development with Chinese characteristics.

Keywords: People's Democracy in the Whole Process; Immediate Action on Request; Urban Governance; National People's Congress System; Democratic Consultation

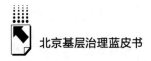

B.4 Research on the Democratic Practice Path of Immediate
Action on Request Based on the Theory of Complex
Adaptive System

Wang Jianren, Zhang Zelin / 048

Abstract: The reform of immediate action on request is a result of complex
adaptive systems evolution located in the city as the capital of CHINA, where
whole-process people's democracy is vividly practicing. The complex adaptive systems
evolution from "immediate action on request" to "proceed before litigation" which
depends on giving full play to the leading role of party building and achieving a
higher level and more levels of democratic construction, reveals to go a step further
and establish new structures to realize risk early warning and social mobilization.

Keywords: Immediate Action on Request; Proceed before Litigation;
Complex Adaptive Systems; People's Democracy in the Whole Process

B.5 The Basic Jurisprudence and Legislative Assessment
of Immediate Action on Request

Wang Jingbo, Ning Jing, Li Feng,
Chen Donghua, Ma Chao and Zhang Zeyu / 063

Abstract: In the process of reform, the local law *Beijing Municipal Regulations
on Immediate Action on Request* is formulated to escort the reform with the rule of
law, which is the expression of the rule of law for the innovation of urban
governance model in the new era. It is proposed that the reform is a "rule of law
reform", which realizes the dialectical unity of carrying out reform in the track of
the rule of law and promoting the rule of law in the process of reform; realizes the
innovation of overall governance, collaborative governance and social governance
in the level of administrative organization and rule of law. The concept of whole-
process people's democracy is practiced in three dimensions: democratic

management, democratic decision-making and democratic legislation. The evaluation results show that the overall quality of *the Beijing Municipal Regulations on Immediate Action on Request* is excellent and the implementation effect is remarkable.

Keywords: Immediate Action on Request; Administrative Organization; People's Democracy in the Whole Process; Legislative Evaluation

B.6 Research on Several Legal Issues of Processing Complaints

Wang Lei, Su Huiyang, Lin Yuping and Ren Dekun / 078

Abstract: The Processing Complaints procedure is an important manifestation of innovative governance at the grassroots level being incorporated into the rule of law, and which is also the key to the further development of immediate action on request reform, and the main innovation of Beijing's modernized Chinese mega-city governance program. This report points out the expression forms of unreasonable use of rights of claimants, and puts forward the corresponding legal solutions. We can generally divide the legal relationships of the processing complaints into two types, the former is personal interest-based type and latter is public interest-based type, which corresponds to the dual function of relieving the subjective rights of the claimants and supervising the government to fulfill its objective legal obligations.

Keywords: Grassroots Governance; Processing Complaints; Immediate Action on Request; the Right of Complaints; Law-based Governance

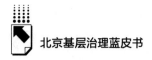

B.7　Transformation of Governance Logic from Party and
　　　Government Task-driven to Citizen Appeal-driven
　　　—*Take the Reform of Immediate Action on Request*
　　　in Beijing as an Example　　　*Chen Feng*, *Wang Zelin* / 094

Abstract: The people-centered development thought promotes the logical transition from top-down party and government task-driven to bottom-up citizen appeal-driven logic in grassroots governance practice, forming the governance logic of "All-field Center Work". It has the characteristics of integrity and integrity, and the assessment form has the characteristics of fullness and duality. The governance logic of "All-field Center Work" driven by citizens' demands is possible, mainly relying on the social mobilization mechanism guided by citizens' demands, the digital governance mechanism supported by the technology platform, and the overall governance mechanism coordinated by political integration. These mechanisms effectively connect the demands of citizens and the relationship between higher-level governments and grass-roots organizations, overcome the tension and contradiction between the overall domain and the limited attention of leaders, and establish a governance system that responds quickly to the demands of the people. The impact of irregularity and subjectivation of mass evaluation on grassroots governance.

Keywords: All-field Center Work; Civilian's Complaints; Immediate Action on Request; Grassroots Governance

B.8　The Governance Function of Immediate Action on Request
　　　　　　　　　　　　　　　　　Li Wenzhao / 104

Abstract: From the perspective of the manifest and latent functions proposed by sociologist Merton, we can summarize the twelve major governance functions of immediate action on request by combining the three levels of individuals, organizations and systems, namely: the problem-solving function of immediate action on request; the capability enhancement function of immediate action on request; the people's cohesion function of immediate action on request; the behaviour improvement function of immediate action on request; the comprehensive response function of immediate action on request; the emergency management function of immediate action on request; the empowering grassroots function of immediate action on request; the early warning and foresight function of immediate action on request; the departmental coordination function of immediate action on request; the reform promotion function of immediate action on request; the information collection function of immediate action on request; the city physical examination function of immediate action on request.

Keywords: Immediate Action on Request; Governance Function; Mega-city Governance; Capital Model

B . 9 Uphold the Leadership of Party Building and Explore
the Effective Apporoach to Mega-city Governance
—*A Study on Grassroots Governance Led by Party Building*
Wang Daguang, You Wenhu, Yang Xiangyu and Cao Tianyi / 118

Abstract: Beijing municipality has been pushing forward the innovation of a Grassroots governance system and mechanism featuring "street whistleblowing and department reporting", immediate action on request, and active governance. To ensure that grassroots governance progresses in the right direction, the city has been adhering to Party's political leadership. The city has been promoting an in-depth, organic connection between the grassroots governance system and the Party organization system. The city has been improving the capabilities of Party organizations and Party cadres regarding grassroots governance. The city has also been stepping up efforts to turn China's institutional strength into effective governance with a proper mechanism to achieve high-level governance guided by

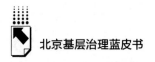

high-quality Party building. Thanks to all the efforts to improve grassroots governance, Beijing Municipality has produced a vivid practice of the idea that social development should be people-oriented and developed an effective Beijing approach to mega-city governance driven by immediate action on request.

Keywords: Leading by Party Building; Immediate Action on Request; Grassroots Governance; Beijing Approach

B.10 Beijing's Innovation and Development Path of Digital-intelligent Transformation on Immediate Action on Request

Meng Tianguang, Chang Duofen, Yan Yu and Li Zhenzhen / 129

Abstract: In terms of the modernization of China's national governance system and governance capacity, it is required to develop digitalization and intellectualization of government hotlines. The digital-intelligent transformation of Beijing's government hotline has taken numerus measures to improve the quality of "online 12345" and the intelligence of hotline system operation, and to use big data to make reasonable public decisions. Approaching public opinion, strengthening collaborative governance, and assisting decision-making are all made possible by the digital-intelligent transformation, which is expected to have comprehensive response to public complaints, whole-process improvement, and whole-amount analysis in the future. This study systematically reviews the challenges facing the development of Beijing's government hotline from four aspects: responding, processing, evaluation, and governance, and these four aspects are relevant to answering requests, transferring and disposing requests, assessing the response quality and developing the incentive system, and diagnosing the problem of the hotline big data. With regard to the government hotline, this study proposes to build a comprehensive digital-intelligent operation system, to establish a decision-making assisting system, to develop digital-intelligent application scenarios, and to take protecting measures.

Keywords: Immediate Action on Request; Digital-intelligent Transformation; Beijing's Practice; Decision-making with Assistance

B.11   A Digital Perspective on Immediate Action on Request:

Data-driven Innovation of Urban Social Governance

Meng Qingguo, Zhang Nan and Wu Jinpeng / 142

Abstract: Beijing has continued to explore the digital transformation practice of social governance for many years, and has formed a unique mode of immediate action on request. Through the aggregation, sharing and utilization of government data, Beijing has improved the government's capacity and driven the innovation of urban social governance. Through the digital innovation of hotline integration, mechanism innovation, data analysis, and evaluation system, immediate action on request can realize social governance empowerment, and responsiveness, serviceability and integrated government. The "administrative hotline + grid management" service model promotes active governance through data sharing, and realizes intelligent and proactive urban governance through the operation mechanism of overall management, business linkage and risk early warning. The future development should follow three paths: systematic strategic planning, overall mechanism reform, and collaborative technology optimization.

Keywords: Immediate Action on Request; Data-driven; Social Governance

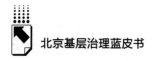

B . 12　Reform Direction and Improvement Measures in the

Work System of Immediate Action on Request

Wang Wenju, *Sun Jie*, *Zhou Li*, *Xie Jinqiang*,

Guo Qian, *Han Song*, *Yang Liuyiyi and Li Dawei* / 154

Abstract: Have constructed the "9+X" work system of immediate action on request, including organization and leadership system, handling feedback system, response linkage system, coordinate system, risk prevention system, assessment and evaluation system, team building system, legal protection system, active governance system and the working system variables "X". It is suggested that to further improve the system of immediate action on request, building the "whole chain" operation mechanism, using science and technology to empower and creating a "great service" cultural identity, and developing more modernized systems and stronger capability for the capital's governance.

Keywords: Immediate Action on Request; Smart Governance; Big Service

B . 13　How to Play a More Important Role of the Cases of Immediate

Action on Request for Promoting the Construction of

Grassroots Social Governance Community

Shan Aihong, *Kong Xiangli* / 165

Abstract: This paper discusses the important role of the reform of immediate action on request for promoting the construction of social governance community based on its practical history. It summarizes and analyzes its important experience in solving the common dilemmas of neighbor conflict, lack of identity and low ability to exercise rights in the construction of social governance community on basis of three typical grassroots cases, including: (1) establishing and improving the institutional structure of the consultation and democracy system and the rule of law system, which is conducive to solve the dilemma of collective action caused by neighbor avoidance conflict, to constitute the basic guarantee for the construction of social governance community; (2) promoting the formation of the mobilization structure led by the Party and supported by the government, which constitutes the driving mechanism for the construction of social governance community; (3) strengthening the synergy of subjects and focusing on the role of specialized social organizations, which can successfully solve a lot of problems arising from the low ability to exercise rights and demands, to constitute the key variables for the construction of social governance community. If we will play a more important role of the cases of immediate action on request for promoting the construction of grassroots social governance community, we should focus on the following aspects: (1) improving the decision-making mechanism of community public affairs and realizing the source reduction of demands; (2) improving the mechanism of diversified conflict and dispute resolution and resolving the conflicts and demands in the bud; (3) exploring the construction of autonomous governance mechanism and solving difficult demands in collaboration with multiple parties; (4) establishing and improving the "Big Group" working mechanism and playing the role of social organizations in solving the problem of community call.

Keywords: Social Governance Community; Cases of Immediate Action on Request; Grassroots Governance

B . 14   The Construction of the System of Multiple Participation in Social Governance of Co-Construction, Governance and Sharing
—*Take Beijing's Reform of "Handling Without Litigation First" as an Example*

Chen Lei / 176

Abstract: Through administrative linkage, market linkage and community

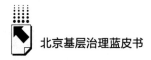

linkage, a governance system of system regulations, government guidance, government enterprise cooperation and social organizations' participation in consultation is formed. Achieve active governance is necessary to explore the research and judgment mechanism, early warning mechanism, commonality discovery mechanism, and information collection mechanism of problems in grass-roots governance, to achieve source governance by monitoring the symptoms of problems, to achieve forward-looking governance by predicting periodic problems, to achieve common governance, construct common problems and special governance by collecting problem clues. In the process of building the multi-participation system of co-construction, governance and sharing " social governance, we should establish a power and responsibility list mechanism in the multi-participation mechanism, form a closed-loop mechanism for multi-participation in solving grass-roots social governance problems, realize the labeling and typing of the elements of multi-participation, and form an embedded synergy and multi-linkage effect on this basis.

Keywords: Social Governance; Multiple Participation; Co-construction, Governance and Sharing

B.15   The Strategy and Logic of Urban People's Tribunal
Participating in Grassroots Social Governance
—*A Case Study Based on "Hua Township Experience"*

Chen Hanfei / 189

Abstract: A case study based on the " Hua Township experience" shows that governance of sources of litigation is the main strategy for urban people's courts to participate in grassroots social governance. Governance of sources of litigation basically covers the whole process before and after a dispute occurs. Before a dispute occurs, risk prediction is the main focus; during dispute resolution, work guidelines, mediation guidance, and referee reasoning are the main methods;

after dispute resolution, judicial advice is the main focus. The people's court's source of litigation management strategy implements the dual logic of "politics-law" and "crossover-defense". There are structural tensions within the dual logic. The relationship between urban people's courts and other governance subjects should shift from jurisdictional competition to jurisdictional cooperation, actively create "intentional blurring of boundaries" through litigation source governance, and cooperate with other non-judicial forces to jointly resolve complex issues.

Keywords: Grassroots Governance; Urban People's Tribunal; Litigation Source Governance; Jurisdictional Cooperation

B.16   The Reform of Immediate Action on Request and
the Governance of Mega-city in Beijing   *Yuan Zhenlong* / 205

Abstract: The "model of the Capital" that citizens' demands drive the governance of mega-city has achieved initial results. It has set an example for the capital to incorporate the innovative experience of the governance of mega-city into the track of the rule of law. The governance brand effect of Beijing's reform of immediate action on request is being further improved. In the face of the problems and contradictions faced by the governance of mega-city, Beijing's reform of immediate action on request should take the implementation of the Regulations on immediate action on request as the main line, further improve the working mechanism of immediate action on request, improve the business process, carry out the intelligent and law-based construction of the hotline with high quality, enrich the knowledge base of the "model of the capital" of the governance of mega-city, and supplement the weaknesses of the governance of mega-city.

Keywords: Immediate Action on Request; Mega-city Governance; Citizen Service Hotline; Collaborative Governance

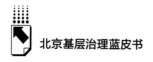

III Typical Cases

B.17 Typical Cases of Governance Model of the Reform of
Immediate Action on Request in Beijing / 217

Abstract: *The Regulations of Beijing Municipality on the Immediate Action on Request* summarizes the practice and innovation of grassroots governance in the capital, forming a local regulation regulating the reform of immediate action on request. Beijing's public security, procuratorial, court, judicial and other political and legal units have actively participated in the reform of immediate action on request, creating a "12345+110" linkage model, formed a "one game" work pattern that is deeply integrated with the mechanism of the reform of immediate action on request.

Keywords: Immediate Action on Request; Local Legislation; Public Security, Procuratorial, Court and Judicial; Linkage Mechanism

B.18 Typical Cases of Governance Scene of the Reform of
Immediate Action on Request in Beijing / 229

Abstract: Beijing regards the governance of street (towns) as the "main battlefield" of regional governance. It plays a good role in the "combination" of refined governance and upgrading. The overall capacity and level of regional comprehensive governance have been effectively improved. It has given full play to the dual advantages of immediate action on request and grid management, promoted the organic integration of management and services. Beijing has promoted the implementation of the system of the reform of immediate action on request on campus, found a new way of campus governance modernization with the characteristics of the Capital.

Keywords: Governance of Streets and Towns; Immediate Action on Request; Grid Management; Campus Governance

B.19 Typical Cases of Governance Mechanism of the Reform of Immediate Action on Request in Beijing / 245

Abstract: "One question per month", is based on the big data of people's livelihood, focusing on the high-frequency common and difficult issues of the concentration of people's demands, finding an effective way to drive the grass-roots governance of mega-city with the demands of the masses. In the work of the reform of immediate action on request, the municipal enterprises adhere to the principle of handling complaints first, comprehensively improve the systematization, digitalization and intelligence of state-owned enterprise governance, create a working system of serving the people with state-owned enterprise characteristics. Beijing has given full play to the advantages of all-media communication, deeply participated in the reform of immediate action on request, and spread the good voice of grassroots governance in the capital.

Keywords: One Question per Month; Serving the People; Municipal Enterprises; Municipal Media; Supervision by Public Opinion

B.20 Typical Cases of Grassroots Governance of the Reform of Immediate Action on Request in Beijing / 261

Abstract: Baizhifang Street focuses on the reform of immediate action on request, forming the governance pattern of the old central residential district of "five-party co-governance" of street communities, urban departments, property units, property companies, and the residents. In the five years since the implementation of the Huitian Plan, the Huitian area has been transformed from

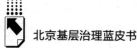
the original "big city disease" prominent area into a new urban area with great development potential, sufficient endogenous power and strong innovation vitality, and become a large-scale community governance sample with the characteristics of the capital.

Keywords: Immediate Action on Request; Central and Local Coordination; Five-parties Co-governance; "Huitian" Plan; Community Governance

权威报告·连续出版·独家资源

皮书数据库
ANNUAL REPORT(YEARBOOK)
DATABASE

分析解读当下中国发展变迁的高端智库平台

所获荣誉

- 2020年，入选全国新闻出版深度融合发展创新案例
- 2019年，入选国家新闻出版署数字出版精品遴选推荐计划
- 2016年，入选"十三五"国家重点电子出版物出版规划骨干工程
- 2013年，荣获"中国出版政府奖·网络出版物奖"提名奖
- 连续多年荣获中国数字出版博览会"数字出版·优秀品牌"奖

皮书数据库

"社科数托邦"
微信公众号

成为用户

　　登录网址www.pishu.com.cn访问皮书数据库网站或下载皮书数据库APP，通过手机号码验证或邮箱验证即可成为皮书数据库用户。

用户福利

- 已注册用户购书后可免费获赠100元皮书数据库充值卡。刮开充值卡涂层获取充值密码，登录并进入"会员中心"—"在线充值"—"充值卡充值"，充值成功即可购买和查看数据库内容。
- 用户福利最终解释权归社会科学文献出版社所有。

数据库服务热线：400-008-6695
数据库服务QQ：2475522410
数据库服务邮箱：database@ssap.cn
图书销售热线：010-59367070/7028
图书服务QQ：1265056568
图书服务邮箱：duzhe@ssap.cn

社会科学文献出版社 皮书系列
SOCIAL SCIENCES ACADEMIC PRESS (CHINA)

卡号：912315239492
密码：

S 基本子库
UB DATABASE

中国社会发展数据库（下设 12 个专题子库）

紧扣人口、政治、外交、法律、教育、医疗卫生、资源环境等 12 个社会发展领域的前沿和热点，全面整合专业著作、智库报告、学术资讯、调研数据等类型资源，帮助用户追踪中国社会发展动态、研究社会发展战略与政策、了解社会热点问题、分析社会发展趋势。

中国经济发展数据库（下设 12 专题子库）

内容涵盖宏观经济、产业经济、工业经济、农业经济、财政金融、房地产经济、城市经济、商业贸易等 12 个重点经济领域，为把握经济运行态势、洞察经济发展规律、研判经济发展趋势、进行经济调控决策提供参考和依据。

中国行业发展数据库（下设 17 个专题子库）

以中国国民经济行业分类为依据，覆盖金融业、旅游业、交通运输业、能源矿产业、制造业等 100 多个行业，跟踪分析国民经济相关行业市场运行状况和政策导向，汇集行业发展前沿资讯，为投资、从业及各种经济决策提供理论支撑和实践指导。

中国区域发展数据库（下设 4 个专题子库）

对中国特定区域内的经济、社会、文化等领域现状与发展情况进行深度分析和预测，涉及省级行政区、城市群、城市、农村等不同维度，研究层级至县及县以下行政区，为学者研究地方经济社会宏观态势、经验模式、发展案例提供支撑，为地方政府决策提供参考。

中国文化传媒数据库（下设 18 个专题子库）

内容覆盖文化产业、新闻传播、电影娱乐、文学艺术、群众文化、图书情报等 18 个重点研究领域，聚焦文化传媒领域发展前沿、热点话题、行业实践，服务用户的教学科研、文化投资、企业规划等需要。

世界经济与国际关系数据库（下设 6 个专题子库）

整合世界经济、国际政治、世界文化与科技、全球性问题、国际组织与国际法、区域研究 6 大领域研究成果，对世界经济形势、国际形势进行连续性深度分析，对年度热点问题进行专题解读，为研判全球发展趋势提供事实和数据支持。

法律声明

"皮书系列"（含蓝皮书、绿皮书、黄皮书）之品牌由社会科学文献出版社最早使用并持续至今，现已被中国图书行业所熟知。"皮书系列"的相关商标已在国家商标管理部门商标局注册，包括但不限于LOGO（▨）、皮书、Pishu、经济蓝皮书、社会蓝皮书等。"皮书系列"图书的注册商标专用权及封面设计、版式设计的著作权均为社会科学文献出版社所有。未经社会科学文献出版社书面授权许可，任何使用与"皮书系列"图书注册商标、封面设计、版式设计相同或者近似的文字、图形或其组合的行为均系侵权行为。

经作者授权，本书的专有出版权及信息网络传播权等为社会科学文献出版社享有。未经社会科学文献出版社书面授权许可，任何就本书内容的复制、发行或以数字形式进行网络传播的行为均系侵权行为。

社会科学文献出版社将通过法律途径追究上述侵权行为的法律责任，维护自身合法权益。

欢迎社会各界人士对侵犯社会科学文献出版社上述权利的侵权行为进行举报。电话：010-59367121，电子邮箱：fawubu@ssap.cn。

社会科学文献出版社